新课堂教学的理论研究与实践探索丛书

丛书主编：刘连基　徐建敏

和谐高效思维对话

HEXIE GAOXIAO SIWEI DUIHUA

——新课堂教学的实践探索

XINKETANG JIAOXUE DE SHIJIAN TANSUO

张志强　主编

小学品德

教育科学出版社

·北　京·

责任编辑　张　羽
责任校对　徐　虹
责任印制　曲凤玲

图书在版编目（CIP）数据

和谐高效思维对话．新课堂教学的实践探索．小学品德/张志强编．—北京：教育科学出版社，2009.7
（新课堂教学的理论研究与实践探索丛书/刘连基，徐建敏主编）
ISBN 978-7-5041-4775-2

Ⅰ．和…　Ⅱ．张…　Ⅲ．思想品德课—课堂教学—教学研究—小学　Ⅳ．G623

中国版本图书馆 CIP 数据核字（2009）第 112649 号

出版发行	教育科学出版社		
社　　址	北京·朝阳区安慧北里安园甲 9 号	**市场部电话**	010-64989009
邮　　编	100101	**编辑部电话**	010-64989564
传　　真	010-64891796	**网　　址**	http://www.esph.com.cn
经　　销	各地新华书店		
印　　刷	莱芜市东方彩印有限公司	**版　　次**	2009 年 7 月第 1 版
开　　本	787 毫米×980 毫米　1/16	**印　　次**	2009 年 7 月第 1 次印刷
印　　张	19	**印　　数**	1-6 000 册
字　　数	307 千	**定　　价**	35.00 元

新课堂教学的理论研究与实践探索丛书

编委会

序

30年教育教学改革发展的历程波澜壮阔，一套汇集了最新、最优秀基础教育教学成果的丛书悄然诞生。

20世纪70年代末，教育战线经过了拨乱反正。1984年，烟台市被国务院和国家教委确定为全国教育改革实验区和教育综合改革试点城市。烟台市的教育事业从此驶入了改革发展的快车道，教学改革呈现出百花齐放、百家争鸣的繁荣局面，总结出了许多闻名省内外的教学改革经验。1986年缘起于福山区的大面积提高教学质量的单元达标教学改革经验，1988年肇始于龙口市实验小学的小学语文“双轨”教学改革经验，1996年发源于招远、莱州和牟平的学科异步教学改革经验，1998年开始的“两主”教学改革经验等，都为烟台市的教学改革注入了新的生机与活力。纵观这个时期的教学改革，呈现出两个鲜明的特征：一是改革依靠行政力量强力推进，呈现出突出的外延式发展特征；二是改革注重学习借鉴和移植改造，改革成果更多地体现在单一学科和几个学科领域内，具有单项突破、散点式发展的特征。

进入21世纪以来，随着基础教育课程改革的推进和深入，尤其是2004年烟台市基础教育改革从以外延发展为主到以内涵发展为主的战略决策的实施，烟台市的教学改革全面进入了内涵发展、整体推进、自主创新的崭新历史时期，突出标志就是从2007年开始的“和谐高效思维对话”型课堂建设。烟台市广大教科研人员和学校教师在准确把握国内外教学改革动向、认真总结区域教学改革经验教训、深入调查现实教学改革种种问题的基础上，创造性地提出“和谐高效思维对话”型新课堂建设思想和教学改革总体思路。

“和谐高效思维对话”型课堂，是在教学过程诸要素配置和谐的基础上，依托教师、学生、课程间具有思维含量的对话来实现教学高效的理想课堂形态。“和谐高效思维对话”型课堂不是某种特定的教学模式，也不是具体的教学策略，而是一种教学思想，是课堂教学力求实现的理想目标。“和谐高效思维对话”型课堂的提出，不仅是对教学本质的深度把握，也是对以往教学实践经验的高度提升，更是对课堂建设走向的理性思考；不仅意味着一种基于实践的课堂教学新范型的确立，还标志着一种高品位的课堂教学文化变革方向的确立。理论上立意高远，实践上明确可行，体现了教学改革的必然趋向。

近三年来，烟台市基础教育以“和谐高效思维对话”型课堂建设为重点推进教学改革，深入实施素质教育，形成了一系列优秀的教学成果。为进一步总结经验、明确方向，市教育局决定编写新课堂教学的理论研究与实践探索丛书。丛书从研究背景、基本内涵、教学模式、教学策略和教学评价等几个方面构建起了区域课堂教学的理论框架，同时基于课堂教学的实践性特征，通过大量的教学案例、教学设计、教学片段等为全市教师的课堂教学提供实践参照。因此，这套丛书的出版，标志着区域特色教学理论和实践体系建设工程已经启动并取得初步成果。

值此丛书出版之际，市教育局的同志约我为丛书作序，我感到由衷的高兴，也感到责任重大。这套丛书凝聚了全市广大教育工作者的辛劳和智慧，对于我们建设教育强市、加快推进素质教育发展、办人民满意教育具有重要的意义。同时，我们也必须清醒地认识到，“和谐高效思维对话”型课堂是一种新的教学思想，是教学改革的理想目标。要实现这样一个高远的理想目标，把这一教学思想切实转化为教师自觉的课堂教学行为，并把实践的经验与成果整合提升为一种理论体系、转化成一套教学常规，是一项宏大而艰难的系统工程。我们应对课堂建设工作的艰巨性、复杂性和长期性有充分的思想准备和工作准备，更要对这项充满希望的改革保持必胜的信心。我们要充分依靠广大教科研人员和校长、教师的集体智慧，扎实推进课堂建设的各项工作，为全面提高烟台市的教学水平和教育质量做出新的探索，为全省乃至全国教育教学改革和发展创造出更多新鲜经验。

我们期待着更丰硕、更辉煌的教育教学改革成果在烟台大地上诞生！

烟台市副市长　张广波

2009 年 6 月

前言

课堂教学是实施素质教育的主渠道，谁抓住了课堂，谁就抓住了教学工作的关键。传统的课堂教学过于强调教师的主导作用而忽视学生的主体作用，过于强调基础知识、基本技能的教学而轻视对学生情感态度与价值观的培养，过于强调接受学习而忽视学生的主动参与和探究性学习。随着基础教育课程改革的不断深入，教师的教学方式和学生的学习方式正在发生着积极的变化，课堂开始活泼了，教学形式丰富多彩了，教学手段逐步现代化了。但是，在具体的课堂教学实践中，在某些地方、某些学校出现了从一个极端走向另一个极端的趋势。课堂教学过于重视教学形式而轻视教学本质，由过去的“满堂灌”变成现在的“满堂问”，由过去的一支粉笔、一本书变成现在对多媒体教学方式的滥用，由过去的以教师为中心到现在出现忽视教师作用的现象。通过对当前课堂教学现状的分析和对传统教学观的反思与批判，我们认为，目前课堂教学存在的问题主要体现在以下两个方面。一是教学过程中教师、学生、教学内容、教学方法、教学手段等诸要素配置不合理、关系不和谐，要么缺少或者弱化了某些方面的因素，要么某些方面超越了现实需要而做得过分了；二是教学要素之间缺少有思维含量的交流和对话，学生没有形成积极的思维品质。在学习和借鉴斯滕伯格思维教学理论、布鲁姆掌握学习理论和建构主义理论以及叶澜教授“新基础教育”课堂教学改革理论，总结近几年来各市、县、区课堂教学改革实践经验的基础上，我们提出建设“和谐高效思维对话”型课堂的构想。

全面推进“和谐高效思维对话”型课堂建设工作，切实提高课堂教学的质量和效益，被烟台市教育局确定为当前和今后一个时期全市教育教学工作的重点内容。为把这项工作落到实处，烟台市教科院组织市、县两级教科研人员和具有丰富实践经验、较高研究素养的教师，从理论和实践两个层面对“和谐高效思维对话”型课堂进行了深入系统的研究，编写了新课堂教学的理论研究与实践探索丛书。本丛书涵盖中小学主要学科，是最近三年来全市教学研究人员、学科教师在“和谐高效思维对话”新课堂建设活动中的实践探索。本丛书在内容上根据学科特点各有侧重，有针对学科课堂教学方面的回顾与反思，有针对学科课堂教学理论的解读与指导，有关于学科课堂教学模式的介绍与创新，但更多的是有一定借鉴意义的教学设计和教学案例。这些教学设计和教学案例都是烟台市的广大教师在课堂上面对学生的所思、所想、所说、所做、所为。我们把这些内容呈现给大家，希望全市各级教研人员、全体教师一起来学习和借鉴，在继承的前提下发展，在改革的基础上创新，不断从理论和实践两个层面丰富和发展“和谐高效思维对话”新课堂教学的内涵，构建具有烟台特色、在全国有较高水平的新课堂教学形态。同时，我们也希望通过“和谐高效思维对话”新课堂建设活动，推出一批在全省乃至全国有影响的名师、名校，并以此为支点，整体提升烟台的基础教育水平，为课程改革和教学研究做出贡献。

本书由张志强主编，郭艳、臧洪波、李红玫、曲波、张敏、孙雪瑛、衣艳艳、姜秀丽、孙永富、姜春玲、杨晓华、陶玉萍、赵胜美、邹吉红、傅秋敏、杨红梅、王绪素、初月静、吴淑芬、王艳、张宗志、孙爱妮、吴晓燕、吕艳玲、刘明飞、陈少斌、王久明、赵伟伟、宋文杰、孙爱军、姜建华、黄月霞、刘培文、马文华、牟晓华等参加了本书理论部分的主要编写工作。赵伟伟、杨恕荣、张鸿、王棱、宋莉、杨春霞、季景丽、徐明芹、宋亦霞、王少娟、郝宇群等参加了本书课例部分的主要编写工作。

编　者

目　录

第一章　小学品德新课堂的理论解读

第一节　新课堂的构建背景

在本书中，“新课堂”的概念特指“小学品德‘和谐高效思维对话’型课堂”。近年来，烟台市大力推进素质教育，深入实施课堂教学改革，并审时度势地提出了“和谐高效思维对话”教学思想和“和谐高效思维对话”型品德课堂建设的构想。这一思想和构想是在对国内外教育背景和烟台市教育教学实践经验及问题进行大量研究和总结的基础上提出来的。

一、当今社会及教育发展形势的必然要求

任何一个新生事物的诞生都有着深刻、复杂的社会历史背景。党的十七大以来，全国上下、各行各业都在努力建设和谐社会，又好又快地发展社会主义市场经济和各项事业，脚踏实地、因地制宜地学习实践科学发展观、走科学发展的道路，和谐、尊重、民主、平等、对话等意识成为处理人类与自然之间、国家与国家之间、个体与个体之间、个体与群体之间关系的指导原则。作为引领和倡导社会时代精神的教育领域，这些年来也在尝试着摸索出一条和谐教育、有效教育、对话教育、素质教育的成功之路。为强力推进素质教育，山东省教育行政部门出台了一系列教育法规。新出台的《山东省普通中小学管理基本规范（试行）》，在办学方向、校务管理、德育管理、教学管理、学生管理、教师管理、评价管理、安全管理等方面都做出了严格的规定。烟台市教育局也先后出台了《关于进一步推进素质教育的意见》《关于进一步规范中小学办学行为的紧急通知》《关于加强中小学常规管理的意见》等文件，召开了“全市规范中小学办学行为推进素质教育健康发展视频会议”，对规范办学行为、推进素质教育又进一步做了更加细致的规定，并且加强了对学校管理和办学行为的督导。

在这种形势下，我们的教育教学单单依靠过去那种通过加班加点来提高和保证教育教学质量的路子已经走不通了。我们只有转变传统的教育教学观念，通过充分调动教育教学各个要素的积极性，走“内涵发展”的道路，才能不断提高教育教学的质量。因此，构建“和谐高效思维对话”型课堂是新形势下当今社会和教育发展形势的必然要求。

二、当前小学品德课堂的诸多问题寻求得到妥善解决的需要

新课程改革以来，小学品德课教学出现了一些可喜的局面，课堂教学有了新的变化和改观……但是从教研活动的反馈情况和调研情况来看，小学品德课程改革还面临着诸多的困惑和问题，普遍存在着如下突出的共性问题。

（一）“一言堂”和“满堂灌”的教学模式依然存在，重主导轻主体

通过近年来的调研和听课，我们发现，由于小学品德学科的师资配备严重不足，专职教师极少，仅占5%左右，其余95%左右都是兼职教师，而且农村学校的兼职教师大都在50岁左右。这种状况使他们不能把全部的精力或大部分精力用在对品德新课程从教学理念、《课程标准》到课堂教学实施的研究上。导致了新课程意识淡薄，理念模糊，标准不清，教学形式陈旧，少思维、少对话、少心灵沟通，以“讲”得好、“灌”得好为最大满足。教师主宰一切，照本宣科，不关注学生的感受如何，牵引分析讲解多，整堂课教师滔滔不绝，学生则规规矩矩、老老实实地被动听，或死记硬背、画杠杠、背条条等，依然走“一言堂”“满堂灌”的老路子。这种枯燥乏味、学生毫无兴趣的封闭性、强制性、单向性的陈旧教学模式与我们鲜活生动、多姿多彩、生活化、活动型、探究式的新的小学品德课程要求严重脱节。

可想而知，在这种沉闷压抑的课堂氛围中，在这种只有教师一个人在讲话的课堂里，学生是不可能有兴趣参与的，也是不可能有“活的思维”的。如此，又怎能让学生去实现“对话”呢?

（二）课堂“活动”流于形式，参与思维对话的学生太少

“品德与生活”“品德与社会”不同于以往的思想品德课，活动是新课程的基本特征之一，尤其是一、二年级的品德与生活课，更是以学生直接参与的主题活动、游戏、实践活动为组织与实施方式，强调让学生在活动中获得经验和体验。但在调研听课中我们发现，许多教师设计的活动目标不明

确，他们是“为了课堂有活动而组织活动”，不清楚所安排活动的意义在哪里，目标是什么；安排的活动只是针对少数学生；活动流于形式。有的课从表面上看，学生是动起来了——课堂上热热闹闹，一个活动接着一个活动，但实际上对学生的思维没有多大触动，学生不能通过活动感受到什么，体验到什么；有的课，是“两三个主角＋四五个配角＋大部分观众”——参与活动的学生少，覆盖面不广。由于少数学生确实比较“上镜”，他们拥有了比别人更多的发言权、出场率。于是，课堂就成了只是少数学生在“对话”、在活动，大多数学生只能做“旁观者”。

可见，这样的安排不过是“为了活动而活动”的“作秀”和“摆花架子”罢了。如果我们的品德课堂忽略了真正意义上的“神动”，学生不能投入其中，不能从中多元互动和感悟体验，我们就无法激活他们的思维、打动他们的心灵。

（三）课堂“满堂问”，缺少思维空间与思维含量

有的教师为了体现学生的主体地位，培养学生的思维，从“满堂灌”转变成了“满堂问”，造成课堂教学的“虚假繁荣”。教师一问，学生一答。有的问题很简单，思维含量低，学生不用动脑就能回答；有的问题教师提得很有价值，可问题提出后怕耽误教学时间而完不成教学任务，就不给学生思考时间，做完暗示做提示，有时干脆来一个自问自答，问题的价值性降低；有的是一节课总是学生在解决教师提出的问题，学生满脑子的问题却得不到解决，不给学生提出问题的机会，忽视了学生问题意识的培养；还有的是教师在课堂中虽然关注了师生互动，但是往往用预设的问题把学生纳入自己搭好的教学框架中，阻碍了学生的求异思维和创造性思维的发展。

这种被“多、杂、乱、假、空、无效”问题充斥的课堂，学生思维的开放性、深刻性、批判性、独创性是不可能得到有效的培养和发展的。

（四）学生问题意识淡薄，思维水平肤浅狭隘

在听课中我们发现，课堂上大部分的学生习惯于被动听、被动接受，能够积极主动举手回答问题的学生寥寥无几。至于能够对文本中的内容、教师的讲解、同学的说法进行即时性质疑的就更少了。在讨论的过程中，大部分学生不能真正动脑，不能从不同层面、不同角度探求问题答案。一个问题提出后，学生习惯性的动作就是翻书找答案。对答案的组织，大多数学生是照搬书上的现成内容，而没有融入自己的感受、理解、观点和创新性的意见，发挥性的诠释更是少见。究其原因是学生依然受到传统课堂教学中相关规则

阴影的束缚：课堂上学生是不能随便提问的。对学生的发问，教师有“二怕”，一怕打乱自己的教学思路，二怕回答不了学生的问题有损自己的威望和形象，导致不敢激励学生提问，甚至是压制学生提出问题。天长日久学生变得不敢问了。每节课，学生只是习惯于接受教师灌输的现成答案，根本不需要思考，于是问题意识淡薄，也就不会问了。

好问本是学生的天性，而我们课堂中的学生却不敢提问、不会提问、不能深问。如此，我们还怎样去沟通心灵呢？我们还和谁去思维对话呢？又怎么能深入地思维对话呢？

（五）小组合作学习缺乏有效的指导引领，盲目随意、费时无效

我们的品德课堂特别提倡小组合作探究学习的方式，对此，教师在日常教学中也注意了运用，切实把“说”和“做”的权利还给了学生，让他们在各小组中大显身手，进行合作探讨。这一点是值得肯定的。但问题是，当教师因此把自己从课堂教学中“解放”出来之时，此刻，教师在干什么呢？有的匆匆忙忙地“行间巡视”；有的在讲台自顾自地埋头看教案，缺乏参与意识；有的教师虽然参与了小组的讨论，却只顾和个别小组交流而忽略了其余小组的情况。当有学生遇到问题向教师请教的时候，教师不是进行点拨和有效地指导，而是以“你们再好好讨论讨论”“等会听听其他小组的想法”等话语搪塞过去。再看看各小组所谓的合作学习是怎样的情景：有的小组内的成员谁也不听谁的，各说各的；有的借此聊天；有的什么也不干；有的小组学生盲目探究，讨论的目的不明确，讨论的问题或深或浅，或者离题万里，缺乏讨论的价值；有的小组则只有组长一个人在说，其余同学都是听众。小组成员之间不会彼此聆听、互相交流，没有思维碰撞、心灵的对接、意见的沟通。可见，这样的小组合作学习是流于形式、费时无效的。

这种教师只关注讨论结果，对“过程与方法”这一教学目标缺乏应有的理解和重视，对小组合作学习的方法缺乏有效的指导和培养，对讨论过程中的问题缺乏有效的引领的做法，是无法实现和谐高效性学习的真正意义和目的的。

（六）教师的评价语言单一、含糊，即时性评价欠缺客观真实

随着新课程改革实验教学研究的深入，课堂上对学生的评价发生了许多改变，充满着人文气息，批评少了，表扬多了，因而课堂中学生与教师对话、个人与全班同学的对话明显增多了，并越来越渴望教师针对学生所提出的质疑、回答的问题、发表的见解、畅谈的感受给予真诚的鼓励、赞赏和正

确的引导。然而，我们在课堂上却见到了这样一些情况：有些教师一节课总采用模式化的语言，如“你真棒!”；有些教师则不管学生的回答是否正确，总是说“好、很好”等；在学生畅谈感受时，教师总是说“说得真好，太让老师感动了”。教师对每个学生的发言都是这样评价，到底好在哪、棒在哪，学生也弄不明白。或者有些教师的评价就是简单地重复学生的回答，多余而无效，缺乏必要的总结概括和思想引领。还有些教师缺乏课堂调控技巧，学生纷繁复杂的回答。在发现学生回答不够完整或不够深刻时，往往只会说“请坐，来，谁还会回答?”或者说“这样啊，下一位——”，等等。这几种评价有一个共同的特点，那就是教师没有真正评价学生，学生无法从教师的这类评价语言中获得肯定或否定以及引导。

究其原因，一是教师的即时性评价缺乏激情、真情，缺乏准确性和客观真实性，只是在应付而已；二是教师驾驭调控课堂的能力还不够，缺乏应变力和教育机智。因此，这种评价很难触动学生的心灵，更不可能引导他们走向深层次的思维对话。

总之，这些问题是客观存在的。这些问题的存在，也是新课程改革过程中从传统课堂教学走向创新课堂教学，从低效课堂教学走向高效课堂教学的过程中难以避免的问题。要解决这些问题，必须要有更先进的理论为指导。在这种情形下，创建小学品德“和谐高效思维对话”型课堂的思想应运而生。应该说，它是素质教育对当下学校教育问题的批判性思维成果，是为解决这些问题所提出的重要策略和指导思想，也是对今后新课程课堂教学基本模式发展方向的明确指引。

三、小学品德课程教育教学改革与发展的经验性总结和理论提升

应该说，构建小学品德“和谐高效思维对话”型课堂的提出，是实施新课程改革以来，对小学品德课程教学改革的经验性总结和理论提升。回顾近几年的小学品德课堂教学改革，也取得了不少的经验和成果，如，莱州市的“构建和谐高效的品德课堂”经验，将活动化、生活化、社会性、情感性引入课堂，使索然无味的课堂变得生动、鲜活起来，产生了实效。海阳市育才小学的“品德课堂 教学生活化”经验，提出了品德教学要做到“三要”：一是教学设计要关注学生生活，注重引导学生对生活经验的整理与反思；二是

课堂教学要遵循科学性，要按照“四素融合”的要求实施教学；三是品德评价要关注学生养成，要通过学生真实的生活情境反映学生的思想面貌，收到了良好的效果。招远市的“精心设计活动、打造活动型课堂”经验，要求教师深入挖掘教材中的活动素材，精心设计学生喜欢的活动，以学生直接参与丰富多彩的活动为主要教学形式，寓教育于各项活动中，使品德课堂呈现出了可喜的局面。长岛县的“创建生活化的品德课堂”经验，以实际生活为载体，以实践体验为途径，通过运用经过生活锤炼的有意义的教育内容，采用学生乐于接受的生动活泼的方式，使学生在生活化的课堂学习中、丰富多彩的教学活动中，解决了诸多现实生活中的问题，取得了良好的效果。莱阳市团旺中心小学的“学生品德评价研究”经验，注重教学内容具体化、社会化，通过新颖的教育方式、序列化的教育内容、多样化的活动形式，细化教育要求，深化品德评价，在多元化的评价中，促进了学生良好行为习惯的养成。龙口市南山双语学校把自编的《学生思想品德序列化教育方案》与品德课堂教学结合起来，提高教学针对性和实效性的经验，对培养富有南山精神的学生起到了很好的作用。芝罘区的“课堂教学活动化”经验，通过教师巧妙地组织各种活动，构建课堂、家庭、社区合作平台，创设真实的情境，将抽象、枯燥的道德认识寓于趣味活动中，让学生身临其境地去体验、感受和思考的方法，凸显了学生的自得与自悟教育，使学生由被动的受教育者成为主动的自我心灵的塑造者，实现了知识与技能、过程与方法、情感态度与价值观“三维”目标的和谐发展。福山区门楼中心小学根据农村学生的特点和农村的生活环境，将“品德生活化”融入学校品德教学全过程，使品德教学紧密结合农村实际，突出了农村特点，形成了“回归农村、资源优化、实践为主、学会生活”的农村品德教学特色。烟台开发区实验小学的“生活化、活动型、探究式”德育课程模式，紧紧抓住“学生良好品行养成”这条主线，不断探索提高小学品德课程的教学方法、模式及策略，走出了一条小学德育新路子。

总结分析品德课堂教学改革的经验不难发现，在新课堂教学过程中，教学的各个要素的结合正趋于和谐统一，教学模式趋于科学理性，学生学习过程正在向思维对话方向发展，师生交流正由表面过渡到内心，教学效果也正在由低效向优质高效靠近。为此，我们通过对这些经验成果的系统性总结，经过缜密的理性思维和科学分析、准确把握，我们感觉到“和谐高效思维对话”的精髓已在这些经验中起到了巨大作用，进而提出了构建“和谐高效思维对话”型品德课堂的科学论断。这个科学命题总结了烟台市品德教学改革的共性和普遍的东西，可以说是品德教学改革实践在理论上的水到渠成，它已经并将继续成为指导今后品德课堂教学改革的理论和指针。

总之，“和谐高效思维对话”教育教学思想，就是为了适应社会时代要求，为了解决当前学校教育中的实际问题和矛盾，为了学生的健康成长、全面发展，为了引导我们当下的学校教育特别是课堂教学走向科学发展轨道，为了更有效地推进素质教育应运而生的，它是经过集体的智慧反复酝酿、反复论证、反复思考之后提出的科学的课堂教学命题。

第二节　新课堂的基本内涵

近年来，烟台市在新课程改革理念的指导下，在总结经验和教学研究的基础上，科学地提出了构建小学品德“和谐高效思维对话”型课堂的思想。要建构小学品德“和谐高效思维对话”型课堂，必须先弄清它的内涵和意义。下面就对这些概念及其相互关系等加以阐述。

一、小学品德“和谐课堂”的内涵

教育部新闻中心原主任王旭明指出，教育应为建设和谐社会贡献一份力量，教育工作者是先进文化的传播者、实践者，教师理应实施和谐教育，创设和谐课堂，以和谐的课堂气氛增强教育的感染力。那么，到底什么样的课堂才算是和谐课堂呢？

（一）“和谐”的本义

《辞海》中有这样的解释：“和”即协调；“谐”即调和。也有著述作如此解释：和者，睦也，即和衷共济、内外通顺；谐者，合也，含顺畅协调、相辅相成之意。二者构成“和谐”一词，意思是指事物各部分要素之间的协调配合一致。

“和谐”是中国传统文化的核心理念和根本精神。“和”即是“谐”，“谐”即是“和”，引申表示为各种事物有条不紊、井然有序和相互协调，即《中庸》所说的“致中和，天地位焉，万物育焉”和《周礼》所说的“以和邦国，以统百官，以谐万民”。经数千年来各种思想的融合，中国传统文化所提出的和谐共生理想，已成为以“和”为核心，兼顾多元、和谐有序、包容开放的一套哲学伦理体系。

（二）教育学意义的“和谐”

教育学意义上的“和谐”，是指教学双方在教学目标、教学内容、教学过程、教学方法、教学管理、教学评价、教学思维、教学情感等诸要素之间、诸要素内部因子之间、各环节之间的相互融合和相互协调。它以教育科学理论为指导，以社会发展需求为导向，遵循学生生理、心理发展规律和年龄特点，整合优化各种教育因素，创设融合、协调的育人氛围，促使受教育者在德、智、体、美诸方面得到全面发展。它是素质教育在新阶段的追求和根本价值取向。近年来，教育界对“和谐教育”“和谐教学”给予了普遍的关注和重视。通过广大教育工作者的不懈探索，已经形成了初见成效的和谐教育思想理论体系和实践模式。它指出，要实现教育教学上的和谐，必须确立正确的学生观，充分认识到学生是一个同成人一样的人，具有被尊重的同等权利和主体地位；充分认识到每一个学生都是潜能很大的人，需要教师下大气力充分和耐心地挖掘；充分认识到每一个学生都是独特的，他们千差万别、各有千秋，需要教师赏识独特、尊重差别、面向全体、因材施教；充分认识到学生是一个需要德智体美全面发展、为将来人生成长奠定坚实基础的、具有全面发展权利的人，需要教师全面发展他们的素质，而不能剥夺这种权利等。要实现教育教学上的和谐，教育者必须立足于学生现实的发展水平，找准学生的“最近发展区（点）”，并结合学生不同层次的发展需求，整体设计和安排各种教育要素与各种教育教学活动，创设和谐的教育情境，使“教”与“学”产生谐振效应，促进学生基本素质获得全面、和谐、充分的发展。总之，追求教育的“和谐”，抓住了素质教育的要义，体现了新课改的价值理念和取向，贯彻了内涵发展的教育思想。

（三）一般意义的“和谐课堂”

“和谐课堂”，顾名思义就是和谐的课堂。它是描述课堂生态的新课程教育学概念。其本质是教学双方之间和睦、协调、融洽，教学诸要素之间以及各环节之间有机结合、主动配合、自觉融合、相互协调、共同作用、共生共长。其表征是师生关系融洽、学习气氛浓厚、探究问题活跃、思维分析深入、体验感悟深刻、课堂秩序良好等。它以追求和谐并通过和谐实现高效为目标，强调师生通过心灵的对接、意见的沟通、思维的碰撞来实现学生的高效学习和自主发展。可以说，和谐课堂是素质教育所追求的一种最佳课堂教学状态。

“和谐课堂”的内涵十分丰富，它包含情感态度与价值观、过程与方法、知识与技能“三维”目标的和谐；课堂教学过程的和谐；教学手段和教学目标的和谐；教学进度与教学难易的和谐；师生关系的和谐；生生关系的和谐；学生身心的和谐；课堂教学气氛的和谐；课内与课外的和谐；学生学习成绩与自身成长之间的和谐，等等。“和谐课堂”具有较强的民主性，它建立在民主、平等的基础之上。在这种课堂中，教师、学生、其他教学资源之间是一种和谐、共振的关系。它以学生的发展为本，追求全体学生的积极、主动、和谐发展；以发展学生的思维为要，企望学生自觉学习、积极思考、主动探究、表现出令人赞叹的思维质量，实现最理想的教学目标。它重视师生关系的平等；重视教学内容与方式方法、手段的相互协调和配合，以及多样性的统一；强调促使学生的学习兴趣得以提高，潜能得以发挥，能力得到锻炼，个性得以优化。它要求充分发挥教师的主导作用和学生的主体作用，为学生创建与现实相同或相近的教学情境，以使学生利用自己的已有经验来内化新知识、感悟新体验。“和谐课堂”一般具有以下基本特征。

一是师生融洽、愉悦宽松。师生关系融洽、学习气氛愉悦宽松是和谐课堂的基本特征之一。它要求在和谐课堂里，师生之间、学生之间要互相尊重、和睦相处；整个课堂富有情趣和乐趣，使人愉悦；学生不感到过度紧张和焦虑，能够快乐而自信地学习；教师能够快乐而充满激情地教学。我们知道，在一个真正以学生为出发点而设计教学、学生真正受到尊重的课堂上，师生之间的思维应当能够产生共鸣，师生之间的动静搭配应当恰到好处，教师的教与学生的学，学生的静心聆听与主动思维应当处于同步发展之中。严谨的课堂上不乏欢歌笑语，紧张的学习中也有活泼互动。师生之间的交流始终在轻松愉悦、融洽平和的气氛中进行。这样的课堂才真正体现了和谐课堂的特征。

二是民主平等、理解宽容。教学民主性、平等性是和谐课堂的一大特征。在和谐课堂中，教师可以充分征求学生对教学的意见，学生可以自由地、无拘无束地表达自己对学习的意见、对授课教师的看法。师生之间虽有角色分工，但处处应体现人格上的平等，互相尊重，彼此爱护，没有等级约束。教师公正地、公平地、一视同仁地对待和评价每一位学生。理解、宽容也是和谐课堂的一大特征。学生的个性差异特点决定了和谐课堂教学要充分体现出理解、宽容的特征。师生、生生之间要建立起民主和谐、尊重与理解、沟通与交流、互信与互爱的合作伙伴关系。在和谐课堂中，教师要尊重学生的差异，对学生的缺点和不足应给予充分理解和宽容，并以友善的态度加以指点；反之，学生对教师教学中出现的差错也应给予谅解和包容，并以友善的态度给予提示。教师和学生应彼此真诚相待，对性格的差异、学习的差异能够做到互相理解、互相宽容。这种理解和宽容即是“和而不同”的课堂生态环境。

三是思维活跃、充满活力。思维活跃、充满活力是和谐课堂的重要特征。在和谐课堂里，师生之间、学生之间具有高密度、高深度、竞相式的交流与发言。思维量大、程度深、活力强，顺向性思维、逆向性思维、批判性思维此起彼伏、共生共存、交织前进。师生、生生相互启发、相互补充，彼此分享对方独到的思考、分析、认识、看法、体验、感悟、经验和知识，交流和增进彼此的情感和友谊，真正实现教学相长和共同发展。和谐课堂的构建基于师生双边主动而有序的交往活动。主体性的充分发挥是实现和谐课堂的重要基础。教师与学生主体性发挥得如何，直接影响到学生的思维水平和活跃状态，进而影响到课堂教学的质量与效益。因此，重视主体性是和谐课堂的重要要求。要使学生思维活跃、充满活力，教师必须重视和发挥学生的主体性，而学生主体性的发挥，要以教师主体性的充分发挥为基本前提。教师的主体性主要表现在努力做一个优秀的引导者、组织者、参与者和合作者的角色上，充分发挥其在课堂教学中的主导作用，积极主动地创设适合学生学习的教学情境，激发学生内在的学习动机，满足学生学习的需要。只有教师的主导性发挥起来了，学生的主体性才能得到很好地激活并得以充分发挥，进而才能使师生在互动交往中实现情感交融、思想碰撞、经验分享、知能习得、精神愉悦、审美享受和潜能的开发，最终实现课堂教学的优质高效。

四是探究深入、体验深刻。探究深入、体验深刻是和谐课堂的重要特征。在和谐课堂中，真正有效的教学，应该是教师引领学生主动学习、深入探究、合作共进的过程。教师要成为这个学习活动的组织者、参与者和指导者。教师要根据品德课学习内容的不同，采取不同的教学方法，如做游戏、演小品等，激发学生独立思考和合作探究的兴趣，培养他们获取信息和解决实际问题的能力。

在和谐课堂中，各种活动对小学生来说都是一种体验。体验是由学习主体置身自己喜爱的、能充分满足自身心理需求的情境或活动而激起的心理感受，是由内心产生的，发自肺腑的。因此，深刻的体验首先始于兴趣，以兴趣驱动学生学习。只有当学习者对内容、情境发生浓厚的兴趣时，才能倾心投入，进而达到心领神会的境界。其次，深刻的体验载于活动，以活动贯串学习过程。学习主体的体验只能在他自身直接参与的实践活动中产生，只能在他自身的感知或操作行为中产生。和谐课堂中，学生只有在一系列丰富多彩的实践活动中才能产生具体深刻的体验，如果没有自身的参与，没有活动作为依托，体验便成了无源之水、无本之木，知识技能的提高与发展也就成了一纸空文。深刻的体验终于感悟，以感悟唤醒学习智慧。学习主体随着自身所参与的各种实践活动的展开，其体验广度将逐步拓展，体验程度将逐步加深，达到一定阶段便出现一种飞跃状态，产生认识的突破、情感的升华或价值观的提升。能够诱发感悟的真正有效的体验，除了需要兴趣的驱动、活动的支撑外，更需要情感的伴随和维系，需要有教师为学生点燃智慧的火花，开启灵感的窗户，唤醒思想的活动。当然，让学生在情感中体验，不仅需要教师的身体力行，也需要学生之间的感染。通过这一系列的双向多边的交往体验活动，教师与学生以主体的身份参与到课堂教学之中。这种参与不仅仅表现为课堂教学过程中的你问我答，而且是一种知识与智慧的分享、思想与价值观的沟通、情感的共融。通过师生交往、师生合作、生生交往、生生合作等多种活动形式，共同经历学习过程，共同经历情感体验，实现师生之间的共鸣，促进教学相长。

总之，和谐课堂就是让学生去深入探究，去深刻体验，让学生通过探究、体验去感悟，从而达到理解认识、掌握技能、养成习惯的目的，最终促进学生情感态度与价值观的形成。

*五是秩序井然、气氛浓厚。*秩序井然是和谐课堂的重要特征。井然有序的课堂是保证课堂教学任务得以完成的前提。新课程改革以来，有些教师为了追求课堂教学的新颖性，盲目增强课堂教学的活动性，结果学生仅仅学了一种表面形式，本质的东西没有真正学到手，却弄得课堂乱糟糟，不能取得应有的教学效果。因之，和谐课堂的井然有序就是针对那些杂乱无序的课堂状态而提出的。和谐课堂的有序性不仅是指静态的物的因素的有序、人的因素的有序，而且表现为动态的课堂教学过程的有序、课堂活动的有序。在和谐课堂中，师生、生生能够很好地处理和协调竞争与合作的关系，既能为了共同的目标开展合作活动，促进既有利于自己又有利于他人的教学结果的实现，同时又能在共同目标下展开适度的竞赛，形成学习上的你追我赶；教师

的教学积极性、主动性和创造性能够充分地展现和发挥，学生的学习积极性、主动性和创造性能够得到充分的尊重、支持和肯定，学生积极思考，踊跃发言，课堂气氛活跃。

课堂气氛浓厚、活跃也是和谐课堂的重要特征。课堂的秩序井然固然是重要的，但缺少活跃学习气氛的课堂则是无味的、缺少生机的。和谐课堂教学应该是充满生命活力的，在保证基本的教学秩序的前提下，能够给学生一定的宽松度和自由度，使学生在课堂教学过程中能够张弛有度、宽松自如，始终能够保持一个良好的心态和旺盛的精力，能够进行积极的思维，使课堂教学充满无限的生机和活力。总之，井然有序与气氛浓厚是相辅相成、和谐统一的。我们既主张课堂教学要有良好的教学秩序以保证课堂教学的有效进行，同时，也强调不能因过度的纪律要求而束缚了学生的手脚和思维，限制了学生聪明才智的发挥与释放。

和谐课堂的特征还可以从不同的角度来描述，但师生关系融洽、心情愉悦宽松、民主平等、理解宽容、思维活跃、充满活力、探究深入、体验深刻、秩序井然、气氛浓厚、真诚交流、公正公平等是最基本的特征。这些特征交互作用，共同反映出了和谐课堂的基本面貌。总之，和谐课堂不仅是我们追求的一种结果，也是我们需用不懈的努力来实施的一个过程。构建和谐课堂是师生的共同理想，是提高教育教学质量的重要手段和有效模式。

（四）小学品德学科的“和谐课堂”

应该说，小学品德学科的和谐课堂涵盖了一般意义上“和谐课堂”的内容和特征，在本质上和目标上具有同一性。但它又具有自己的特殊意蕴和鲜明特征。

1. 品德和谐课堂的意蕴

我们认为，小学品德和谐课堂首先应该是一种充满着“爱”、缭绕着“情”的课堂，是一个教师抒情倾爱的场所，是一间教师呵护、滋润学生心灵，关怀、体恤学生疾苦的暖房，是一个学生能表达情感、讲述感受、获得关爱、得到呵护的家，整个课堂都应该始终充满着“爱”和“情”。“爱”和“情”是小学品德和谐课堂的中轴线。假如小学品德课堂里，教师没有激情、没有真情，学生没有感动，洋溢不出可贵的感情，产生不出美好的情意，课堂的整个过程始终没有情感贯串其中，那么，这样的课堂就很难取得品德教育应有的效果。

品德和谐课堂特别重视“道”。“道”，即道德，意在培养具有良好品德和行为习惯的人。教会学生做人是小学品德和谐课堂的核心目标，应得到教师的重视。否则，在小学品德课堂里，如果不讲道德，不讲德性，不讲品行，而一味地去讲知识，那就失去了品德课程的意义，就谈不上和谐。

品德和谐课堂也比较重视“理”。“理”是对“道”的阐释和体验及对感悟的陈述。在小学品德和谐课堂里，一方面，需要教师用通俗易懂的语言或比喻给学生讲明白为何要遵循“道”；另一方面，教师要引导学生通过活动或社会生活实践，去体验“道”、感悟“道”、表达“道”和实践“道”，增强学生对“道”的意义的理解和认识。

品德和谐课堂更加重视“行”。“行”，即行为。如果在品德课堂里，教师只灌输道德理论，而不注重培养学生的良好行为习惯，不加强良好行为的养成和训练，就不可能实现品德教育的和谐性和道德性。

因此，在小学品德课堂教学中，教学双方，特别是教师要紧紧围绕培养学生良好品德和行为习惯这个核心目标积极努力，充分调动各种教学因素，使教学双方、教学诸要素、教学各环节之间有机结合、共生共长，共同创建一个充满教育理想的和谐高效课堂。总之，小学品德“和谐课堂”，应该是一个民主化的、始终充满着爱的意蕴的课堂，是一个集“情、道、理、行”于一体，“生活性、活动性、道德性、体验性、综合性、社会性”相融合的课堂，更是一个内在美与外在美相统一，富有巨大魅力的课堂。

2. 品德和谐课堂的特征

（1）富有教义。它是小学品德和谐课堂应具备的一个最根本的特征。可以说，这是小学品德课堂与其他课堂的一个最基本、最明显的区别。这个区别从根本上讲是由小学品德课程的特殊性质决定的。如果课堂中失去了这个特征，就意味着这堂课是失败的、无效的。因为它脱离了本课程的性质和意义。我们知道，小学品德课程是一门教育学生的专门课程，培养学生的良好品德和行为习惯，提高学生的道德素质是其根本的目的，所以，小学品德和谐课堂必须富有教义，始终要具有育人的鲜明特征，而不能搞成一种纯粹娱乐性的、毫无教育意义的活动型课堂。

（2）充满情感。它是小学品德和谐课堂强调的另一个特征，是增强品德课堂教学实效性的需要。因此，新的品德课堂务必融进情感教育元素，重视情感的作用。教师要善于抒情、激情、煽情，要运用和发挥各种真实情感的魅力，努力营造和谐的情感课堂环境，把激励的语言、赞赏的眼神、真情的行动等一一奉献给学生，激发学生内在的生命热情和潜能，激活学生的思维，点亮学生的心智之灯。这种情况下，学生才容易将被动的学习要求转变为主动的学习动力。俄罗斯有这么一句名谚：“语言不是蜜，却可以黏住一切东西。”的确，只有教师使用令人回味的、激情的语言，课堂气氛才不会如白开水一样索然无味。和谐课堂只有让学生置身于一幕幕生动形象的情境中，内心才能涌动起一种感动，情感才能得以升华，人格才会得到陶冶。总之，在和谐课堂里，教师要充分地发挥情感的作用，通过各种激情的方式引导和激发学生表达自己内心的情感，这样，学生的道德素养才会得到提升。

(3) 关注现实。它是小学品德课堂的重要特征之一。某种意义上讲，小学品德课程是为关注现实而生，为解决问题而立。关注生活现实，解决实际问题，永远是小学品德课程的目标指向。和谐高效教学思想指出，新课堂教学应力求以“真实”的生活事件来促进品德的学习过程，这突出体现在“四个为主”上，即以学生普通的生活事件为主，以学生的日常生活事件为主，以学生今天的生活事件为主，以学生群体中的生活事件为主。遵循这样的原则来实施新课堂教学，能极大地提高品德课堂教学的针对性和实效性，更加有利于塑造学生的品性和人格。教师只有理解新课堂教学这一关注现实的原则，才能从整体上驾驭好课堂，才能从实效性上把握好课堂。当然，关注现实生活并不等于信手拈来现实生活，品德教育中的生活事件应该源于生活而又高于生活，因此，教师也可以根据当地的具体情况从学生认识身边熟悉的事件和物品等入手，科学地应用于课堂，努力使课堂教学达到和谐。需要提醒教师注意的是，小学品德和谐课堂教学要关注那些特殊学生的不同生活，特别要关注那些特殊学生的近期状况，关注他们的差异表现，解决他们的差异问题。

(4) 重视生成。这是小学品德和谐课堂的又一个重要特征。我们都知道，预设是教学的基本要求，传统的课堂教学多是执行教案的过程，教师的教只是追求顺顺利利地完成教案，而忽视课堂中的生成性问题，或者是为了按时完成预设教案进程而对生成性问题视而不见，不闻不问。这种做法是错误的，我们在新课堂教学中必须加以改正，特别是小学品德课程，更应该重视课堂的生成性问题。课堂教学过程中绝不能怕“节外生枝”，解决“节外生枝”的问题，正是小学品德课程的价值追求，体现了国家设置小学品德课程的意义和作用。因而，教师不能总想牵引学生按自己的预设做出回答，否则学生只是扮演了配合教师完成教案的角色，让“死”的教案支配和限制了“活”的学生，遏制了学生在课堂上思想和生命的绽放，只会使课堂变得机械、刻板与程式化，这就是传统的课堂教学的弊端所在。当然，在和谐的课堂教学中，教师按照教案预设的进程进行教学是很重要的，教师必须遵循教案，以教案为基本教学依据，但还要充分注意教学活动过程中的生成性问题，要及时为生成而“变轨”“变奏”。只有这样，教师与学生的真实思想才会发生碰撞，有深刻内涵的思想火花、智慧火花才会不断迸发，新的认识、体验、感悟才会不断加深。总之，只有在这样有生成性问题的“大课堂”中，师生才能真正体验到生命的活力和价值。

总之，小学品德“和谐课堂”应当是一种充盈着爱和感动，能得到快乐、幸福、满足，获得充分的自我发展与自由，有情感、有道德、有智慧、生活化、民主化的课堂。

二、小学品德“高效课堂”的内涵

随着新课程改革的深入推进，我们的课堂开始活跃起来，教师的教学花样多了，课堂也热闹了，可学生到底收获了多少知识，能力上提高了没有，情感上有共鸣吗，意志上坚强了吗，课堂教学的效果如何，却很值得我们深思。那么，到底如何提高课堂教学质量，如何解决品德教学实践中所遇到的问题呢？当然，我们的办法就是通过建构“高效课堂”来解决。

（一）“高效”的本义

高效，是指单位时间内完成的工作量大、效果好；或曰：又好又快。《现代汉语词典》的解释是：高效，即效能高的、效率高的。它居于一般效率和平均效率之上。

（二）教育学意义的“高效”

教育学意义的“高效”，是指在单位教学时间内，受教育者又好又快地达到既定教学目标，实现让全体学生、讲课教师、其他教师、教研人员、学校领导，以及学生家长皆大欢喜的理想教学效果。一般包括两个方面：一是教的“高效”，二是学的“高效”，是教的“高效”和学的“高效”的有机统一，但从根本上讲是指学的“高效”。教的“高效”是为学生学的“高效”服务的。“高效”既是一种理念，更是一种追求，不仅是教师的教学追求，也是学生的学习追求。它充分体现了新课程的教育理念和价值取向，体现了素质教育的本质要求，贯彻了教育内涵发展的正确教育思想。

“高效”的基本特征有如下几点：①全体达标。即全体学生在单位教学时间内全部完成教学目标。②优秀率高。在全体达标的基础上，更多的学生达到优秀。③全面发展。高效必须建立在学生“知、情、意、行”全面发展的基础上。④思维量大。课堂教学要反映出相当的知识容量、认识水平和思维品质。特别是思维品质，学生的思维密度、思维深度、思维高度、思维质量要有较高的水平，教师和学生的思维应紧密对接，同向思维、逆向思维、发散思维等共生共长，有机统一，高度融合。⑤问题解决。对学生在课堂教学过程中出现的问题或提出的问题，应做到基本问题当堂解决，复杂问题基本解决，余下问题课后尽快解决。⑥作业实际。高效要建立在课后学生作业适当、负担轻的基础之上，作业完成率、及格率、优秀率高，效果好。⑦愉快感强。在课堂教学任务完成后或在教学活动过程中，教师（包括听课人员）应有非常满意的感受和体验，学生应有学业长进的快乐和自信，以及进一步学习的强烈欲望，其他人员也应有闻之快慰的心情。高效的表现特征是诸多方面的，上述七点是检验教学主题活动完成之后是否达到了高效的基本标准。

从教育教学实践来看，影响“高效”的因素很多，其主要因素也就是影响和谐教学的全部因素、全部因子、所有环节。但总体来讲，教师是影响“高效”的首要因素、始终因素、主要因素、根本因素。教师的学识不渊博、教学水平不高、教学艺术不精、教学方法不灵活、教学态度不好、师生关系不好、教师素质不高都是影响“高效”的重要方面。当然也有学生方面和教学条件、手段，甚至班额规模等方面的原因。但总而言之，广大教师应主要从自身方面找原因。在教学实践中，应围绕高效教学奋力探索，努力实践，切实走出一条实效性高的教学路子，真正落实素质教育。

（三）普遍意义的“高效课堂”

“高效课堂”是指在规定的课堂单位时间内又好又快地、高质量高水平地、最大效果地完成教学目标的课堂。简单地说，就是教学水平、教学质量、教学效果高的课堂。这一概念的提出，主要是针对课堂教学的无效性、低效性而言的。其目的是想通过“和谐高效”教学思想的引领，促进教师在课堂单位时间内高效率、高质量地达成教学目标，实现学生在知识与技能、过程与方法、情感态度与价值观“三维”目标方面的高效、协调发展。

“高效课堂”的具体意义是指通过高水平的课堂教学活动，使学生在学业上有超常收获、超常提高、超常进步，实现在认知上，从不懂到懂，从少知到多知，从不会到会；在情感上，从不喜欢到喜欢，从不热爱到热爱，从不感兴趣到感兴趣；在意志、意识、意念上，从无到有，从弱到强，从厌烦学习到孜孜以求；在行为上，从被动学习到积极主动，从行动缺乏到养成习惯；在发展上，从只立足学生的当前发展，到同时也着眼于学生的长远发展、未来发展和可持续发展的良好教学转变。当前，我们有很多学校的课堂还达不到高效课堂的要求，一些学生不能当堂达标、基本问题不能当堂解决、教学思维不对接、教学进度过缓或过快、学生作业负担过重、单元测试合格率达不到100%、优秀率低，这些都不是高效课堂所应有的表现。对此，我们必须要在高效教学思想的指导下尽快加以改善，否则素质教育就难以真正实现。

（四）小学品德学科的“高效课堂”

小学品德学科的高效课堂同样也涵盖了普遍意义上“高效课堂”的内涵和特征，在本质和目标上也具有同一性。除此之外，它也有着自己的特殊内涵和主要任务。对于品德学科教学来讲，课堂上道德情感浓厚，道德学习刻苦，道德活动积极，道德体验深刻、认识高，课后道德养成良好、可持续性强的课堂，就是高效课堂。可见，品德高效课堂的基本表征是情感浓厚，学习刻苦，活动积极，体验深刻、认识高、是非明，良好行为养成快而长久等。它的主要任务或核心是如何高效地把学生培养成为品德良好、热爱生活、乐于探究的人。当前，我们有许多学校的品德课堂存在着目标不清、任务不明、重点不突出的问题，存在着师生道德情感不浓厚，道德主题不鲜明，道德学习不扎实，品德活动少、体验少、认识浅，行为养成见效慢、可持续性差等问题，这些都不是品德高效课堂的应有表现。要实现品德课堂教学的高效，需要教师不断端正教学态度，富有教学激情和道德责任感，切实搞好师生关系，并在学识素养、教学艺术、教学方法上不断加强学习和研究，努力提高教育教学水平。我们认为，实现品德高效课堂起码应具备以下七个条件。

1. 教学目标应面向全体

众所周知，教学目标的预设与课堂的实际情况不可能完全吻合。因此，教师在对教学目标进行设计时，既要考虑《课程标准》的要求，还要根据学生的实际情况，综合分析、合理确定课堂的“三维”教学目标，并在教学过程中根据教学实际对教学目标做出适时调整，力争做到教学目标与全体学生的学习能力基本吻合，最大限度地照顾到全体学生，增强教学目标的适应性。需要指出的是，我们要求高效课堂的教学目标要面向全体学生的发展，并不是要让每个学生都获得一样的发展，而是让每个学生都在自己原有的基础上获得足够的发展。

2. 教学方法应科学适宜

方法论告诉我们，一切事物的效果除去内因作用外，均取决于方式方法的正确性。教学的实践也反复证明，教学的效果不仅受到学生主观能动性的制约，也受到方式方法的重要影响。可见教学方法对提高课堂教学效率是何等的重要。某种意义上讲，教学效果的问题，在主体因素确定之后，方式方法就是一个决定因素。因此，教学效果的大小很大程度上将取决于方法、依赖于方法、仰仗于方法。所以，在新课堂教学中，我们要高度重视和加强对教学方法的研究。要讲究教学方法，要根据不同教学内容采取不同的教学形式，做到科学性、适宜性、针对性、启发性。特别要注意适合学生的思维特点、认知规律和兴趣爱好，注意针对学生的年龄特征、心理发展水平、思想品德实际和社会实际恰当运用教学方法。教师还要注重教学艺术，要具有较高的语言表达艺术魅力；要增强语言的吸引力；不仅道理要讲得透彻，而且还要有感染力；要晓之以理，动之以情，以情感人，以理服人。

3. 教学策略应正确实施

小学品德课的教学策略应该有以下特点：一是理论联系实际，即教学要贴近学生的社会生活现实，重视校本课程、班本课程、生本课程资源的开发；二是搞好师生关系，创建尊重、关爱、民主、平等的良好师生关系；三是自主探究合作，要注重自主学习、合作探究的学习方法；四是重视情感机制，即发挥情感在学生成长过程中的作用；五是强调活动体验，即重视开展丰富多彩的学生活动，关注学生的亲身体验；六是重视课堂生成，即对于课堂教学中出现的意想不到的种种情况，教师应高度重视，绝不能忽视或轻易放弃。这些教学策略，教师要在品德课堂教学中综合运用，正确使用，特别是要善于根据变化了的情况适时调整教学思路和教学策略，采取多种方式、手段，灵活驾驭课堂教学，确保更快更好更高标准地实现“三维”教学目标，圆满完成教学任务。

4. 学识素养应博学多艺

小学品德课程具有综合性特点，它与诸多学科紧密联系。教师只有具备广博的知识素养，才能在课堂教学中表现出令学生折服的魅力，给学生带来审美的愉悦、强烈的感染和无限的乐趣，进而激发学生的强烈求知欲和昂扬向上、奋发进取的精神。因此，作为品德学科的任课教师，一方面，应加强自己的道德修养，要具有高尚的道德情操，这是品德教师做好品德教育、搞好课堂教学的根基；另一方面，要加强自己的知识修养和才艺修养，要博览群书、博学多闻，要多才多艺，能“唱”会“跳”、能事“音美体艺”，努力成为一个“知识渊博”、“上知天文，下识地理”、风趣幽默、多才多艺的深受学生爱戴的优秀教师。只有这样的教师，才可能创造出一节和谐高效的、优质的课堂教学。

5. 道德人格应充满魅力

加里宁说：“如果教师很有威信，那么这个教师的影响就会在某些学生身上永远留下痕迹。”教师的职业道德人格具有榜样的效应，它可以激励、启发、推动学生去效法，并按照榜样的标准来要求自己。一位优秀的品德教师应该具备良好的政治素质、高尚的道德情操、完美的道德人格和优良的工作作风。只有这样的教师，才可能在实际教学中受到学生的欢迎，收到良好的教学效果，才能引起学生的愉悦和自豪，从而变成激励学生奋发向上的动力；也只有教师对学生的教诲，才容易深入到学生的心灵中去，引起学生相应的情感体验，从而促进学生的品德修养；也只有教师对学生的批评，才能唤起学生的悔悟，使学生服气，从而自觉地接受批评，积极主动地改正缺点和错误。相反，一个人格修养差，动辄对学生发脾气、体罚、羞辱的教师，不仅得不到学生的喜欢和尊重，在品德课堂教学中难以收到理想的教育效果，甚至可能产生负效。因此，在新课堂教学中，教师除了要想方设法提高业务素质外，还要加强自己的人格修养，努力做一个严于律己、关心学生、热爱教育、爱岗敬业、道德高尚的优秀教师。

6. 师生关系应良好亲密

良好的教学质量离不开和谐的师生关系。苏霍姆林斯基说：“师生之间是一种互相有好感、互相尊重的和谐关系，这将有利于教学任务的完成。”可见，和谐的师生关系是提高教育教学质量的基础条件。古人云：“亲其师，信其道。”它深刻而精辟地说明了和谐的师生关系在教学活动中的重要作用。因此，为了搞好课堂教学，提高教学效率，品德教师必须要在一些具体环节上搞好师生关系。比如，要努力学好教育学、心理学，学会观察学生、了解学生、理解学生，遇事冷静、不急躁；要学会调查研究，与学生交心，耐心细致地做工作；要加强情感投入，多一些表扬与鼓励，少一些批评与训斥，多一些和颜悦色，少一些“急风暴雨”；要讲究教育方法，表扬要及时、要恰如其分，批评要选时、要点到为止、避免简单粗暴，不把个人不良情感

（来自家庭的、单位的）转移到学生身上；对学生要真情挚爱，对差生要多一分爱心、真心，多一分关心，多一分耐心，多一分信心，缩短师生之间的情感距离；要善于发现学生身上的闪光点，努力营造民主、平等、和谐的师生关系氛围，等等。

7. 学生学习应主动积极

主动学习、积极思维是高效课堂教学的一个重要特征。从某种意义来说，高效课堂就是学生主动学习、积极思考的过程，是学生充分自主学习、师生互动、生生互动的过程，是学生对所学内容主动实现意义建构的过程。这种主动参与、积极思维受制于教师能否采取灵活机动的教学策略调动学生学习的积极性，能否积极引导学生正确思维，能否给予学生更多的时间进行必要的竞争与合作学习，并展示学习成果，能否让全班学生获得学习的乐趣，分享彼此的成果等。

总之，小学品德“高效课堂”应当是学生主动学习、积极思考的课堂，是师生互动、生生互动的课堂，是学生对学习意义的主动建构和转化为道德品质的课堂。在小学品德“高效课堂”上，教师应注重每一名学生的兴趣和爱好，用真挚的情感打动学生，用生动、活泼的形式吸引学生，用幽默、智慧的语言启迪学生，用真实、可信的情境激发学生，真正点亮“高效”的火花。

三、“和谐”与“高效”的关系

在弄清“和谐”与“高效”内涵的基础上，正确认识“和谐”与“高效”的关系，有助于我们更好地实施课堂教学。为此，有必要对二者的关系作一简单论述。

（一）“和谐”是“高效”的条件和基础

高效的产生和发展受制于两个基本因素：一是动力因素，即是否具有持之以恒的巨大动力，二是“方”字因素，即方向（目标）和方法是否正确、得当。如果在某一事物中这两个因素的正值性很强，则毫无疑问该事物必然产生高效；如果这两个因素值出现一正一负，则该事物必然产生低效；如果这两个因素都是负值，则该事物必然产生超低效。就动力因素来讲，要增强学生的动力性，必须要确立学生的主体地位，增强学生的主观能动性。而学生的主体地位、主动性、自主性、积极性的产生和发展，必须依赖和仰仗于师生双方共同创立的互相尊重、互相关爱、民主平等、公正公平的宽松的和谐环境和氛围。高效的产生必须依赖于事物的和谐性，具有适宜酝酿、发芽、生长的土壤条件。就方向（目标）、方法因素来讲，能否产生高效，要看教师拟订的教学方向、教学目标是否与《课程标准》相一致、是否与学生实际相一致，教学方法是否适应学生的思维规律、认知特点和学习习惯等，这些其实都属于和谐性问题。如果它们之间相一致、相适应、相和谐，那么毫无疑问必然会产生高效，反之，则不能产生高效。因此我们说，和谐是高效产生和发展的土壤、条件和基础；和谐度越高，高效度越大。

（二）“高效”是“和谐”的追求和目标

我们知道，之所以要构建和谐课堂，不仅是素质教育的要求，也是新课程改革的需要。和谐不仅是素质教育和新课程改革的重要目标，还是素质教育和新课程教育的重要手段和载体。可以说，和谐的目标和素质教育的目标、新课程改革的目标是一致的，它们都是为了追求实现教育教学的“高效”。其实，高效，不仅是和谐的目标和目的，从本质上说，它还是和谐发展的自然归属和结果。不仅如此，高效的产生与发展又会使学生与教育内容、教师、同学间的关系更和谐，为实现最大的高效而建设更和谐的环境条件。因此，无论从哪个角度讲，在新课程改革的背景下，追求课堂教学的“高效”是教育教学发展的必然方向。课堂教学高效性的实现，不仅能解决教育教学的高质量问题，也能减轻学生的课业负担问题。

总之，和谐是为高效服务的，是产生高效的必要条件和环境基础，没有和谐，就不可能产生高效；高效是和谐之目的和目标，是和谐的必然结果，不能取得高效的和谐，绝不是真正的和谐，高效的达成与发展，又是为了创造更好的和谐，实现更高一级的高效。二者互为基础，互为目标，相辅相成，螺旋上升。

四、小学品德“思维对话”课堂的内涵

“和谐”是一种境界，昭示着关系的融洽；“高效”是一种速度和质量，意味着目标又快又好地实现；和谐高效是我们所追求的一种至高理想的课态。而“思维”则是一种活力，代表了课堂的成色；“对话”则是一种思想的建构、感情的增进，代表了课堂及其思维、体验、感受等的深度。那么，思维、对话以及思维对话链接在一起所构成的课堂又是一个怎样的内涵呢？

(一)“思维”“对话”的本义

“思维”的本义：是指在表象、概念的基础上对事物进行分析、综合、判断、推理等认识活动的过程。它是人类特有的一种精神活动，是从社会实践中产生的，是人类的智慧之根。

“对话”的本义：一是指两个或更多的人之间的谈话（多指小说或戏剧里的人物之间的谈话），二是指国际上两方或几方之间的接触或谈判（多指对与某一问题一向没有联系的国家或政府之间的沟通）。

（二）教育教学意义的“思维对话”

教育教学意义的“思维对话”的内涵，是指教师和学生围绕教学主题及其相关问题，在是什么、为什么、如何解决等方面，相互之间所进行的分析、综合、判断、推理的认识活动过程及沟通过程。其特征是：共同思考和相互沟通。

这里的“思维”是教师和学生双方面的思维，但主要是以培养学生正确思维、发展学生思维能力、提高学生思维水平为根本目标。我们所以看重思维，不仅是因为思维是人与动物的最根本区别，更重要的是每一门课程都是人类思维的结晶。要想对这些“人类思维的结晶”进行再认识，就必须用人类特有的“思维”回过头去进行再思考、再学习、再探究。

这里的“对话”是教师和学生围绕教学主题及其相关问题，各自与教学主题相关的各种教学资源之间、师生之间，以及学生和学生之间的对话。对话的主题是相对确定的，但对话的对象则可以是多维而交叉的。课堂教学中，学生面临多个学习对象，而不仅仅是教师和现成的教学资源，还有同学和当堂新生的学习资源，当然，教师和现成的各种教学资源是学生的主要对话对象。对话时，可以是“一对一”的对话，也可以是“一对多”的对话，还可以是“多对多”的对话。既可以平行对话，也可以多维交叉对话。在对话过程中，教师和学生、学生和学生之间的影响是相互的，二者互为主体，并在一定条件下互为主导。

“思维对话”充分体现了新课程的理念和价值取向，体现了素质教育的本质要求，贯彻了内涵发展的教育思想。在教学实践中，应多注意观察和思考，弄清思维对话的制约因素。从教育教学实践来看，影响“思维对话”的因素很多，如，教学态度、教学思想、知识素养、性格、口语表达能力、胆量、师生关系、教学方式等。总的来讲，教师是影响“思维对话”的主体因素、首要因素。教师的教学态度是否端正、教学思想是否先进、教学方式是否合适、师生关系是否顺畅等，都是影响“思维对话”的重要因素。当然也有学生方面的原因，如，学生的学习态度、对以往知识的综合运用和分析能力、性格和胆量、口语表达能力等，也是影响“思维对话”的重要因素。对此，在课堂教学中，我们必须加以注意。

（三）一般意义的“思维对话”课堂

要研究和探讨小学品德学科“思维对话”课堂的内涵，还需要从研究一般意义的“思维对话”课堂的内涵开始。

1.“思维对话”课堂的内涵

“思维对话”课堂，简单地说，它是以“共同思维”和“相互沟通”为主要特征的课堂。共同思维，是指教师和学生一起围绕课堂教学主题所进行的分析、综合、判断、推理的认识活动。相互沟通，是指针对共同思维的结果，教师和学生相互之间进行的交流、倾听、质疑和答辩。我们认为，基于课程文本和其他相关的各种教学资源的“思维对话”是课堂教学的本质，缺失它或含量轻，都会使课堂教学失去生机、失去精彩、失去生命力。可以说，它是新课程课堂教学的生命线。思维对话是一种渗透于一切课堂教学中并贯串课堂始终的最基本教学理念，以基于师生相互尊重、相互信任、相互平等的人性文化作底蕴，通过交流、质疑、答辩、倾听、倾诉而进行的双向、多向沟通的最基本教学方式和认知训练。为此，在构建“和谐高效思维对话”型品德课堂的过程中，我们应始终把“思维对话”作为“和谐高效思维对话”型品德课堂教学的生命主线，作为实现“和谐高效思维对话”型课堂的主要途径和重要教学方式来认真加以研究。

2. 各种思维对话形式的内涵

我们认为，新课堂教学的“思维对话”一般有两种方式：一种是内在式（或内在性）思维对话；另一种是外在式（或外在性）思维对话。两种方式有机结合，相辅相成。

（1）内在式思维对话。是指教学个体自我的思维对话。包括学生自我的思维对话和教师自我的思维对话。通常发生在课前预习（备课）、课中思考（调控、决策）、课后作业及反思等环节。它是指教学个体在内心深处的自我思维、自我对话，是教师和学生各自与和教学主题相关的各种教学文本资源和非文本性资源之间在心灵深处所进行的是什么、为什么、怎么办的自我思维、自我对话。这是一种独特的自我认知体验与感悟，是外在式思维对话的必要前提和基础。没有这个前提和基础，外在式思维对话是不太可能的，即便能进行起来，多半也是低效的、浅层的，缺少火花、没有智慧、感悟不深。缺失了内在的个体自我思维对话这一方式，外在的主体间的思维对话方式就不可能有效进行。因此，内在式思维对话是课堂教学思维对话的“本”和“源”，我们必须给予重视。

第一种形式是教师个体的自我思维对话。是指教师与教学主题及其相关的各种教学资源在心灵深处的思维对话。这里的各种教学资源包括教学文本性资源和非文本性资源。文本性资源是指课程教材、教学指导书、教学参考书、辅读教材、课外阅读推荐书目、相关文字材料、电子资料等。非文本性资源是指成熟经验、已有知识、时事、故事、现实问题和新生资源等。教师一定要在课前备课时，很好地思考教学主题及其相关教学资源，读懂、读透、考虑周全，弄准课题的重点、难点、疑点，弄清文本留给学生的空白点，找准学生与教学资源对话的切入点，确定适应学生的教学方法，并在内心深处反复深入地、全面地与之进行心灵对话，迈好“思维对话”课堂教学的第一步。

在这种思维对话中，教师要做好与四个客体的对话。第一，做好与《课程标准》的思维对话；第二，做好与学科教材的思维对话；第三，做好与教学课题相关的其他教学资源的思维对话；第四，做好与学生的思想道德现状的思维对话。因此，教师一定要做好与学情的思维对话，一定要结合本课题或在本课题的框架下或领域内，与学生在现实生活中所表现出来的与本课题意义相关的知、情、意、行各要素的现状和特点进行认真的对话与分析，以便为实现和谐高效课堂打下有针对性的基础。

第二种形式是学生个体的自我思维对话。是指学生与教学主题及其相关的各种教学资源在心灵深处的思维对话。它是学生在课堂教学中搞好“主体间思维对话”的重要基础和必要前提。它通常发生在课前预习、课中思考、课后作业等环节。尤其是课前预习环节的学生个体的自我思维对话非常必要。学生应养成在课前进行预习的良好习惯，很好地预习和思考即将学习的教学主题及其相关教学资源，对不明白的部分和问题进行标记和圈点，标出自已的重点、难点、疑点，以便在听课时有的放矢，做到心中有数。在与教学资源思维对话的过程中，学生要真情融入教学资源的情境中去，要善于发现教学资源中的疑点，敢于怀疑、敢于质问、敢于批判，要学会探究教材的特点和规律。课堂教学中，教师要注意激发学生阅读教学资源的兴趣，鼓励学生对教学资源的自我解读、自我理解，强化培养学生的精读意识，培养学生“好读深思，心知其义”，尊重学生个人的独特感受和独创性见解，引导学生调动自己已有的知识和经验储备，多角度、多层次地体悟教学资源所涵盖的信息。

（2）外在式思维对话。是指在教师的引领或主持下，教学主体（教师、学生）经过各自的内在式思维对话后，相互之间以语言交流的方式所进行的思维对话。它包括教师与学生之间的思维对话、学生与学生之间的思维对话。通常发生在课堂教学实施过程中，特别是常常发生在课中提问、讨论、质疑、答辩、请教、咨询等环节。无论是教师与学生之间的思维对话，还是学生与学生之间的思维对话，都是各教学主体围绕与教学主题相关的问题及各种教学文本性资源和非文本性资源，相互之间经过各自的内在式思维对话后，通过语言对话的方式，各自表达出同一思考、同一思维。这是新课程教学师生共同探究问题的一种重要方式，是内在式思维对话的必然继续和重要延伸。没有这个继续和延伸，师生之间、生生之间的思维就不能碰撞，因而就不会生出智慧的火花，学生的思维能力就难以提高，师生的心灵就难以通融，进而就会影响课堂教学的高水平和高效益。课堂教学的历史实践已经证明，缺失了外在式思维对话方式，课堂教学就难以产生高效。可以说，外在式思维对话是课堂教学的“龙眼”，没有它，整堂课就像一潭死水，掀不起智慧的浪花，难以活灵活现、精彩连连。因此，要发展学生的思维能力，提高学生的思维水平，促进多种思维、观点的传播和碰撞，就必须构建外在式思维对话。

第一种形式是教师与学生间的思维对话。指的是教师与学生在课堂内围绕教学主题及其相关问题或有关话题，在各自内在式思维对话基础上，相互之间对共同思维的结果所展开的语言交流。必须指出，这个思维对话绝不是教师问、学生答的简单问答式，而是教师与学生相互之间深入而深情地倾诉，快乐而专注地倾听和分享彼此的思考、见解和理念，热忱而激动地抒发彼此的惊喜、情怀与感动，毫无保留地交流自己的探索、认识与发现。双方竞相提问、积极发言、认真阐释，提问、质疑、答辩、引领、阐释紧密结合，波澜起伏，始终处于思维对话的胶着状态。特别指出，在这种思维对话中，教师必须转变自己的角色，甘当教育教学的引导者、促进者、合作者，摈弃师道尊严的“官架子”，从“居高临下”中走下来，愿当学生的学习伙伴，将民主平等意识和行为贯串于教学的全过程，与学生进行“平等对话”，建立民主的伙伴式关系。务必注意，在这个思维对话中，教师要学会倾听，做学生的忠实听众，以欣赏的眼光认真倾听他们的独特见解。要敞开心扉与学生进行对话，要与学生友好相处，真诚地与学生交往，关注他们的思想感情，以心交心，以情激情，以心灵呵护心灵，以智慧启迪智慧、发展思维。

第二种形式是学生与学生间的思维对话。指的是在教师的主持或引领下，学生与学生在课堂内围绕教学主题及其相关问题或有关话题，在各自内在式思维对话基础上，相互之间对共同思维的结果所展开的语言交流。这种思维对话通常有三种模式：一是“一对一”对话模式，是指一对学生之间就某个问题所进行的思维对话，如同桌之间的交流；二是“一对多”对话模式，是指单个学生同多个学生就某个问题所展开的思维对话，如小组内一位成员同其他成员之间的交流，课堂上单个学生同诸多学生所展开的咨询讨论、研讨交流等；三是“多对多”对话模式，是指学习小组之间、班组与班组之间、竞赛小组正方和反方之间就某个问题所展开的群体性思维对话。在实施对话过程中，教师要注意以下几点：首先，要掌握学生对话时机。孔子说：“不愤不启，不悱不发。”在学生“愤”“悱”之际开展讨论最好。其次，要精心设计问题，科学安排对话过程。教师提出的问题应适应学生的认知水平，能激起学生讨论的兴趣，既利于学生独立思考，又能集思广益、共同提高。再次，要及时引导学生正确思维。在学生对话时，教师应密切关注和掌握学生对话进程及存在的问题，以便及时进行调控和引导点拨，使学生思维更灵活、更敏捷、更具创新和水平。

我们之所以要确立课堂教学的“思维对话”思想和方式，一方面是因为它是由认识的客观规律所决定的；另一方面是因为在一个群体中，每个人都具有不同的智慧水平、知识结构、思维方式、认知风格，各有自己的特点和优势。通过思维对话，师生可以彼此了解、取长补短，分享每个人的观点和经验，激发新的思维和智慧生成，实现群体的共同进步。另外，我们强调“思维对话”的课堂教学思想和方式，既是为了克服当前课堂教学中所存在的学生被动学习、机械学习的不良状态，为学生搭建一个思维自由生发交流、智慧不断交锋碰撞的平台，激发学生主动探究、积极思考和不断创新学习的精神和行动，增强学生学习的主动性、积极性、自主性，也是为了克服当前课堂教学中所出现的教师“主宰”“独白”现象，赋予学生充分的“说话”权利，开辟充裕的“说话”时空，锻炼足够的“说话”勇气，检验每个学生的认识水平，引导学生进入正确的思维轨道和方向。在课堂教学中，我们强调思维对话，还意味着对民主平等、尊重关爱、公正公平的人际关系的倡导；意味着尊重差异，鼓励独特，崇尚开朗、豪爽、大方、健康向上的个性和独立人格；意味着教师必须更新教学观念，明确课堂教学是思维对话、友好交往、艺术创造，而不是单纯灌输、单纯说教，是引领学生探索世界和有创意地理解真理的过程，而不是简单地向他们展示结论。

在真正的"思维对话"课堂教学中，思维与对话应是互动的，而不是由教师单方面唱主角、做独白，学生被动思维、机械地跟着教师思维、无发言权、无机会表达。在真正的"思维对话"课堂教学中，教师只是引领者、参与者、学习上的大伙伴、班级的首席学生，学生才是真正的学习的主人、思维的主人、行动的主人，决定着对话的形式和内容。在真正的思维对话中，学生的身心应该得到彻底的解放，学生不仅有机会表达，而且可以围绕教学主题尽情地、自由地、开放地表达，成为思维对话的积极参与者。在真正的思维对话中，我们看到的和应该培养的应是学生独立思考的能力、学生良好的人格意识、学生综合性发展的素质和学生业已内化的经验。总而言之，我们倡导思维对话式教学就是为了发展学生的思维能力，提高学生的思维水平，沟通学生的心灵和感情。我们相信，只要把课堂教学中的思维和对话充分地调动起来，就一定能碰撞出教育教学的和谐与魅力，就一定能碰撞出学生生命成长的光彩与幸福之花，就一定能够收到师生家长都满意的理想学习效果。

（四）小学品德"思维对话"课堂

小学品德学科的思维对话课堂也同样涵盖了一般意义上"思维对话"课堂的内涵、特征和方式，在本质、目标和方式上也具有同一性。但它也有着自己的内涵和特征。

1. 小学品德"思维对话"课堂的内涵

小学品德"思维对话"课堂的内涵，是指在小学品德课堂中，以学生的社会生活为主线，以品德教育为核心，通过师生共同参与的各种活动和思维对话形式，将品德、行为规范和法制教育，爱国主义、集体主义和社会主义教育，国情、历史和文化教育，地理和环境教育等有机融合，进行体验、感悟、分析、判断、综合、推理，不断丰富和发展学生的经验、情感、能力、知识，加深对自我、对他人、对社会的认识和理解，并在此基础上养成良好的行为习惯，形成基本的道德观、价值观和初步的道德判断能力的认识过程和沟通过程。

2. 小学品德“思维对话”课堂的特征

小学品德“思维对话”课堂的特征除了具有上述一般意义“思维对话”课堂的一切特征之外，还具有自己鲜明的特征，即“共同体验”和“沟通·呵护”，这是由小学品德课程的性质所决定的。

(1) 共同体验。是指围绕课堂教学主题和目标，教师和学生一起参与活动或一起参与实践进行亲身感受和相互交流感受的认识活动。我们知道，小学品德课程是一门体验性课程。尽管它也强调思维、强调认知，但从课程的意义上讲它更强调“体验”。从某种意义上讲，思维也好、认知也好，都源于实践，源于实践中的体验。活动虽说也是小学品德课程的重要特征，但小学品德课程的意义不在于活动，而在于活动中的体验，活动只是一种形式和载体，体验才是小学品德课程的意义所在，才是内核。小学品德课程中的“思维”与“对话”只是“体验”的外在反映、陈述和诉说，因此，共同体验才是小学品德“思维对话”课堂的重要特征之一。

(2) 沟通·呵护。是指教师和学生相互之间对共同体验的结果进行交流、倾听、质疑、答辩和给予彼此尊重、理解、关心、疏导、爱护的活动。小学品德课程是一门关注学生心灵、教育学生做人的课程，“共同体验”“沟通·呵护”是小学品德课堂教学的精髓。教师应在小学品德“思维对话”课堂教学中，紧紧围绕学生的心灵和情感，组织学生敞开心扉、敢于表达、沟通心灵、相互呵护，引导学生乐观向上、热爱生活、乐于探究、善于合作。应始终把“共同体验”“沟通·呵护”作为小学品德“和谐高效思维对话”型课堂教学的生命主线，作为实现小学品德“和谐高效思维对话”课堂的主要突破点加以研究和探索。

（五）思维与对话的关系

思维与对话犹如一对孪生兄弟，二者相互依靠、紧密联系。

1. 思维是对话的核心和内容，是师生对话的智力支撑

对话是课堂教学中的一种情形，无对话的课堂教学是不存在的。要传递知识、了解学情；要请教问题、获取指导；要师生相融、沟通心灵；要合作学习、共同探究等都需要对话，需要师生通过对话来传道、授业、解惑。可见，对话在课堂教学中的作用、意义和地位举足轻重。那么，对话到底对什么、以什么为核心，是对知识、对问答，还是对其他？显然，以授受知识为核心是传统品德课堂教学的对话特点，这是新的品德课程教学坚决反对的。在新的品德课堂教学中，我们所倡导的对话核心不是知识，而是思维。我们

认为思维才是新课堂教学对话的核心和灵魂。新课程要求师生在整个课堂教学过程中围绕思维进行对话，以激发学生的思维、发展学生的思维为核心目标。当然，对于这个“思维”，我们在小学品德课程中赋予它特别的内涵，是指以思维为主线并囊括知、情、意、行四个要素的“大思维”。事实已经明确地告诉我们，传统的品德课堂教学其本质问题就是缺少思维品质和心灵沟通，这是制约品德教育教学难以实现高效益、高质量的根本原因。新课改背景下，我们要提高课堂教学效益和质量，必须要提高学生的思维品质，提升学生的思维水平，开阔学生的思维空间，既让学生学会顺向思维，也让学生学会逆向思维，既让学生学会发散思维，也能帮助学生的思维走向深入，使学生在思维宽度、思维高度、思维深度和思维的灵活性上（辩证思维）有一个较高的水平。而要提高学生的思维水平，教师必须学会启发性教学，广泛地、充分地与学生开展对话，通过对话了解学生的思维，启发学生的思维，纠正学生的思维，拓展学生的思维，引领学生思维走向正确、走向深入，进得去、拔得出。

2. 对话是思维的外显与表达，是师生思维走向统一的手段与途径

我们知道，思维是影响学生学习质量的关键因素。那么，学生是否有思维、是否在思维、思维正确与否，对此，教师如何知晓？学生有了自己的思维，想判断一下它的正确性，想交流、听取一下教师和同伴的意见，怎么实现？显而易见，办法只有一个，那就是对话。可以通过对话把双方思维的内容、形式、过程、结果等一一反映出来。因此说，对话是思维的反映和表达。另外，课堂教学过程中，师生的思维是随时随地都会发生的，师生是怎样思维的，是否和谐、是否一致，这是影响课堂教学效益的关键问题。因此，我们认为“思维”的最基本、最关键问题，是教师和学生间的思维是否能走向和谐统一的问题。以往的课堂教学存在着“教的思维和学的思维相脱节，学的思维被动地跟着教的思维走”这种被动性学习的思维现象和特征。而新课程的课堂教学则要求教和学的思维要高度吻合。那么，如何吻合、如何统一？我们认为，解决这一问题的最好办法就是师生间进行深入而广泛的对话，通过师生之间密切地交流、沟通和碰撞，使得双方的思维达到高度融合，最终提高师生特别是学生的思维水平和思维质量。思维对话作为新课程课堂教学改革的一种崭新教学方式，要想方设法解决好教和学的思维如何融合、师生对话如何沟通等问题。这个问题解决了，和谐高效问题就不难解决。应该注意的是，思维对话的教和学双方都必须围绕教学目标来进行，绝

不能游离于教学目标之外，为对话而对话，为合作而合作，为活动而活动，搞所谓的新课堂作秀；也绝不是“逗你玩”“逗你乐”“逗你活”；也不是简单的一问一答；更不是教师提前预演的课堂再重复。思维对话应是真实思维的流露和述说，是真实情感的沟通、真实心灵的交换、真实思想的碰撞，以及对方式方法的探究和各种思维的整理。思维对话应努力做到内容和形式的和谐统一。

总之，思维与对话二者之间相互依赖、紧密联系。思维是对话的核心和灵魂，是师生、生生共同对话的智力支撑；对话是思维的外显与表达，是师生思维走向统一的手段和途径。教师与学生若没有对某一个问题的共同思维，相互间就不可能形成对话；相反，若没有师生之间、生生之间的对话，就难以了解师生间、生生间的思维内容和思维水平，教师也就无法对学生的思维实施正确的引领和及时地纠错。因此，思维对话，是和谐高效课堂不可缺少的重要内容和形式，是创建和谐高效课堂的重要途径，我们必须在和谐高效课堂的构建中做到思维对话的有机统一，只有这样，才可能达到最理想的教学效果。

第三节　新课堂的价值追求

课堂的转变，首先表现为课堂价值追求的转变，然后才表现为课堂行为和教学结果的转变。新课改之前的品德课堂，实行的是“说教式”“满堂灌”“多背多记多考”的教学方式，以考试分数为评价标准。这是一种“工具主义”“应试主义”“知识主义”的价值观。这种价值观以追求品德知识的获得为目的，把品德教育内容设计成封闭的品德知识体系，然后分解成一个个品德知识单元；学习的形态以记忆和背诵为主，既不符合品德课程的要求，也不符合人的品德成长的科学规律。

确立“和谐高效思维对话”的课堂价值追求，是对课程改革目标积极和正确的回应。这次课程改革从情感态度与价值观、知识与技能、过程与方法三个维度重新确立了课程目标。“和谐高效思维对话”型课堂是新课程改革所倡导的“三维”目标的实现形态。“知识与技能”只有在“高效”的课堂上才能得到最大量的拥有，“过程与方法”只有在“思维对话”的课堂上才能得到实现，“情感态度与价值观”只有在“和谐”的课堂上才能得到培养。

一、以构建和谐为新课堂的根本价值追求

当代教学论认为，和谐，既是搞好现代课堂教学必不可少的外在条件和基础，也是搞好现代课堂教学的内在要求和手段，还是现代课堂教学所要达成的重要教学目标。教学实践也证明，没有和谐的教学关系，没有和谐的教学氛围，没有和谐的教学条件，教学过程将难以顺利展开和实施。同样，没有和谐的教学目标，没有和谐的思维方式，没有和谐的教学方法，教学也难以取得理想的效果。因此，追求和谐便成为现代课堂教学的根本价值追求。

“和谐”是现代课堂必不可少的条件和基础。教学诸要素之间特别是师生关系的和谐可以为学生的学习创造一个“宽松而和睦”的环境。教育在这样的环境下展开，其过程必将是愉悦的，师生双方必将倾情投入，学生的自觉能动性将得到最大限度的发挥，从根本上保证教育的效益。“和谐”也是现代课堂的教育方法和手段。现代教育的目的是造就和谐发展的人，而和谐发展的人必须靠和谐的教育方法和手段来造就，只能以和谐育和谐，除此手段别无他法。

追求和谐，必须立足研究和谐教学，创建以和睦、协和、融洽为基本内涵的和谐课堂，特别要追求教学关系、教学目标、教学环节、教学内容与方式、共性与个性等因素之间的和谐，最大限度地实现课堂教学的理想状态，真正促进课堂教学效率的大幅度提高。

(一) 追求教学关系的和谐

我们知道，教与学的关系，或者说教师与学生的关系是教学过程诸要素关系中最根本的关系。它是诸种关系得以展开的前提。可以说，有什么样的教与学关系，就有什么样的教育。以往的“教师为主导，学生为主体”的师生观，往往被异化为只有教师的主导，甚至只有教师的“主”，“导”也被丢弃了。在这样的视域下，教学就等同于“满堂灌”“满堂问”“满堂练”，学生完全成为教育的被动者，丧失了主体性，教育的结果是造就了一个个只会接受知识的容器。

追求“和谐”的师生关系，首先意味着要恢复学生作为“人”的地位。教师和学生从作为人的本质上来说是平等的，二者有平等的权利、义务和作为人的尊严。既然是平等的，就不能厚此薄彼，更不能以强凌弱，二者的关

系必须是和谐、和睦的。其次，追求和谐的师生关系，还意味着要恢复学生作为学习者的权利。学生的学习过程是在教师指导下的自主建构，教师必须承认并充分发挥学生的能动性，把学习的权利交还给学生。学生能动性的发挥和教师的热情指导与帮助相融合，就形成了和谐的师生关系。

教学关系的和谐，是师生心灵放飞的人文基础，是师生生命成长和学习进步的情感土壤和动力源泉。它蕴涵着高度的生命价值与意义，是小学品德“和谐高效”课堂教学最根本的价值追求。因为没有和谐的、良好的教学关系，教师的教学水平和教学艺术再高，也不会有学生愿意认真听教师的讲课，相反会对教师的讲课产生抵触情绪，从而不会有良好的教学效果。所以，追求和谐的、良好的教学关系，是小学品德和谐高效课堂教学所追求的最根本价值。每一位教师必须充分认识到这一点。

师生关系“和谐”的标志是：信任与信赖、包容与尊重、独立与合作。只有教师对学生的信任，才有学生对教师的信赖；只有教师对学生的包容，才能收获学生对教师的尊重；只有在学生自主的基础上展开广泛的师生合作，才能共同进步，共同发展。当然，和谐师生关系的构建重心在教师而不在学生。传统教育造就了教师群体的强势地位和学生群体的弱势地位，做主人的时间长了，就容易形成心理优势和心理惰性。因此，让教师从高高的神坛上走下来，做学生的平等伙伴，考验的是教师否定自我和重建自我的勇气与魄力。

（二）追求教学目标的和谐

教学目标是教学的出发点和归宿，具有导向性。教学目标是否和谐，将直接影响到教学的方向和进程。教学目标和谐，能将所有的课堂活动和战斗能量指向一个方向，从而减少不必要的消耗，提高战斗力，又好又快又多地实现教学目标。这就是追求教学目标和谐的价值所在。

教学目标的和谐首先表现为目标和人的和谐。教育是为了促进人的发展，而不是强制、压抑。因此，教学目标的设置就必须考虑学生发展的需要，教学的目标不应超出或者低于学生某一阶段的接受能力。只有贴近学生的最近发展区，才能最大程度地促进学生的发展。只有目标与人的发展和谐了，才能发挥教育的功能，才能彰显教育的效益，才能提高教育的质量。

教学目标的和谐还表现为“三维”目标之间的和谐。教学目标的设置必须从“三维”目标的全面落实出发而非从应试的目的出发。品德课程的“三维”目标具有高度的一致性，只有品德认知、品德能力和品德情感都指向造就和谐的人，并将造就和谐的人作为最终目标，才能培养“知、情、意、行”统一的人、真正品德高尚和品德自觉的人。

（三）追求教学环节的和谐

品德课程的教学环节不同于其他学科。其他学科的教学环节一般从教与学的过程上来定义，比如一般学科都分为复习、新授、总结、巩固等环节。而品德课程一般从品德形成的心理过程上来定义，分为知、情、意、行四个环节。“知”就是道德知识，主要指对道德是非好坏、善恶标准和意义的认识。“情”是指道德情感，是一个人根据社会的道德标准，从道德原则的角度理解现实世界的现象时所体验到的情感。“行”是指道德行为，是人在道德意识的支配下表现出来的对他人和社会有道德意义的活动。“意”指道德意志，它是指人们自觉地确定道德行为目的，排斥各种困难，实现既定目的的心理过程，具有强大的能动作用。

知、情、意、行这几个环节具有相对的独立性，品德教育可以从其中任何一个环节开始。但是各环节之间又具有相互渗透作用，一个环节的变化都有可能引起其他环节的改变。而且，在品德形成的过程中，知、情、意、行的发展方向和水平，经常处于不平衡状态。这种不平衡为品德教育提供了可能和动力。

教师要利用这种规律，开辟多种渠道，选择多个教学入口。但是不管选择哪个入口切入教学，都不要忽视其他的三个环节，要能牵一发而动全身，彼此相互照应，相互渗透，共同发展，在“不平衡—平衡—不平衡”的不断转化中提高学生的品德水平。

（四）追求教学内容和教学方式的和谐

教学方式的选择要考虑两个因素，一是教学内容，二是教学目的。然而，教学目的在很大程度上是通过教学内容来体现的，所以，教学方式的选择主要依据教学内容来确定。一般地讲，有什么样的教学内容就需要什么样的教学方式。所以，教师在选择教学方式时必须从教学的内容出发，使教学内容和教学方式保持和谐。

首先，要考虑品德课程内容和品德教学方式的和谐。不同的课程内容有不同的教学方式，例如德育课程内容的教学方式就不同于体育课程内容的教学方式，也不同于其他学科内容的教学方式。只有教学方式和其学科特性和谐，才能最大程度地促进学生的发展。品德教育的内容从知识上可以归纳为四个方面：文明习惯、传统美德、公民道德、信仰道德，但是其落脚点不是品德知识的获得，而是形成良好的品德行为。行为的习得必须依靠不断的实践，因此德育的基本教学方式是“活动式”。

其次，具体的教学内容和具体的教学方法之间也要和谐。例如，以传授品德知识为主的内容和以品德行为训练为主的内容，教学中所采用的方法就有所不同。品德知识的获得可以采用辩论式、反思式，品德行为的培养可以采用体验式、活动式。

二、以实现高效为新课堂的核心价值追求

纵观一次次的教育教学改革，我们发现其主要目标也都是旨在提高教育教学的实效性、高效性问题。面对呈几何倍数增长的知识，面对“三维”目标的新要求，追求高效的课堂教学已是大势所趋。小学品德是专门的道德教育课程，在当下价值多元、纷繁复杂的社会中，将提高道德教学的实效性和高效性问题提出来加以研究，很有必要，这也是每个教师应该思考也应解决好的重要问题。在这种社会和教育的大背景下，实现高效已经成为品德课堂的核心价值追求。

从独立设科以来，德育就存在“低效高耗”的问题。只是没有像语文等学科那样引起广泛的关注，一直没有走进课改的视野。

从德育的最终结果——人的社会性行为来分析。德育在学校教育中具有强势地位，这门课程从小学一直延续到大学，甚至扩展到学生进入社会参加工作以后。在学校里，学生对品德知识背得滚瓜烂熟，分数高高在上。但是在生活中，学生或是成人所表现出的品德素质、公民素质却令人堪忧。市场经济解放了生产力，同时也强化了人们对物质利益的占有欲，在一定程度上把人物化为非人，导致了道德的沦丧。为了保存人的真义，必须提高德育的效率与效果来对抗物欲对人的异化。

从德育的过程——品德的心理结构上来分析。任何一种道德品质都包含道德认识、道德情感、道德意志、道德行为四种基本心理成分，简称“知”“情”“意”“行”。四者之中，道德知识是品德教育的基础；道德意志和道德情感属于品德教育的动力系统，二者的融合将产生实现道德理想的强大动力；道德行为是品德教育的最终目标。《课程标准》指出：“品德与社会课程旨在促进学生良好品德形成和社会性发展，为学生认识社会、参与社会、适应社会，成为具有爱心、责任心、良好的行为习惯和个性品质的社会主义

合格公民奠定基础。”这说明品德教育的重点不在品德知识的传授，而重在品德行为的养成。而我们的学校品德教育重视的是品德知识的传授和品德观念的灌输，没有切入学生的生活世界，没有激发学生的道德情感，没有将道德情感和道德认知联系起来，让学生形成道德信念、道德意志，没有建立起源自本体需要的动力系统，从而也就没有促进道德知识、道德情感最终向道德行为转化，更没有进行道德实践。应该说我们的德育只走了一半路，做了一半事，但用了全部的时间与精力。

从品德形成的多阶段、多水平、多因素——品德形成的复杂性上分析。品德教育的内容比较丰富，这些内容遵循一定的规律、按照一定的次序和水平逐渐形成和发展。受人的知识经验、思维能力制约，某种品德只有到一定的阶段才能形成，同样一种品德在不同年龄的学生中有不同的内容和水平。而人的品德发展是个体与环境相互作用的结果，影响人的品德形成的因素是非常复杂的，既有家庭、学校、社会等外部因素，还有生理条件、智力发展、自我意识等内部因素。这些因素的作用既有积极的一面，又有消极的一面。因此，人的品德形成将是一个长期的过程，具有耗时多、见效慢的特点。但是我们不能把这一特点当成德育“低效高耗”的挡箭牌。如果经过长时期的德育过程，学生在走出学校后依然不能形成良好的品德习惯，那么就要审视学校德育的效率和效益了。正因为如此，为了最大可能地克服这一特点带来的负面影响，我们应该追求德育课堂教学的高效率和高效益。如果每堂德育课都是高效的，那么整个德育过程也将是高效的。

我们追求德育的高效，就是要追求知、情、意、行的全面高效。要在课堂时间内获得最多的道德知识，获得最有震撼力的道德情感，形成最坚定的道德信念和道德意志，把更多的道德认知和道德情感转化为品德行为，从而实现做人的高效。

三、以发展思维、获取体验为新课堂的重要价值追求

品德教育以其内容的特殊性决定了获得途径的特殊性。实践证明，品德教育不能靠灌输、不能靠外力、不能靠强迫，否则，学生的发展必将是片面的、畸形的。经验证明，品德的获得，其根本的途径要靠对各种现象的正确思维和对各种活动的深刻体验。只有把思维与体验很好地结合起来，我们才能使知、情、意、行逐渐达到完美统一，从而形成良好的品德。

（一）思维，赋予品德教育以理性意义

品德教育需要思维的力量。人的智力是人对客观事物各种认识能力的综合，它包括观察力、记忆力、想象力、思维力、创造力，其核心是思维力。思维是人们认识和把握世界的工具，也是学生展开学习和掌握知识的工具。在传统的品德教育视野中，品德学习就是品德知识的灌输，而品德知识的灌输似乎无关智力的高低，和思维力的关系似乎更遥远。教育重在价值引导和自主建构。在自主建构的品德教育观中，品德知识不再靠传授，品德学习不再仅仅表现为品德知识的学习。思维是实现自主建构的主要力量。品德知识的发现和品德观念的建立离不开品德概念、品德判断和品德推理，离不开分析、综合、比较这些具体的思维方法；品德观念的价值化离不开抽象、概括、系统化等思维方法的参与；品德行为的形成离不开具体化思维的帮助。因此在品德学习中，我们有充分的理由给予思维足够的重视，给予思维在数学、语文、科学等学科中同等的地位。

学会学习是以学会思维为特征的，在某种程度上说学会学习就是学会思维。品德教育不是在学校完成的，而是在社会中、成长中完成。因此，品德完善、品德完美更多的是需要在生活中通过自我教育来实现。离开了教师的帮助，不管是品德知识的发现还是品德观念的形成所能依傍的只有学生的思维。因此，在德育中教会学生思维，也就是教会学生品德发现、品德完善、品德自救。

（二）体验，赋予品德教育以感性意义

体验既指由身体活动与直接经验而产生的感情和意识，也指在情感和意识的支配下，主体通过直接的身体活动和心理体验来认知世界的一种方式。体验是品德教育的特性。品德教育重在由品德知识向品德行为转化，这个转化必须在道德情感和道德意志的激励和监督下才能完成。道德情感和道德意志属于情感领域的学习内容，而情感是不能由灌输、传授和行为训练而获得，只能通过主体身体和精神的亲历才能完成。作为情感高级表现形式的道德感就是通过主体参与而形成的高峰体验。这说明，品德的最终完成离不开主体的体验过程，体验是主体品德完善的途径。因此，《课程标准》中提出：“学生是在真实的生活世界中感受、体验、领悟并得到各方面的发展的。”

1. “体验”是品德教育的基础

名词性的“体验”是指主体通过直接参与而形成的感情和意识。体验是主体的生命过程，也是主体宝贵的精神财富，它凝结了主体的情感、感受和

认识。尊重个体的体验就是尊重生命的高贵。个体的体验是理解和建构知识的基础。品德教育必须关注学生的生活世界，并切入学生的经验系统。经验就是经历和体验。体验是主体生命的一种本质存在。在生活中学生已经形成了各种日常品德概念，经历了许多的品德事件，感受过各种品德评价所带来的情感体验。因此，学生不可能把自己的生活、自己的印象、自己的感受远远地丢在校门之外，怀着纯之又纯的学习愿望来到学校。这些体验本身就是宝贵的品德教育资源，品德教育必须充分地利用这些资源。

充分利用学生的生活体验，可以促进主体对品德教育的认同和趋从。教育只有和学生的体验实现对接，才能让学生感受到教育不是一种外来的强迫，而是一种发自内心的需要，品德教育就变成由内而外地自主建构。如果知识传授得不到个体经验的认同，或丝毫不能激活个体积淀的经验，那么，道德知识的种子就不能在个体的心灵中生根、开花、结果，这种道德知识就如同假牙、假发，是没有生命力的。

充分利用学生的生活体验，可以促进学生对品德的理解。学生的生活和体验可以为品德教育提供广阔的智力背景。当品德知识进入学生的意识，学生会很快地从已有的体验中找到对应的事件、情感、观念来与之匹配。如果匹配成功，则被理解；反之，将被排斥。可以说教育能否激活学生的经验，是知识能否实现顺利同化的关键。

2. “体验”是品德教育的手段

作为动词使用，体验是指主体认识现实的方法和动作过程。完整的体验要经过以下过程：①感物。客观事物呈现在主体面前时，主体就会以自己的经历、经验和心理结构，调动多种感官全方位地接触、感知，受到强烈、鲜明的感官刺激，形成对事物鲜活、具体、深刻而丰富的印象和感受，引发内心反应。②生情。有了心理感受，必然引起一系列的情感起伏和波动。如果客体符合主体的心理需要就产生积极情感，反之，就产生厌弃、排斥、否定和远离的消极情绪。③立像。即将大脑中的许多观念或事物联系起来，形成新的观念、表象，激发创造性。④得意。随着主体情绪、想象、联想的调动与相互作用，主体已经完全介入深切的体验之中，当体验的广度不断拓展和深化，达到一定程度时，就会出现飞跃，产生认识的突破、情感的升华和价值观的提升。

体验是现代学习方式的突出特征。体验是理解知识的需要。体验就是用自己的大脑思考，用自己的眼睛观看，用自己的耳朵倾听，用自己的嘴诉说，用自己的手操作，用自己的身体亲自去经历，用心灵亲自去感悟。因为有了这样的身体和心灵的投入，学生将获得细腻而深刻的感受，形成具有冲击力的情感和丰富的表象，并初步形成品德认识。这些体验结果将被纳入品德学习的智力背景，同日常体验一起作为同化新知识的基础。这种直接体验因为是和学习本身结合在一起的，因此具有更大的动量，它可以使知识的理解更深刻、更具有生命活力、更具有广泛联系和生发的潜力，为创新提供可能。体验更是激发生命活力，促进生命成长的需要。因为有了体验，学生的能动性被激发，个体的探索欲望被满足，学生体验到自身的价值和力量，体验到成功的喜悦。

课程改革提出课程目标要从“知识与技能、过程与方法、情感态度与价值观”三个维度来确定。让学生在体验中学习，是关注“过程与方法”的需要。落实这一维度的目标，就必须有学生的亲身参与。学生的参与不可能只带着理性的头脑而把情感放在学习过程之外，所以参与的过程必然伴随着体验的发生，体验使方法的获得成为可能，而愉悦的体验本身就是学习的动力。让学生在体验中学习，也是关注情感态度与价值观的需要。人的精神世界的形成是通过某些实际体验来实现的。没有体验就没有感受，没有感受就无法换位思考，而品德很大程度上是一种换位思考的能力。一个人只有在他经历过种种情绪上的体验，包括遭到挫折和感情的创伤，才能对别人的疾苦有移情的体验。体验也是一种特殊的思维方式。

（三）“活动”让思维与体验和谐共舞，让感性与理性统一

“活动”是品德课程教学的主要载体。《课程标准》指出：“本课程以学生直接参与的丰富多彩的活动为主要形式，强调寓教育于活动之中。”“学生品德的形成和社会性发展，是在各种活动中通过自身与外界的相互作用来实现的。”这说明品德教育要通过让学生参与活动，在活动中展开和实现。品德教育主要的活动形式有讨论、资料调查、现场调查、情境模拟与角色表演、操作性和实践性活动、教学游戏、参观访问、欣赏、讲故事等。这些活动都是经过精心设计的，往往是一些矛盾的道德情景，蕴涵着丰富的品德教育因素。这些活动让学生面临种种价值冲突，从而引起学生内心世界的矛盾冲突，激发学生的道德思维和道德推理。因此，“活动”不仅仅是身体的参与，更是思维的参与。在活动中，实现师生间、生生间、学生和社会环境间的思维碰撞，碰撞出新的观念、新的思想、新的感悟。“活动”给了思维以空间，给了体验以土壤，让品德教育在思维的帮助下具有了理性意义。

“活动”具有情境化、个性化、情感化的特征。学生在活动中必然要调动各种感官来感知事物，引发内心的反应，产生情感，形成表象，从而最终获得品德意义。活动的过程不可能只有身体和思维的参与，而将主体的心灵拒之门外。这就使“活动”又具有浓厚的“体验”色彩。活动的过程其实就是体验的过程，体验知，体验情，体验事物的真善美丑，体验人世间的酸甜苦辣。活动让品德教育在体验的帮助下具有了感性意义。

总之，“活动”给了思维和体验一个和谐共舞的空间，促进了学生知、情、意、行和能力、个性、思维、心理的协同发展，实现了品德感性和品德理性的完美统一。体验与思维在活动中的完美结合是道德走向完善的根本途径。

四、以培养情感为新课堂的动力价值追求

现代的教育把人作为教育的根本，人既是出发点，也是目的，更是手段。教育要靠人的能动性来实现，在能动性的构成部分中，情感是其中的主要部分。因此，主体能动性的发挥离不开情感的作用。品德教育和智育、体育、美育相比，情感的作用更突出。在其他教育中，情感只是教育的动力之一，而品德教育，它的动力则以情感为主，可以说情感构成了品德课程的动力机制。

情感或情绪，是伴随着人的认识活动和意志行为而出现的心理活动，具有主观体验的形式与外部表现形式，具有极其复杂的生理生化机制，包括有机体在心理和生理的许多水平上的整合。对情感（情绪）这一概念的界定，学者们有不同的说法。我们认为，情感（情绪）是人对客观事物及他人的态度体验、心理状态和相应的行为反映。这种表述说明，情感（情绪）是以个体的愿望和需要为中介的一种心理活动。当客观事物或情境符合主体的需要和愿望时，就能引起积极的、肯定的情感（情绪）；当客观事物或情境不符合主体的需要和愿望时，就会产生消极、否定的情感（情绪）。由此可见，情感（情绪）是个体与环境间某种关系的维持或改变。

我们知道，人总是要参与对世界、自然、社会的认识与交往活动的。学生更不例外。他们在认识世界的过程中，与周围世界、现实事物，特别是与科学文化知识、与教师、与家长、与同学必然会发生联系，相互作用，并在这一过程中不可避免地会遇到成败、得失、顺逆、荣辱、美丑等各种情境，

有时会感到高兴和喜悦，有时会感到气愤和憎恶，有时会感到悲伤和忧虑，有时会感到幸福和爱慕等，所有这些喜、怒、哀、乐、忧、愤、憎、爱等，都是人所具有的某种独特色彩的体验，是人的不同表现形式的情感（情绪），与身心健康、智力发展、品德发展和学习效率都有密切关系。

第四节　新课堂的构建

前面几节阐述了构建小学品德“和谐高效思维对话”型课堂的背景、基本内涵和价值追求。在这一节里，我们将主要围绕如何构建新课堂同大家探讨。研究认为，要构建“和谐高效思维对话”型品德课堂，首先要对小学品德课程的设计思路、主要内容及编写特点，对小学品德“和谐高效思维对话”型课堂的本质有一个正确的认识。

课堂是实施素质教育、推进新课程改革的主阵地和主渠道。如何构建理想课堂，一直是近几年来广大教师执著追求的一个至关重要的课题，它直接关系到课堂教学的水平、质量和效益。可以说，新课堂的构建水平决定和影响整个教育教学的质量，对推进素质教育具有重要的意义。我们认为，构建“和谐高效思维对话”型新课堂，关键在“和谐高效”与“思维对话”两个方面。因此，下面就从这两个方面来探讨如何构建的问题。

一、新课堂之“和谐高效”的构建

构建新课堂，看似简单，其实很复杂，既需要新课程理念的指导，又需要教学实践经验的支撑，还需要教育者智慧的支持；既需要宏观上的架构，更需要具体环节、具体方法、具体操作层面的构思和设计。我们在此不可能阐释得很详尽，只能起到抛砖引玉的作用，同广大教师作一探讨和交流。构建小学品德“和谐高效”课堂，我们认为起码应做好如下几点。

（一）目标定细定实，追求“三维”目标的和谐

“三维”目标不是三个目标，而是三个维度、三个方面。三者的关系可以这样认为：情感态度与价值观是核心，知识与技能是基础，过程与方法是根本。三者是一个有机结合的统一体，不能分而治之，而应和谐互融。教师在进行教学活动前，应当有明确的教学目标，即在课程总目标的指引下，借

助于教科书和教师指导用书，依据学生的实际生活，制订准确而科学的教学目标。

1. 解读文本，将目标定细定实

教材是实施《课程标准》、实现教学目标、进行品德教学最基本的资源。教师只有细读文本，才能在《课程标准》和单元教学目标的指导下将课时目标定细定实。如教学三年级下册“学看平面图”一课。如果只是简单阅读文本，无非是认识平面图的方向——东南西北、简单的图例，再让学生看看图、认认方向、找找位置、画画简单的平面图就可以了。这也是我们以往确定教学目标时存在的最大问题：偏重于知识与技能的学习，忽略情感态度与价值观的培养；偏重于追求结果，忽视过程与方法的体验。而构建“和谐高效”的品德课堂，“三维”目标的和谐是前提。静下心来再读文本，我们就会发现，从单元主题“寻路和行路”到第一个学习主题“学看平面图”，再到一级学习主题下的主题活动，每一幅图、每一句话的设计都有其独特的含义，蕴藏着丰富的内涵。除了上面提到的知识、能力目标，还应有两个情感态度与价值观目标：一是通过课前调查、课上交流平面图，培养学生的问题意识和应用意识；二是通过学画自己学校的平面图，鼓励学生对学校的建设提出建议，增强主人翁意识和对学校的热爱之情。这样，通过解读文本，将“三维”教学目标定在细处、落到实处，然后再来进行教学设计，避免了课堂教学漫无目的或者整节课就是一堆凌乱不堪的知识点的堆砌。

2. 依据学情，确定教学重点、难点

课堂上最大的实际是学情。只有在把握学情的基础上来确定教学重点、难点，我们的品德教学才有效果、有效率。因此，备课前要充分考虑以下因素。

首先，要充分考虑学生的认知基础。如二年级下册“我们的地球妈妈”一课。由于年龄原因，学生对自然环境、对人类赖以生存的地球的概念比较模糊，更不用说社会责任感方面的教育了。因此，教师有义务帮助学生了解地球、认识大自然，提高保护地球、保护大自然的意识和责任。所以，本节课应将知识与技能目标（了解我们目前的生活环境，掌握基本的环保知识）作为教学重点，而将情感态度与价值观目标（培养学生的节约意识，提高保护地球、保护大自然的责任感）作为教学难点，并据此构建教学框架，设计相应的活动来突出重点、突破难点。

其次，要充分考虑学生的认知差异。一是地域不同，学生的认知水平不同。如刚才提到的“平面图”，城市的孩子并不陌生，因为他们在建筑工地、工厂、医院、儿童乐园等地方经常见到，而农村孩子可能很少见。这就需要我们根据学生的认知差异考虑是否将认识平面图作为教学重点。像低年级的“认识秋天”“认识种子”等内容都要考虑到区域差异，便于教学时有的放矢。二是年龄不同，学生的认知水平也不同。对中高年级来说，小组合作、收集资料、实践操作等活动组织起来可能比较轻松，但低年级学生观察、思维、表达等水平比较低，在进行以上活动时，教师不能提出过高的要求。三是背景不同，学生的认知水平也不同。生活背景、生活经历不同，对事物的认识也就不同，这也是我们在确定教学重点和难点、设计教学活动时应注意的问题。比如，在教学“我的家”等内容时，要充分考虑和关注到单亲家庭子女和留守学生；教学“我的家乡”等内容时，要考虑到班级中学生的来源和背景，以保证教学目标的可行性。必要时，本着合适、和谐的原则，可以再次调整和修改目标。

有了明确的教学目标、教学重点和难点，就如同有了明确的教学方向，便于教师从整体上把握教材，在头脑中形成清晰的脉络，使课堂教学围绕一条主线进行，为提高课堂教学效率提供了保证。

（二）合理利用教材，体现教学资源的和谐

教材总是静态、固化地呈现编写者事先预设的教学思路的。如果我们只是照本宣科、空洞说教，除了让学生生硬地获取知识，是起不到任何品德教育作用的。

1. 优化教学内容

品德教材中的活动主题、主题活动的设计都力图体现本课程的目标和内容，所以，它虽然不是我们课堂教学的唯一资源，但却是我们“用教材教”的教学资源的“源点”。现行的品德教材看上去表现形式很“浅”，但设计意图却大有“深”意。教师要带领学生从图文并茂的“浅教材”进入，慢慢融入到教材背后的“深意义”中。例如，四年级上册“我爱我的祖国”单元，虽然只有四个学习主题，但每个主题涵盖的内容很多。仅以“各族儿女手拉手”主题为例，就包括“56 个民族 56 朵花”“多彩的民族节日”“丰富的民族文化”等活动主题，每个活动主题下又有许多的范例。如果教师对教材做面面俱到的处理，就会将本节课上成“看图说话”课，师生对话也是泛泛而谈，造成以教为本，结构松散，学生学起来也是走马观花、蜻蜓点水。所以，我们可以将文本重组，优化教学内容，即从“民族节日”这一

"点"进入，将它与这个民族的生活环境、生活习惯、民族传说、信仰等方面联系起来，弄懂、弄透，再以点带面，通过课前收集、资料交流等方式扩充服饰、文化等其他方面的内容，来融会贯通本课、本单元的知识。这样，既多方面、多角度了解了民族特色与文化，又提高了学生收集、整理资料的能力，增强了民族自豪感。

2. 开发课程资源

《课程标准》明确指出："教师应创造性地使用教材，联系当地和学生的实际，及时地把社会中的新信息、科学技术新成果、学生生活中的新问题和现象等吸收到课程内容中去，不断提高品德教育的针对性、实效性和生动性。"我们认为应注意做好如下资源的开发。

(1) 生活资源。生活是品德课教学的出发点和归宿。品德教学只有从生活中来，再回到生活中去，才能论及所谓的实效性。因为学生对与他们生活接近的事有一种亲近感、新鲜感，其中所包含的道德观念也容易让他们信服，有利于激发他们道德行为的动机，从而实现品德教育的目的。例如三年级下册"浓浓乡土情"中"家乡的老街和老屋"，虽说教材上只有几幅老照片，但每幅照片都蕴涵着一段历史。"我们生活中有这样的老房子吗？它们有什么奥秘？为什么不同的地区老房子的风格会不同呢？"引导学生收集本地区有关老房子的资料，研究其中的奥秘，让学生在活动中感受社会的发展变化，增强爱国、爱家乡的感情。这样，不但充分利用了教材，还与学生生活紧密联系起来。其实，教材只是一个范例，更多的需要我们收集生活中的素材来丰富教学内容。如"诚信""待人要宽容"等课，可以以图片或录像的形式展现发生在班级、家庭、社会上的事例，让学生辨析；"家乡文化采风"等课，举行做家乡人、唱家乡戏、展示家乡土特产的主题活动，必要时邀请有特长的家长参与，让课本上的图画和事例活起来、动起来，使枯燥的问题变得趣味化、深刻的问题变得通俗化，提高学生学习品德课的乐趣。

(2) 社会资源。品德教学的内容与其他学科、其他领域的联系越来越紧密，教师要善于从中捕捉有教育价值的信息，及时拓展和充实教材内容，开展学生喜欢的活动，使他们在主动参与中生活得到充实、情感得到熏陶、品德得到发展、价值判断得到初步的培养。例如，四年级上册的"消费与生活"，我们可以组织学生到农贸市场调查；或请经商的家长做客课堂，讲消费常识；或聘请消协等单位的工作人员现场解答学生关于消费、维权方面的疑问等，有效地补充教材内容。又如，每年我们国家都要评选感动中国人物，我们可以引导学生从身边平凡的人物身上找到他们的影子；一些时事内容如南方冰雪灾害等更是课堂教学中难得的、鲜活的教育素材；清明节、端午节、中秋节等传统节日也都蕴涵着丰富的教育内涵；还有当地的自然资源、民俗资源、社会科技资源等都可以充分利用。

课程资源的开发有效地补充和丰富了教材内容，增进了课堂教学的现实感和亲切感，它们与教材内容相互配合、相互促进，实现了品德课程的综合教育效益。

（三）灵活选用教法，关注活动形式的和谐

品德课堂教学中，教师的主要任务不是讲解教科书，而是努力创设适宜的活动环境与条件，灵活多样地选择教学活动和组织形式，激发学生的探究欲望。教学中，教师可根据教学目标、内容、条件、资源的不同，因地制宜、因校制宜地选择不同的活动形式，可以是单一的，也可以是多种形式结合使用，但最终目的是让教学内容的呈现更加流畅、新颖、有趣。下面列举几种常见的活动方式。

1. 讨论交流

这是品德课最常见的活动方式。适用于有初步认知基础或者可以引起共鸣、引发争论的内容。可以是漫谈式的师生对话、全员参与的互动交流；也可以是两人（一对一）、四人（前后对桌）、个体对集体、集体对集体的交流或辩论等。教师在设计讨论问题时，要尽可能将学生的眼（观察）、耳（倾听）、口（诵、说、讲）、手（操作、书写）、脑（思考）动员起来，为他们创造机会表达自己的感受和想法，帮助他们在互相交流、分析比较中完善自己的道德认识。如“小心网络陷阱”一课，通过学习，大部分学生明白了网络聊天不仅浪费时间，而且容易上当受骗，甚至受害，应该远离网络聊天。但也有同学提出“网络聊天很好，爸爸经常用它传送文件，省钱又方便”的观点。此时教师不要急于下结论，要巧用这个观点的分歧和认知差异，让双方充分发表自己的见解，最后得出“网络聊天工具要合理使用才能发挥作用”的观点。这样，在讨论交流中就让学生明白了事理、积累了经验。

2. 实践活动

根据教材内容，有目的地创设某种情境进行模拟演练或实践活动，让学生获得亲身体验，以加深对教材的理解。参与实践活动的方式很多，可直接组织学生到现场活动，也可模拟某些场景进行活动，必要时还可延伸到课

外。实践活动这种方式主要适合于两方面内容：一是小实验、小制作、小观察、饲养、种植等内容。一年级的“看我多精神”“我换牙了”“小苗快快长”“太阳照呀照”“风儿吹呀吹”，二年级的“美化我们的家园”“大地妈妈哭了”“废品利用”等，都可以让学生进行实际操作，使他们在手脑口并用中体验到成功的快乐。二是难以身临其境，又难以用语言表达、难以体会的内容。三年级“我们的生命”一课，单从教材内容来讲，几幅画加几段文字，简单明了，但要让三年级的孩子从内心真正体验到母爱的伟大却不容易。因此，课堂上通过音乐、故事等创设教学情境，让学生在背书包捡鸡蛋的亲身体验中感受母爱的伟大，唤起他们的道德良知；再通过课后给妈妈洗脚、和妈妈一起做家务等延续活动，使他们形成正确的道德观念，促进身心发展的和谐。

3. 资料展示

资料展示是指课前教师根据教学内容指导学生通过读书、电视、网络、调查访问等途径收集资料，并进行整理，课堂上进行交流展示的活动。资料展示活动在品德课教学中经常用到，它对丰富学生知识、培养学生道德实践能力有不可估量的作用，深受教师欢迎。但是，在一些品德课教学中，资料展示活动常常成为走过场的一个环节，失去其实效性。

曾听两位教师执教四年级上册“各族儿女手拉手”一课。课前两位教师布置学生收集资料，学生收集的资料都很丰富，有文字的（民族风情知识）、有图片的（服饰、节日）、有实物的（民族服饰、乐器）……但是，课堂上两位教师对资料的处理方式却大不相同。一位教师只是点名让几位同学进行了展示，学生的满腔热情被一带而过。而另一位教师，首先安排了组内展示，学生交流得兴致勃勃；然后是班内交流，因为小组交流时已经进行了简单的信息加工，所以这时小组发言层次分明、概括性强（服饰、节日、礼仪、语言、文字等）；最后教师展示了自己收集的资料，对学生刚才的发言做了有针对性的补充。这样一来，不但学生收集、整理、加工信息的能力得到培养，更为重要的是，学生在亲历体验后，感受到了神奇的民族特色、祖国的地大物博、团结的民族精神，激发了“爱我中华”的民族自豪感，真正实现了课堂的和谐高效。

4. 直观教学

品德学科背后是一个广袤的世界，如果教师仅仅局限于“一支粉笔、一本书、一张嘴”的教学模式，就会扼杀学生的创新思维和创新能力。现代化多媒体教学手段以传统教学手段无法比拟的优势（不受时间和空间限制）越来越受到教师的喜爱。但是，现在很多的公开课为了追求靓丽效果却成为多媒体课件的堆砌，图片放了一张又一张，音乐播了一首又一首，至于图片的内涵、音乐的选择却没有充分挖掘。这些手段看上去华而不实，并远远脱离了品德课教学实际。所以，在提倡运用现代教学手段的同时，一定要注意与传统教学手段相结合，只有合理使用，才能为高效课堂教学服务。

此外，我们还经常用到调查研讨、专题汇报、实验探究、自主学习等方法。应注意的是，这些活动形式在同一节课上不宜呈现太多，要根据教学内容，坚持“一法为主、多法相映”的原则，灵活选用，才能提高学生参与度，创设充满生机的课堂教学氛围。

（四）关注教学细节，突出师生关系的和谐

良好的师生关系是决定课堂教学成败的关键所在。尽管我们十分注重建立民主、平等、和谐的师生关系，但在实际教学中，还是存在“我讲我的，你说你的”或者“师道尊严”的问题。我们常说，一位教师能走多远，他的学生就能走多远。可见教师在师生关系的构建中起着主导作用。

1. 关注细节从转变角色做起

传统教学是教师牵着学生走，学生围着教师转，学生要配合和适应教师的教；而现在教师由单纯的知识传授者转变为学生活动的指导者、支持者和合作者。这一转变对教师的教育教学行为提出了新的要求，它强调教师对自身的分析、审视和反思，强调对学生的赞赏、帮助和引导。

角色的转换要求教师学会换位思考，从学生的角度去思考和研究问题，在感情上和学生融为一体，和学生一同参与活动，甚至与学生一起惊讶、一起欢呼。

2. 关注细节从改变自己做起

在小学生眼里，教师是一切美好事物的化身和仿效的榜样。尤其品德教师，更应在课堂上给予学生良好的道德示范和正确引领。教师要端正心态，尊重、理解、宽容地对待每一位学生，把对教材内容、对生活的感悟用自己的一言一行、一举一动阐释出来，让学生可以领悟到这种美好，从而激发其学习的内驱力，这也是实现高效课堂的关键。

“学高为师，身正是范”。现在的学生见识多、知识面广，加之品德课程涉及领域广，需要的知识储量大，教师必须勤于学习和积累，用高尚的道德情操去感化学生，要避免将生活中的烦恼、工作中的挫折等情绪带进课堂，

最大限度地去理解、善待每一位学生，努力把每节课都当做优质课来上。这样，学生才会亲近并喜欢我们。

3. 关注细节从善待学生做起

学生正确积极的学习态度、愉快的学习情绪是教学取得良好效果的重要因素。课堂上，教师要关注、鼓励每一位学生，让他们不但敢想，而且敢说、敢做。

首先，要尊重学生。曾听一位教师执教“妈妈的爱”一课，当教师提出“我们要怎样报答妈妈”这个问题时，学生争先恐后地发言，“好好学习，争取考个好成绩”“长大了要好好孝顺父母”……其中一位同学站起来认真地说：“我要画一幅画送给妈妈。”只见执教教师一蹙眉头，粗暴地说了声“坐下！”就将目光又转向了其他学生。只是因为学生的回答超出了教师的预设，或者没有预设的精彩，新遭到教师粗暴的对待。从这一刻起，这节课这位学生一直低着头，再也没有举过手。尊重是相互的，尊重学生就要尊重他们朴素的想法，只有这样我们才会赢得学生的尊重。

其次，要关爱学生。课堂上，教师要时刻关注学生，是专心了，走神了，还是心领神会了，遭遇尴尬了，以便及时调整教学内容、教学情绪及课堂关注点。另外，教师还要善于运用体态语表示对学生的关注。一句话、一个动作、一次微笑都能让学生获得极大的心理满足，调动他们的非智力因素。

最后，要鼓励学生。教学评价是课堂教学顺利进行的催化剂、润滑油，是师生平等对话、心灵沟通的桥梁和纽带。评价具有反馈、导向和激励的功能。教师真诚、发自内心的评价，能产生一种巨大的情绪力量，促进学生产生好好学习的愿望。而教师对学生关注的最高境界就是对学生个体的学习行为进行不露痕迹的评价。比如，学生交流过程中的听讲情况、发言情况、小组合作情况、参与情况等都是教师细节评价的关注点，必要时也可让学生参与到评价中。“你的想法真好，让老师刮目相看”“说得真好，我们都被你感动了”，当教师对这些细节表现给予肯定与赞赏时，学生的学习热情会油然而生，课堂呈现勃勃生机，从而引领学生的道德认识、道德情感向纵深发展。

学生的认知水平、情感体验存在差异是正常的。教师要正视差异，有针对性地进行评价。对学困生，可以和他们一起制订小目标，告诉他们只要和自己的昨天相比有进步就应该快慰，但不能满足。我们不难发现，在借班上课的优质课评选中，很多学生的表现都出乎教师意料，就是因为授课教师用欣赏的眼光更多地关注了对他们的学习态度、意志品质等非智力因素的评价。

学生的认识发生偏差或错误是正常的。评价讲究的是启迪性和即时性(当然有时必要的延时评价也是很有益的)，这也正是教师启发点拨的最佳时机。如二年级上册“你真棒”一课，在寻找周围同学的优点时，很多同学都以学习好为评价标准。这时，就需要教师的正确引导。“你们都善于发现同学的优点，真了不起。”“想一想，除了学习，在你周围同学的身上还有哪些值得赞美的地方？”一句话，引导学生全面、立体地来看待周围的同伴，引领学生学会辩证地思考和分析问题。

课堂是心灵交流的场所。和谐的师生关系能让师生打开心扉，引发心灵的触动。试想，一位热爱学生、公而忘私的教师，一位言而有信、勤奋敬业的教师，一位推己及人、包容大度的教师，学生怎会不热爱、不尊重、不亲近呢？

(五) 重视情感体验，创设课堂环境的和谐

品德课堂教学除了知识和能力这条主线外，更重要的是一条情感交流的主线。知识和技能也往往借助情感这个媒介才能更好地被学生接受。实践证明，教师千言万语的说教也抵不上学生在亲身体验中获得的点滴感受。学生只有产生了真切的道德体验，才能真正触及内心深处，才能营造和谐的教学氛围。

1. 在情感交流中产生共鸣

以导入环节为例。它的成功与否直接关系到整节课的教学氛围与教学质量。不同的教学内容导入的方法也不同。如“我换牙了”一课，可从比赛“笑”导入，自然有趣；“我们的生命”一课，用课件播放生命孕育的过程，让学生体验生命的神奇；又如“走近残疾人”一课，播放视频“千手观音”，优美的旋律伴着典雅的舞蹈，当得知表演者是聋哑人时，学生由惊叹变为由衷地赞叹……民主、宽松的氛围使教师与学生产生共鸣。

2. 在问题生成中捕捉契机

课堂是动态生成的。实际教学中，不管教师的资料准备得多么充分，预设的问题多么全面，也不可能面面俱到，课堂上还是会出现很多生成性问题。这时，教师应及时捕捉生成资源，并加以利用，使课堂教学焕发生命活力。如在教学“生活不能没有他们”一课时，多数同学谈到自己的生活离不

开父母亲人的照顾，有一位学生举手说："交通警察也是我们生活中需要的人，因为他们保证了我们上学路上交通顺畅。"这时，教师马上给予了肯定评价："你的发现真好，刚才同学们说的是在生活中直接给予我们帮助的人，可你的发现告诉我们，有些人看起来和我们的生活没有直接关系，但我们的生活却离不开他们。同学们，你们还能发现一些这样的人吗？"由于教师善于捕捉契机，课堂教学不露痕迹地被引向了更高层次。

3. 在亲身体验中升华情感

参与的过程本身就是实践体验的过程。还是以三年级下册"走近残疾人"一课为例，执教者设计了模仿残疾人日常生活的环节。当学生通过模仿体验到残疾人生活的不易时，很多同学陷入了沉思。执教教师及时点拨，"对于我们，迷路时问路、心情不好时找人倾诉、取得优异成绩时向父母报喜，都是很简单的事。但对于他们，却是有口难言。"这时，教师略作停顿，"如果你生活在这样的世界里，你能体会他们的心情吗？"简单的几句话，引发了学生对整节课内涵的思考——尊重、理解、帮助残疾人。这时，教师再适时地介绍张海迪身残志坚、残疾人不懈奋斗参加奥运会、残疾人自食其力等方面的事迹，学生被他们不屈不挠的精神所鼓舞。"我们怎样去帮助他们？"执教者利用刚刚激发的情感来指导学生的实际行动。有了亲身经历和主观体验，学生畅所欲言、真情涌动，课堂上洋溢着生命的气息，认知与情感达到和谐统一。

课堂教学环境是否愉悦和谐影响着师生交流的广度和深度，以及教学效率的提高。和谐的课堂教学环境调动起了学生参与学习的积极性和主动性，使他们自然而然地投入到学习中，最终师生在情感上产生共鸣。

（六）用好导行环节，保证课堂内外的和谐

学校教育不是孤立封闭的，一节课的结束也绝不意味着学生认知活动的终结。课堂上有了正确的道德认识和健康的道德情感，还要将它们延伸到课外，以形成良好的道德习惯，缩短课堂与生活的距离。教师要树立大课堂观，利用课堂教学的"指导实践"环节，建立课前、课中、课后的联系，让学生的发展获取持续的动力支持。

为了避免课内与课外、说和做的脱节，教师要充分利用课堂上的"指导实践"环节，除了让学生知道怎样做是对的，还应侧重于实践方法的指导，提出具体的活动要求，让学生知道在课后活动中应该从哪些方面去做，做到什么程度。课后实践活动可以是个人，也可以以小组或班级为单位进行，必

要时家长也可以参与活动。

例如，“走近残疾人”一课，在指导实践环节，学生可能谈到国家对残疾人采取的关照措施、优惠政策，谈到想和聋哑学校学生进行联谊活动，想帮助残疾人做一些力所能及的事情。这时，教师可以当堂和学生一起制订出详细的活动计划，并布置在班级中开展关爱残疾人的主题活动。课后，再组织学生定期到聋哑学校、残联举行手拉手活动，并及时给予指导和评价，这样，就使课堂上形成的道德情感在课后得以延续。又如，低年级学习的保护眼睛、保护牙齿、保护地球妈妈，以及高年级的消费调查等内容，在课后活动中都可以以表格的形式记录读写姿势、刷牙次数、环保事件、家庭消费情况等，并请家长也参与到学生良好行为习惯的养成中，每周进行统计、展示和评价；像“马路不是游戏场”一课，可指导学生课下调查“闯红灯”“不走人行横道”“人行道上骑车子”的人数，在调查中强化学生作为一名普通公民应遵守交通规则的意识。

“和谐”产生的直接作用就是学生学习品德的态度变得积极上进。课堂上，师生通过心灵的对接、意见的沟通、思维的碰撞，产生课堂交往的愉悦感、生命成长的幸福感，学生学习的积极性、主动性得以充分发挥，从而形成良好的道德习惯和个性品质。总之，“和谐”课堂让道德教育的价值回到人本，道德教育的目标回到基础，道德教育的途径回到生活，课堂教学的高效率也会由此而生。

二、新课堂之“思维对话”的构建

构建“思维对话”型课堂，需要教师在教学理念上，尊重学生的主体地位，营造民主和谐的学习氛围，把学习的空间、学习的机会、学习的快乐还给学生，让学生敢于思维、敢于对话；在教学设计上，既要考虑到教学目标的预设，结合生活实际创设有效的问题情境，激发学生对话的热情和思维的灵感，同时也要研究教学目标的即时生成性，抓住课堂的生成性问题进行有效引领，促进思维和情感的深化；在教学组织形式上，倡导小组合作和个体学习相结合，教师引导帮助和学生自主探究相结合，创设师生对话、生生对话的氛围，给学生心灵沟通的机会；在课堂教学评价上，重视过程性评价和发展性评价，既要评价学生对知识的掌握和能力的发展，又要评价学生情感态度的提升和学习智慧的生成等，让学生充分体验思维对话的乐趣。具体来说，应着重从以下几点着手。

(一) 营造民主、开放的课堂氛围，创造思维对话的宽松环境

要创建“思维对话”课堂，首先应给学生思维对话的时间、机会和条件，赋予学生敢动脑、敢思考、敢提问、敢说话的权利，使他们具有“敢思敢对”的胆量。教学民主就是新课堂教学调动学生学习积极性，挖掘学生各类潜能，鼓励学生大胆思考、大胆说话的重要教学制度保证。它可以任学生的思维自由地飞翔、深入地思考，也是师生实现心灵沟通和思维对话的重要前提、基础和条件。因为学生只有在宽松、愉悦、“无拘无束”、“自由自在”的环境中学习，他们才能消除思想疑虑，减轻心理负担；才能充满自信，鼓足勇气，努力实现自我价值。

首先，转变教育观念，转换教师角色，构建民主和谐的师生关系。思维对话课堂中的师生关系，应该是一种主体之间民主对话、合作互动的关系。教学过程中，教师要尊重学生的人格，放下师道尊严的架子，改变“居高临下”的发问习惯，多一些宽容，少一些苛求，多一些鼓励，少一些指令。教师和学生在课堂中要做到地位平等、互相信任、彼此尊重，成为好朋友。只有这样，我们才能让学生轻松起来，愉快起来，在轻松中积极思考，在愉快中大胆展示，在激励中想说、敢说、乐说，从而营造起互动交流、彼此促进的良好气氛。只有向课堂的每一颗心灵都敞开温情的怀抱，给予他们充分的理解和尊重，我们所构建的课堂才能散发出充满人情韵味的温馨，才能听到发自学生内心最深处、最真实的语言。所以，依据新的教学理念，教师在品德课堂中应正确定位自己的角色，努力成为学生学习的组织者、引导者、合作者、学生闪光点的发现者、向学生学习的学习者五位一体的角色，为构建起民主和谐的师生关系奠定坚实的角色基础。

其次，创造尊重氛围，培养平等意识，构建友好平等的生生关系。要使全班学生与学生之间形成积极、深入的思维对话，生生之间关系的友好平等是很重要的。道理很简单，因为如果生生之间的关系不能友好、民主、平等，必然会影响他们之间的交流，阻碍生生之间的思维对话。大家知道，在新的品德课程教学中，往往经常需要安排学生之间、组内、组间进行合作学习、合作探究，并需要进行互相交流。如果没有一种安全、友善、宽容、民主、尊重的学习环境，就不利于学生间的思维对话，就不利于培养学生的自尊心、自信心，就不能促进学生之间协作交流，从而达不到共同提高的目的。因此，教师要想方设法创造互相尊重的氛围，一方面教师要现身说法带头尊重每个学

生特别要带头尊重后进生，另一方面也要引导全体学生正确看待后进生，不要冷落、歧视、抛弃后进生，教育学生要用欣赏的眼光去发现后进生的进步和优点，用善良和热情主动走近有困难的伙伴，鼓励他，帮助他。

再次，突破标准答案，允许多种解答，树立弹性多元的思维理念。在新课堂教学中，如果教师还运用传统教学中标准答案的做法，则肯定会限制学生的思维，扼杀学生思维的灵活性、发散性、多向性、独特性。要想让学生在新的品德课堂上敢于说真话、敢于质疑、敢于表达，教师首先要突破唯一观念，树立多元思想，变“整齐划一”为“灵活多变”，变“唯一标准答案”为“多种解答”，而不能只肯定自己备课时的那个所谓的“标准答案”；要鼓励学生多种思维、多重结论，允许学生多侧面、多角度发表见解，表达思想；对于学生个性化的体验、活跃的思维、多元的价值观等要不失时机、恰到好处地进行点评肯定、鼓励和引导。总之，在新课堂教学中，教师对学生学习思维的处理应该是弹性的、多元的，并应以培养学生的弹性多元的思维方式为发展学生思维的价值追求。

（二）创设真实、生活化的教学情境，激发思维对话的兴趣

要想创设思维对话的课堂，只给学生机会、赋予权利、培养胆量是远远不够的，还必须让学生有思维对话的兴趣和欲望。创设真实、生活化的教学情境，就是为了调动学生“想思维”“想对话”“有兴趣思”“有兴趣说”的兴趣和欲望。情境是激发学生情感、引发学生思考、调动学生欲望、让学生产生兴趣的重要手段，是催生学生思维对话欲望的催化剂和导火索。真实的生活是引起学生话题的源泉，它可以使学生打开记忆真切体验和真实感受的大门，使积存于大脑中的思维像湍急的流水一样以对话的形式急速地流淌出来。所以，要创建思维对话课堂，还必须使学生具有想动脑、想思考、想提问、想说话的情感取向和强烈欲望。否则，即便是教师给学生创造了敢思维、敢对话的宽松民主氛围，但是如果没有调动起学生思考、说话的兴趣和欲望，同样不可能构建成一个思维对话的课堂。因此，创设各种真实、生活化的教学情境，是构建思维对话课堂的重要环节。

首先，创设游戏情境，唤起热情，促进感悟。学生的天性是好玩、好动、好奇、好胜，对游戏情有独钟。如果在课堂上采用游戏教学，就会使学生的兴趣浓厚，学习积极性高涨，课堂气氛活跃，从而能促进学生的思维和感悟，增强学生的对话欲望。因此，教师可以在品德教学中创设一些生动活泼、轻松愉快的课堂游戏，来唤起学生的参与意识和学习兴趣，最大限度地

调动学生的思维能动性和创造性，促进他们在游戏中不仅动手，而且动脑、动嘴，积极地引发思维和增强感悟。例如，“我有一双明亮的眼睛”一课可以设计一个“贴鼻子”的游戏，让学生在游戏中感受眼睛的重要；“团结起来力量大”一课可以设计“掰木棒”或者“拔河”的游戏，让学生感悟个人力量弱、团结力量大的道理；“规则在哪里”一课可以设计“抢凳子”的游戏或者“占圈”的游戏，让学生总结出游戏中规则的公平性、有序性等。

其次，创设表演情境，再现生活，加深体验。表演（包括相声、小品、课本剧、角色表演等）是学生喜闻乐见并积极参与的一项活动。学生要想演好，就必须联系实际，根据生活的真实情况去理解琢磨，然后在理解内容的基础上调动多种感官，运用已有的思维能力、表演能力、想象能力以及生活经验去表演和体验。在表演中学生与小伙伴密切合作，碰撞思维、交流语言，他们的说话、观察、模仿、思维、想象、分析、理解等能力得到不断开发和提高。所以，教师可将生活中或者学校班级里的有道德教育价值的典型事例用小品、角色表演等形式再现于课堂。让学生扮演不同角色，学会换位思考，亲身体验他人的处境和内心感受；增强对自己行为方式的道德价值的判断力，从而提高学生的道德认识，升华道德情感。另外，在品德课堂上，要引导学生把自己真实的思想和生活体验带进课堂，把他们对道德的个性化理解与践行带入课堂。这就需要为学生创设表达自己生命故事、感受同伴故事的时间和情境，让他们在表演、表达、聆听中互相熏陶感染，彼此启发激励，拓展道德视野，获得人生体验和生活智慧。

再次，创设影音情境，渲染课堂气氛，引发情感共鸣。捷克教育家夸美纽斯在《大教学论》中写道：“一切知识都是从感官开始的。”尤其是对于学生来说，动听的音乐、优美的画面、感人的故事这些直观形象的音像情境很容易吸引他们的注意力、引发共鸣。所以在品德课堂上教师可以结合教学内容和教学目标的需要来创设一些精彩的影音情境（包括放录音、放影片，播放歌曲、播放故事等），使学生身临其境，融入文本，激发高涨热烈的情感，打开思维的闸门，从而有话想说、有话要说、有话可说。例如，在执教“各族儿女手拉手”一课时，可以先在课前播放一曲家喻户晓、耳熟能详的歌曲《爱我中华》，美丽的画面、激情奔放的音乐，使学生立刻精神振奋，从中感受到56个民族百花齐放、蒸蒸日上的景象；感受到56个民族勤劳勇敢、团结奋进的精神。这样自然地带领学生进入文本内容，萌发了解探究56个民族的欲望。再如，在执教“站起来的中国人”一课时，为展现新中国今日体育事业的蓬勃发展，教师用学生熟知并喜爱的体育明星照片配以动感十足、激昂热烈的《红旗飘飘》的歌曲制作了课件。学生迅速被震撼感染，情不自禁地呼喊出一位位体育健儿的名字，而后高高举起小手，争先恐后地畅谈中国申奥的艰辛历程以及成功举办2008年奥运会的兴奋自豪。这样，学生在感受到中国人站起来的同时，也平添了一份浓浓的民族自豪感和深深的爱国情。

因此，以学生熟悉的歌曲、人物、故事、事件为素材创设的影音情境，必定会激发学生走进文本的兴趣和欲望，震撼心灵、引发共鸣，为实现学生与文本的对话，实现课堂的情感目标起到画龙点睛的作用。

最后，创设实践情境，融入社会对话，促进道德内化。苏联教育家马卡连柯曾经说过："在学生的思想和行为中间，有一条小小的鸿沟，需要用实践把这条鸿沟填满。"也就是说，学生良好的道德品质只有在反复的实践中才能形成。确实如此，平日里我们常为学生"知""行"不统一或者"说""做"严重脱节的问题而感慨。其实，静下心来反思我们的品德教育就会发现，造成这一现象的首要原因便是教师只注重知识的传授和学习，而忽略实践的指导和养成。因此，品德教学必须重视"说"与"做"的结合、"认知"与"行动"的一致，使教学内容既源于生活又高于生活，既立足文本又超越文本。教师要根据每节课的教学内容，创设合理可行的实践情境，将品德教育延伸到家庭、社会，丰富和深化学生的生活经验和情感体验，落实品德教育的最终目的。如在教学"保护环境"一课时，课堂的最后一个环节是"制订计划，指导行为，促进参与"。各小组在结合实际生活制订环保行动方案时，学生们你一言我一语，纷纷献计献策，制订的内容全面而详细，令人欣喜不已。可是学生回到家中，踏入社会，会遵照制订的环保行动方案做吗？做的会和说的一样好吗？于是，教师又组织学生展开讨论：如何检查同学们的行动落实情况？怎样进行"环保小卫士"的评选？经过大家的讨论，最终又设计出"环保小卫士在行动"荣誉卡，从环保意识、环保态度、环保行动、环保成绩等几个方面进行跟踪记录评价，由家长、教师、组长担任评价监督员，做好每日的记录及评价。每周进行一次全班展示评比，汇报做法及成绩，交流困惑与感受。如此一来，使学生在完成了与文本对话、与教师对话、与伙伴对话的基础上，将对话延伸到家庭、融入社会，并产生积极的影响。经过一个学期的坚持，孩子们真正将环保意识植入了灵魂，改掉了乱丢垃圾的习惯，积极主动维护环境卫生，校园更整洁了；在每周日的社区环保行动中，孩子们树立起“环保从我做起”的责任感，主动性和参与意识逐步增强，培养起了为小组争光、为班级添彩的集体荣誉感。真正实现了课内外结合、理论与实践结合，知行意的和谐统一，达成了行为的深化和良好道德的内化。

总之，无论创设怎样的情境，都要牢记两个基本原则，一是“实效性”原则，即所创设的情境、开展的活动不能只是为了活跃课堂气氛，而必须是有目的、有教育意义的，要为实现教学目标、取得实效性，突破教学重点、难点服务。二是“生活化”原则，即选择的素材、课件的展示一定要贴近学生、源于生活、再现生活。教师选取学生关注的问题，围绕学生在生活实际中存在的问题，帮助学生理解和掌握社会生活的要求和规范，提高社会适应能力，实现品德教育的回归生活。

（三）培养善于思考的问题意识，养成思维对话的良好习惯

学生常思考、常对话的习惯和思维对话的能力，对于提高思维对话的含量和水平有着重要的影响。要形成浓厚的和高水平的思维对话的氛围，离不开学生强烈的问题意识、良好的思维习惯和较高的对话能力。我们知道，问题意识是思维活动的起点和动力，是创新的源泉和基石。我国著名教育家陶行知就曾说过：“发明千千万，起点在一问。”强烈的问题意识会推动人们去发现问题、分析问题和解决问题，没有疑点、没有问题，就不可能形成思维与对话。所以思维对话型课堂必须重视培养学生的问题意识，并始终保持问题意识。同样，没有良好的思维习惯和对话能力，也不能形成理想的思维对话。所以，教师要给学生充分质疑的机会，或者说把质疑权还给学生，培养学生自己发现问题、提出问题、思考问题和对话的能力，让学生每天都在课堂上充满好奇心，不断思维，深入思维，并涌动着强烈的对话欲望。

首先，尊重思想自由，激发学生好问的勇气。只有思想上的自由，才会有心灵上的解放，才会有真知灼见的出现。为了让学生敢说想说，教师必须热情鼓励和细心呵护学生的思想自由。由于学生心智发展水平低，加之生活经历少、知识面窄，往往会问一些“肤浅偏激”“稀奇古怪”或“幼稚可笑”的问题，此时教师千万不要用否定、训斥来对待。要激发学生的问题意识就应该牢固树立“童言无忌”“言者无罪”的意识。学生答错了允许重答；答得不完整的允许补充；不明白的允许发问；没想好的允许再想；有不同意见的允许争论；教师有错允许提意见。教师在学生提问、作答时，尽量做到表情专注，态度和蔼，对学生的每一个问题，每一次回答，哪怕是十分

的幼稚和肤浅，都应尽量给予鼓励，发掘其中可取的因素，防止从言行上伤害他们的自尊，挫伤其积极性。慢慢地，学生就会找回爱问“是什么”“为什么”“怎么样”的好习惯。

其次，教授提问方法，培养学生质疑的能力。在日常教学中，教师在课堂中也曾尝试让学生提问题，可是大部分学生根本提不出问题。为什么呢？主要是因为他们不知道该怎样去发现问题和提出问题。因此，教师必须“授之以渔”，教会其提问的方法，才能培养他们发现问题、提出问题的能力，提高所提问题的质量。在小学品德课堂中，教师可以培养学生从题目中提出问题，从文本中提出问题，从角色中提出问题，从怀疑中提出问题，从对比中提出问题，从联想中提出问题，还要引导学生从不同角度思考，从不同角度发问，鼓励学生在求异中质疑。例如，在讲“告别贫困奔小康”这一课时，可以先板书课题中的“小康”一词，让学生试谈对这个词的理解——在你们心中“小康生活”是一种怎样的生活？用这样的问题引发学生的思考，学生就会根据个人的观察和生活经验引发个性化的思维，因为每个人对“小康”的理解是不同的。在学生畅谈了个人对“小康”的理解后，教师总结转入课题。而后引导学生展开联想、运用对比的方法进一步思考，我们过去的生活是怎样的？现在的生活是怎样的？对比一下，发现了什么？感受到了什么？憧憬未来，未来的生活又会是如何美好呢？这样抓住了“小康”一词引发学生的思维，进而产生一连串的思考，使学生的问题意识得到了培养。

总而言之，质疑是思维的契机、创新的先导。思维要实现内化，就应该调动学生的积极性，让他们主动参与学习过程，实实在在地培养起学生的问题意识，使学生爱思多思、敢问善问，不断迸发出智慧的火花。

（四）开展有序、高效的合作学习，搭建思维对话的参与平台

有了“敢思敢对”的良好环境，有了“想思想对”强烈兴趣，有了“常思常对”的习惯和能力，教师还要为学生创设“多思多对”、思维对话含量高的平台，以更好地开展思维对话。我们认为，合作探究、讨论交流就是一个理想的、能使学生“多思多对”、增加思维对话含量的平台。《课程标准》提倡把课堂还给学生，让学生在“自主探索、合作交流”中生动、活泼地学习，让课堂焕发出时代的生命气息。而小组合作学习强调人人参与、组组互动、竞争合作，它注重让组内成员全员参与、全面参与、全程参与，亲身经历思考探究的过程。小组合作学习挖掘了个体的学习潜能，增大了课堂的信息量，使学生在互补促进中共同提高。因此，我们要指导学生开

展有序、高效的小组合作学习，充分发挥师生间、生生间的协作功能，为思维对话搭建广泛参与、和谐交流的平台。

首先，科学划分小组，合理搭配成员。合理地构建合作学习小组，既是学生进行合作学习的基础和前提，也是实现有效合作学习的先决条件。划分学习小组要本着学生“学科互补、性格互补”的原则，组间同质，组内异质，即全班学生分为A（优等生）、B（中等生）、C（学困生）三个层次，每组均有三个层次的学生。由于小学生自我调控能力较差，所以小组成员不能太多，一般以每组4~6人为宜。

其次，搞好角色分工，培养组长能力。教师先要组织组内成员以民主公正、择优推选的原则推选出有责任心、有能力、有学习热情的学生担任组长，然后对小组长加以培养指导，教给其组织工作的方法。例如，怎样激励、团结组员共同努力；怎样组织小组成员进行讨论、评价；怎样协调组员之间的意见；怎样将小组讨论的结果记录、总结、反馈等。同时还要搞好组内角色分工，根据学生的性格特长找出记录员、发言人、美术设计、小记者，等等。让每一个成员都有职责，为每一个学生提供发展自己、表现自己、锻炼自己的机会。拥有了搭配合理的小组成员结构，加上富有组织能力的小组长，小组合作学习就有了一个良好的保证。

再次，教给合作方法，学会倾听表达。学生学习的灵感与思维碰撞的火花不仅仅在学生的沉思中产生，更多的时候是在学生的交流与辩论中显现。小组内的对话交流，讨论辩论可调动全体成员的参与热情，使学生的思维高度活跃，在交流中达到资源共享、生成知识、达成共识。所以教师要引导学生在小组内学会倾听：认真倾听每个小伙伴的发言，不插嘴；听出别人的发言要点，提炼主要内容；听后思考反馈，提出不同见解。教师还要引导学生学会表达交流：清楚简洁地表达自己的想法，真实深刻地交流个人感受。

最后，积极参与学习，有效调控指导。在合作学习中，教师的指导对于合作学习的效果起着至关重要的作用。所以，教师不能袖手旁观，应当走下讲台，到学生中间去，积极参与学生的合作学习，做他们的合作者、促进者、帮助者、激励者和指挥者。对于合作学习的目的、内容、形式、程序等，教师都必须精心设计和有效组织，尽量给学生具体的、适当的、有效的指导，引导学生将注意力集中到合作学习中来，调控合作学习的进程和层次，促成合作学习有效开展。在学生开展合作与交流时，教师要观察小组学习表象，及时发现学习中的问题，及时地给学生提供必要的提示、矫正、鼓励、支持、干预。教师还应控制好课堂秩序，保证合作学习顺利进行。只有这样，才能保证合作环节的畅通，避免合作的随意性，才能激活思维，使各小组内每位成员都能参与有效的思维对话。

总之，教师只有组织学生进行真实有效的小组合作学习和讨论，才能使小组成员之间充分进行对话和情感交流，并使学生在小组合作中学会倾听、交流、质疑、协作、分享。

（五）巧设问题、适度点拨，将思维对话引向深入和精彩

这是解决思维对话课堂中“深思深对”问题，提高思维对话水平的重要一环。一个好的思维对话课堂，不仅要达到前述的目标要求，还要达到“深思深对”有深度的思维对话水平。思维对话不是简单的课堂上的一问一答，或者变换形式地提出一些脱离文本中心、毫无价值的问题。我们认为，教师的课堂提问对构建课堂中的“思维动场”非常关键。会提问的教师，课堂气氛活跃，学生参与意识浓，思维积极。所以为了搞好品德课堂提问，教师必须要在深入钻研教材，全面了解学生的基础上精心设计课堂提问。课堂问题既要少而精、避免琐碎和表面化，又要讲求提问的科学性、巧妙性，增加思维空间和思维含量。

首先，恰当预设问题，提高思维含量。品德教师在设计课堂提问的时候应紧紧联系教学目的、教材重点和难点及课堂几大环节有针对性地设计好主干问题。要加大问题的思维含量，使问题具有发散性、拓展性、延伸性。避免问题过多、琐碎繁杂，将事实性问题的数量降到最低点，杜绝像“是不是”“能不能”这样耗时无效的问题。同时，设计的问题还要具体明确，杜绝主题不明、答案漫无边际、过于宽泛的问题。例如，同是探究“世界文化之旅”一课，一位教师展示了中国民族舞蹈《孔雀舞》和俄罗斯的芭蕾舞剧《天鹅湖》的影像资料后，问学生：“这两种舞蹈有什么不同?”学生毕竟不是搞舞蹈的，很难回答上述问题，陷入迷茫沉默之中，致使教学活动立即停滞。而另一位教师同是上这节课，他展示了西班牙的舞蹈《斗牛士》和中国舞蹈《达坂城的姑娘》的图像后，问学生：“你喜欢哪种舞蹈？请说出你的理由。”有的学生回答“都喜欢”，并讲出文化具有多样性、丰富性、独特性、差异性的特征。这样，在这位教师的引导下，学生逐渐形成要传承中国文化，尊重别国文化，各国文化应平等交流、互相学习，共同谱写世界文化和谐乐章的结论，从而顺利地实现了教学目的。可见，提高课堂提问水平对于调动学生参与教学的积极性，是何等重要！

其次，精选对话话题，扩展思维广度。品德课上的对话话题可能来源于一对矛盾、一个问题、一种现象、一次生成。一个优秀话题应当具有如下特征：一是科学性，所设置的话题与学生认识水平构成一种协调的张力平衡，贴近学生的“最近发展区”；二是时代性，要关注社会、关注时政、关注自然，让话题起到影响学生价值观、人生观的效用；三是开放性，让话题与生活链接，使师生心灵开放、个性张扬；四是启发性，话题设置要能开启学生思维，激发学生的想象和联想；五是挑战性，话题要具有挑战性，撞击学生的思维兴奋点，激发思维。

再次，巧用教材留白，拓展思维空间。新教材在呈现方式上的一大特色是精美的插图，旁边再加上“……”“?”以及一些空白，这些就是所谓的“留白”。教材留白是新教学理念的一种体现，蕴涵着多重意义，有利于对话，有利于开发，有利于实践，有利于探索……这些留白的目的是给学生提供自由想象、自主思考的空间，力求在启发学生思维的基础上，在鼓励他们尝试探索的过程中，体现新教材的开放性、诱导性和引领性。留白是教材中的弹性空间，意味着教师和学生需要参与教材的意义建构，所以教师在教学时要关注并巧妙利用这些留白。引导学生主动地和课本对话，拓展思维空间，自主选择、自主判断、自主操作，在自己的活动中提高自身的素养。

最后，适时点拨启发，拓展思维深度。所谓点拨，就是教师针对学生学习过程中存在的知识障碍、思维障碍与心理障碍，运用画龙点睛和排除故障的方法，启发学生开动脑筋，自己进行思考与研究，寻找解决问题的途径与方法，以达到掌握知识并发展能力的目的。点拨是教学艺术的精髓，对于疏通学生的思路，调动学生思维的积极性都有不小的作用。掌握策略，适时点拨，往往“一石激起千层浪”，为原本陷入僵局的课堂气氛注入活力，从而使学生的思泉随之喷涌，智慧之花灿然开放。所以在课堂教学中，教师要“相机诱导，顺势点拨”，为学生指点迷津，指明思考方向，拓展思维深度。如，“你的理解很深刻，能不能结合生活实际举一个这样的例子?”“还有不同见解吗?”“错只在于父母吗？能不能换位思考一下?”“是什么力量让这位残疾人创造出如此辉煌的成绩？背后又有怎样的感人故事呢?”通过这样的启发点拨，将学生的思维引向深入，促进思维的深刻性、灵活性、发散性、创新性、独特性发展。

值得提醒的是，在教师进行课堂提问、启发、点拨的时候，要有“慢慢来”的思想。对于一些有难度的问题，当学生答不出或者错误的时候，教师不要急于让下一个学生回答或者公布答案，因为思维是一种能力，更是一种过程。只有给学生充分思考的时间，才能照顾到差异，提高准确率，增进思考回答的信心。

（六）搞好客观、公正的即时评价，提升思维对话的引领水平

即时评价是思维对话的一种“即思即对”形式。它要求教师在这种特殊的思维对话形式中，要具有高屋建瓴的引领作用。只有这样，才可能使课堂中的思维对话上档次、上水平。德国教育家第斯多惠说：“教育艺术的本质不在于传授，而在于激励、唤醒和鼓舞。”善于激励的评价对话，总是能点燃学生的思维，拨动学生的心弦，引起学生的共鸣，创造出积极向上的教学气氛。所以，教师要善于从学生的课堂表现和反馈的信息里，捕捉有价值之处进行客观、公正的即时评价和具有引领作用的思维对话。

首先，教师的评价要真诚赞赏，具有激励性和期待性。法国著名作家安德列·莫洛亚说过：“美好的语言，胜过礼物。”特别是对于小学阶段的学生来说，他们天真纯洁、积极性高、荣誉感强，渴望被教师注意，被教师表扬和赞美。教师的评价只有具有了真诚性、激励性、期待性，才能与学生产生心灵共鸣，让心灵走得更近。所以教师要用赏识的眼光看待学生，认真倾听学生的见解，面对学生独到的想法、精彩的发言、点滴的进步时，教师应该给予发自内心的赞赏，这种赞赏是一种由衷的、真情的表扬。如，“你真会思考，这个问题老师也没想到！”“祝贺你找到这么多发现，我真为你高兴。”“讲得不错，如果声音再响亮一些会更好！”“从你精彩的发言中，老师看到了诞生未来辩论家的希望。”“如果每个人都能有你这样的善良心地和无私胸怀，那世界会多温馨！”听到如此肯定、亲切、赞美和富有期待性的评价，学生一定会备受鼓舞、信心大增，进而在以后的学习中热情投入、积极表现、朝着更高的努力方向快乐前进。

再次，教师的评价要准确客观，具有正确的价值导向性。品德教师不仅要教学生学知识、学本领，还要引导他们树立科学的世界观、价值观、人生观，更重要的是要引导学生走好人生之路。所以我们在品德课堂上不能为了赏识鼓励学生而“不分黑白”地一味表扬赞美；不能为了让学生充分发表意见而不加引导地让学生“乱说”。教师要根据学生在互动交流中呈现的认知水平，做到该点拨的点拨，该夯实的夯实（夯实观点、道理），该提升的提升（提升情感、价值取向），该纠正的纠正。特别是对于学生在互动中暴露出来的糊涂认识和错误理解，绝不能听之任之，一定要及时地进行客观评价，予以纠正澄清。例如，一位教师在讲“压岁钱怎样花”一课时，一个学生说：“压岁钱是长辈给我的，我有权自己支配，可妈妈把钱要去由她保管，我讨厌这种做法。”授课教师听后评价道：“你可真是一个有个性的孩子，懂得争取自己的权利。”试想一下，学生听到教师这样的评价，心里会怎样想？是不是会更加理直气壮地痛恨父母帮他保管压岁钱的做法呢？而如果面对学生的偏颇说法，教师这样去引导：“孩子，你想过父母一年要为你花费多少钱吗？看看你身上穿的，想想你平日吃的，哪一样不是父母花钱买的？我猜，你每次合理正确的花钱，你妈妈一定不会阻拦吧？那妈妈帮你保管钱是不是也有她的道理呢？”学生如果听到这样的话语怎会继续反感讨厌妈妈呢？

所以说，真诚赞美、充满激励的评价必定会为学生更好地思维对话注入源源不断的活力和动力；公正客观、纠正指引的评价必定会为学生的精神世界指明方向，照亮航程。

（七）捕捉课堂教学中的细节“生成”，彰显思维对话的魅力风采

可以说，课堂教学的过程是师生思维对话的过程，它具有较强的现场性、丰富性和生成性。因此，教师不可能预见一切，教前预设也不可能“滴水不漏”。教师课前设计的教案即使再周详，也仅是一份教学预案，在宽松开放、和谐民主的教学现场中还是会出现这样或者那样的“意外”。而正是这些课堂“意外”，演绎了课堂那份真实灵动、活力创新、动态生命的精彩。

课堂上，教师面对的是一个个有思想、有思维、有灵感、有个性的鲜活生命，他们才是课堂真正的“问题解决”者。所以教师只有正视学生的存在，给学生思维活动的空间，才能领悟学生思维的价值、发现教育的时机、生成教育的机智，才能适时调整教学策略，把学生从“偶发”的“教学意外”中引导到“问题解决”之中。因此，面对课堂中偶发的教学事件，教师既不能被预设的教学思路束缚，不知所措或者视而不见，更不能用教师的“权威”去“扼杀”学生思维创新的苞芽。而应该抓住意料之外的细节加以精心巧妙地疏导，让学生辩证地认识对与错、是与非，体验学习过程的快乐，经历思想转化的过程，感悟品德课堂的真实与美丽。

例如，一位教师在参加品德优质课评选时，讲“当灾害降临的时候”一

课，其中有一个环节是情境模拟演练——学生正上课，地震发生了，怎么办？根据以往的经验，学生们无非有两种做法，躲到桌子下或者躲到墙角去。可是就在那节课上，却发生了意料之外的第三种情况，其中一个学生竟头顶凳子，冲下讲台（当时在阶梯教室讲课），跑到了教室外面的空地上，然后嬉皮笑脸地回来了，显然，他把演练当成了恶搞的游戏。面对这一切，授课教师既不是单纯地严厉批评，也不是置之不理，而是在通过采访的形式解决了预设出现的那两种情况后，把“顶着凳子跑到教室外的做法怎么样”这个问题提给了学生，让他们通过 PK 的形式进行辩论，学生由此谈到了谚语“大震逃不掉，小震不用逃”；说出了“面对地震躲比逃好”；明白了要根据不同情况灵活对待。这样，一个小小的意外问题在集体的智慧下顺利解决，学生体验到学习过程的快乐，经历了思想转化的过程，最终实现了资源生成的助推、判断、重组。而那个搞恶作剧的学生也在教师的宽容中深感惭愧，在后面的课上投入到积极的学习之中。

“动态生成”是新课程改革的核心理念之一。追求动态生成的品德课堂，教师必须关注学情，设计弹性方案，开放教学过程，才能促进学生主体积极参与，将回归生活的、开放的品德教育有效地展现在课堂上。这样教师才会真正走进学生内心，引导学生学会生活，学会做人，开辟出真实灵动的、富有积极向上生命力的品德课堂教学天地，让学生充分感受到品德学科的无穷魅力。

总之，思维是一种活力，代表了课堂的成色；对话是一种建构，展现出课堂的生态。思维对话并不是单一的思维的主体交换。思维对话是思维的多元交流和碰撞，是智慧的双向流动和生发，是高质量的生命存在和交往方式，是高层次的人文活动形式。思维对话使课堂生活拥有了鲜活厚重的内涵。在“思维对话”型课堂中，学生可以在民主和谐的氛围中敞开心扉，互动交流；可以实现师生心灵的对接、意见的沟通、思维的碰撞；学生可以发展思维能力，提高情感水平，培养积极向上、追求真善美、热爱生活、向善向学的精神和情感，实现高效学习和自主发展。

三、“和谐高效”与“思维对话”的辩证关系

在前面的章节中，我们分述了怎样构建“和谐高效”型品德课堂和“思维对话”型品德课堂的问题。然而，在构建“和谐高效思维对话”型品

德课堂的过程中，二者并不是孤立地进行的，而是有机地统一于整个课堂过程中综合运行的，是我们构建的新型品德课堂不可分割的两个方面。

“思维对话”与“和谐高效”是新课堂教学的两个重要方面，它们之间相互依存、相互作用，有着不可分割的内在联系。其中，“思维对话”是新课堂教学的内在特质，是新课堂教学的主要方面，对“和谐高效”起着决定作用，它也是建构和谐高效课堂的主要途径和有效形式；而“和谐高效”对“思维对话”又具有反作用，是思维对话的根本追求，是新课堂教学所追求的理想状态和终极目标。两者的有机结合和统一，构成我们所倡导的“和谐高效思维对话”型品德课堂。

（一）“思维对话”的状况决定“和谐高效”的状态或性质

“思维对话”是“和谐高效”形成的前提和基础，也是实现和谐高效的重要手段，还是“和谐高效”课堂教学的应然状态；而“和谐高效”是为适应“思维对话”发展目标的要求，为保障思维对话顺利进行和实现更高水平的思维对话而建立起来的，既是“思维对话”教学过程应具备的必要条件，也是“思维对话”教学过程应达成的必然结果，它的状态必须适应“思维对话”的状况，有利于促进思维对话。某种意义上讲，有什么样的“思维对话”，最终就会有什么样的“和谐高效”。

从前面章节的论述中，我们了解到小学品德新教材编排的特点。新的品德教材呈现形式活泼，教材中配有大量的图片、照片、故事、材料等，如果在教学中，仅仅满足于让学生停留在对这些材料的表面观赏而不注意在活动的过程中引导学生深入领悟、思维对话，那么品德课就难以达到和谐高效的状态。要实现和谐高效的状态，实现学生高效学习和自主发展，只有通过师生心灵的对接、意见的沟通、思维的碰撞，才可能达成。没有思维对话作基础，没有思维对话作手段，没有思维对话作途径，和谐高效的状态是不可能实现的。如果说“和谐高效”是险峰上的无限风光，那么“思维对话”就是让我们登上险峰览胜的通途。具体从以下两方面来阐述。

第一，“思维对话”是“和谐高效”的前提和基础。之所以这样讲，是因为思维与对话是和谐高效最基本的因子，是构成和谐高效最基本的元素。和谐的达成和高效的实现，最基本和最好的方式途径就是通过思维与对话，依靠思维与对话。如果师生之间、生生之间连话都不愿意说，互不交流、互不沟通，甚至相互之间闹矛盾、搞隔阂，心想不到一起，认识不到一起（思维不一致、不协和、不同步），话说不到一块（对话对不上），你看不上我、我看不上你，还哪来的和谐可谈？还有什么高效可显？这是其一。其二，从影响和谐高效的另一个重要的直接因素——师生关系的角度来分析，师生关系也是影响和谐高效的最基本的因素之一，而且也是重要的前提和基础。因为没有良好的师生关系做底子，和谐高效的构建则必定是艰难的。良好的师生关系能极大地促进和谐高效，糟糕的师生关系能明显地降低或制约和谐高效。然而无论是良好师生关系的形成，还是不良师生关系的产生，思维对话都在其中起着至关重要的基础作用。我们说，要构建良好的师生关系离不开教师的良苦用心，需要用心经营，用心构建，需要有一个良好的、正确的思维和认识；同时，还需要用语言去感化，用语言去交流、去沟通，需要用一串串友好的良言和对话去打动。总之，没有正确的思维认识，没有友好的语言沟通和心灵对话，良好的师生关系是构建不起来的。反言之，如果有了正确的思维认识，有了良好的语言沟通和心灵对话，糟糕的师生关系也是不会产生的，所以，导致糟糕师生关系的直接因素往往也是思维与对话。可见，思维对话才是和谐高效最基本的前提和基础。

当然，要实现和谐高效，师生之间、生生之间要形成良好的思维与对话，首先教师必须要具备高水平的思维与对话的能力。从一定意义上讲，教师的品德水平、学养水平和创造性地运用教材的水平决定和影响着思维对话的范围、方向、质量和水平。应该指出的是在“思维对话”过程中，教师和学生、学生和学生之间的影响是相互的，在一定条件下各为对方的主导。曾经有一位教师上课伊始围绕教学主题“走近残疾人”专门设计了体验残疾人的活动。依照这个教学主题精神要求，按理说，体验残疾人的过程应该是一个比较严肃而认真的过程，然而，在体验过程中，学生们却个个面带笑容，把这种活动当成了有趣的游戏，甚至有些学生还在说笑话、哄闹嬉笑，一片乱哄哄的样子。课堂上出现了与教育主题精神很不相符的状况。对于这一现象，执教教师并没有生硬地维持纪律，让学生静下来，而是抓住了这一生成的学习资源，发挥其主导作用，适时点拨，饱含深情地说：“同学们，从大家的表现，老师知道你们肯定觉得刚才的体验活动很有趣。是的，对于我们每一个肢体健全的正常人来说，这很有趣。可是你们想想，这些盲人、聋哑人和肢残者，他们的这一生都不可能再看到亲人可爱的笑脸，听不到妈妈亲切的呼唤，看不到这个美丽可爱的世界，不能跟小伙伴们在一起尽情地嬉戏玩耍，你还能笑得出来吗?”一席话，马上把学生的思维引上正轨，学生的情感体验也进入应有的状态。可见，教师的这种具有较高艺术水平的思维对话在学生的心里发生了作用，为课堂和谐高效目标的达成奠定了坚实的基础。

第二，“和谐高效”是“思维对话”的条件和目标。前面我们知道了思维对话是和谐高效的前提和基础，反过来说，和谐高效既是思维对话的目标，也是思维对话的条件。如何来理解这个观点呢？和谐高效是思维对话的目标，这一观点我们没有必要去做具体的分析，这是我们根据思维对话的特性和功能，对思维对话所特别赋予的责任和目标指向。那么为什么说，和谐高效又是思维对话的条件呢？下面我们就来简要地分析一下。

其一，和谐高效的基本内涵就是师生关系的和谐，而师生之间、生生之间要思维对话，也必须有一个最基本的前提，那就是师生之间、生生之间要具有良好的关系。没有这个良好的关系，别说想实现高水平的思维对话，就是想让双方发生思维对话的碰撞都很艰难。所以，要实现高水平的思维对话，必须先要处理好师生之间、生生之间的关系。双方在日常的教学过程中，就要注意建立密切的、友好的，像朋友一样的师生关系、生生关系。有了这种良好的关系，双方才会愿意围绕学习主题主动去找对方对话、沟通、交心、碰撞，进而才能互换思维，把彼此的思维链接起来，找到思维的异同点，从而才能碰撞出思维的火花，放射出对话的异彩。这是教学双方、生生双方能够实现实质思维对话的基本条件。

可见，思维对话的形成，只有在师生关系、生生关系融洽亲密的状态下才能实现；只有在宽松和谐的环境和氛围里，才可能真正实施，才可能实施出高水平。因此，从这个意义上讲，和谐高效是思维对话的条件，也是思维对话的保障。

其二，和谐高效的另一个基本内涵就是“三维”目标的和谐。而“三维”目标是否和谐的具体状况，将直接影响到思维对话的开展和深入。就知识与技能目标来看，知识目标具有奠基性作用，离开了知识的学习，也就谈不上学生的能力和素质。而知识目标确定得是否合适，是否适合学生现有的认知水平，将直接影响到学生的情绪和认识问题。所以，我们在确定教学目标时，一定要了解学生的年龄特点、认知水平和已有的知识结构，把握文本特点。只有所确定的目标符合学生实际，使学生“跳一跳就能够得着”，学生才可以在学习中，围绕着“跳一跳就能够得着”的学习目标产生积极的思维，展开有内涵的对话，取得好的效果。反之，如果知识目标定得过高，超出了学生的认知水平，学生就会因为难度太大，而在学习中产生畏难情绪，从而影响学生思维对话的有效展开。就情感态度与价值观目标来讲，如果这个目标定得过高，不现实、不切合学生实际，甚至抽象高深，譬如，在小学低年级就提出要求小学生具有强烈的爱国主义情感和正确的价值观的教学目标，就很不现实。这个目标对于小学生来说高、大、空、远，既没有切身的体会和经验，也不可能有深刻的认识。毫无疑问，学生围绕这个教学目标展开学习，必将是生硬的，也不可能产生真切的思维对话。所以确定这样不现实的目标必定会影响到思维对话的开展和深入。再说，情感态度与价值观也不是可以独立传授的，只有与知识与技能、过程与方法融为一体才是有生命力的。就过程与方法目标来讲，如果教师所确定的教学过程和教学方式方法目标不适合学生，同样也会严重影响学生的思维与对话。丰富而深刻的思维对话往往需要恰当的教学方式和方法做支撑。总之，“三维”目标的不和谐、教学环节的不和谐、教学过程的不和谐等，都会影响到师生、生生之间的思维对话。从这种意义上讲，和谐高效也是思维对话的必要条件。

（二）“思维对话”的发展决定“和谐高效”的发展和水平

“思维对话”是新课堂教学中最活跃的因素，经常处于变化和发展之中。与“思维对话”相比较，“和谐高效”则更具有相对稳定性，一种“和谐高效”状态一经产生，就在一定的时期内保持相对稳定。但是，“和谐高效”也不是凝固不变的。一方面，随着“思维对话”的发展，“和谐高效”在相对稳定中也会发生某些方面的重要变化。当“思维对话”发展到一定阶段，原来的“和谐高效”的状态就会被打破，从而引起“和谐高效”水平的变化，使旧的“和谐高效”为新的“和谐高效”所代替。

另一方面，“和谐高效”对“思维对话”有巨大的反作用，它会起着束缚或解放“思维对话”的作用，起着阻碍或发展“思维对话”的作用。当“和谐高效”与“思维对话”的发展要求相适应时，它会有力地推动“思维对话”的发展；当“和谐高效”与“思维对话”的发展要求不相适应时，它会阻碍甚至破坏“思维对话”的发展。“和谐高效”对“思维对话”的反作用，有时会十分突出。例如，当“和谐高效”中的“和谐”环节出了严重问题时，譬如，师生关系严重不和谐，成为“思维对话”的桎梏时，“和谐高效”的变革对“思维对话”的发展，就具有决定性的意义。不过，即使在这种状况下，“和谐高效”仍然是由“思维对话”所决定的，因为“和谐高效”之所以要变革，归根到底还是由“思维对话”发展的要求决定的。不论在何种情况下，“和谐高效”反作用的发挥，都是以适应一定的“思维对话”状况为前提的，都是建立在“思维对话”决定作用的基础之上的。

根据前面的论述，我们知道“思维对话”的发展能推动“和谐高效”这一目标的实现，反过来，“和谐高效”的变化也对“思维对话”的发展与构建产生一定的影响。二者相互影响的关系还可以这样描述：课堂教学是由一个个的环节组成的。各个环节之间互相依存，相互联系，特别是前面环节对后面环节的作用更是不容忽视。前面教学环节中的“和谐高效”的具体状况，势必会影响到后面教学环节“思维对话”的开展。如果前面的教学环节具有良好的“和谐高效”状态，那就会很自然地促进后面的教学环节中师生、生生、生本之间的“思维对话”的发展与构建。反之，如果前面的教学环节的“和谐高效”状况不佳，那就会阻碍后面教学环节师生、生生、生本之间的思维对话的发展与构建。同理，如果前面教学环节师生、生生、生本之间的“思维对话”含量高，有水平，那就会促进后面教学环节的“和谐高效”的发展水平，如果前面的教学环节师生、生生、生本之间的思维含量低，水平浅，就会降低后面教学环节的“和谐高效”的发展水平，甚至会阻碍其向更高水平上发展。

明确了“思维对话”的状况与发展决定“和谐高效”的状况、水平和目标达成度的基本原理，我们就可以从“思维对话”与“和谐高效”的辩证关系中更好地研究如何构建新型品德课堂的问题。构建新型品德课堂既要分析“思维对话”在教学各个环节中的特征及其发展变化，又要分析它的现状，还要探讨它的各个要素的发展变化对“和谐高效”的影响。我们在新型品德课堂教学研究中，要避免这种绝对化的观点：当一堂课“和谐高效”的目标没有明显达成时，就完全否定了课堂中“思维对话”的构建。应当承认，“思维对话”是推动“和谐高效”不断发展的根本动力。但是，我们也必须看到，正由于它是新型课堂中最活跃的因素，它总是随着课堂的预设与生成处于不断的变化之中，所以，“思维对话”的状况与发展还受制于包括“和谐高效”在内的诸多因素的制约，它的功效不一定立竿见影。在“思维对话”情境中，教师必须随着课堂的进展调控各因素之间的关系，运用足够的智慧自如应对，对课堂中生成的一系列问题做出准确的判断，对学生的一系列表现做出及时的反应。当学生精神不振的时候，如何使他们振作；当学生过度兴奋的时候，如何使他们平静；怎样才能从学生的眼睛里读出他们的困惑；怎样才能抓住学生眼中瞬间闪现的灵光；怎样用不同的语言方式让学生感受关注……我们必须打破教学各个要素的封闭与对立，构建开放自主的、合作团结的、具有生命力的教学体系，珍惜学生在“思维对话”过程中产生的新的火花、新的思想，使品德教学不断生成新的契机，使教学具有无限的可能性，成为一种永远具有不断生成、不断更新精神的活动。

总之，在“和谐高效”和“思维对话”的辩证关系中，“和谐高效思维对话”是现代教育对课堂教学状态的要求，是新课堂教学的品质要求。“思维对话”是实现“和谐高效”课堂所依赖的重要教学方式和教学策略，也是实现“和谐高效”课堂的重要途径；“和谐高效”既是“思维对话”所追求的根本目标，也是一种课堂教学动态的优化过程，又是品德新课堂教学追求的最终目标和最高境界，更是一种教育教学的指导思想。事实证明，和谐高效的课堂中必定有灵动的思维对话，而思维积极、活跃的课堂一定会是和谐的、高效率的。二者你中有我，我中有你，相辅相成，相得益彰，是一个完整的统一体。

第二章　小学品德新课堂的教学原则和策略

第一节　新课堂的教学原则

小学品德“和谐高效思维对话”型课堂教学原则，是对品德教学活动本质特点和内在规律的正确反映，是指导品德教学有效进行的重要原理，是对学生进行品德教育时必须遵循的基本准则。它贯串于品德教学活动的整个过程，对教学中的各项活动起着指导作用。它在品德教学活动中的正确运用，对提高品德教学质量和教学效率发挥着重要的保障性作用。在充分考虑品德课程的特殊性质及总体把握“和谐高效思维对话”型课堂基本精神的基础上，我们认为，小学品德“和谐高效思维对话”型课堂应遵循以下教学原则。

（一）和谐性原则

和谐性原则是指品德课教学要遵循教学双方和教学诸要素之间和睦、协调、融洽的要义。即情感态度与价值观、知识与技能、过程与方法“三维”目标必须和谐统一；教与学双要素各种设计安排和各种情况处理必须和谐实际；教法与学法之间应相辅相成、相互适宜；教与学双方的思维应紧密对接、和谐交融，互有启迪；教师与学生、教学资源之间的对话应对得上、对得深、对得透、对得有瘾、对得有趣、对得有情、引发深思；课堂气氛应生动活泼、热烈愉快、宽松开放、活跃有序；师生关系、生生关系应民主平等、和谐融洽、配合默契、良好亲密；师生表情与体验述说，学习内容与学习形式应结合完美、和谐真实；师生一起学习、共同体验、共同感悟、共享认识、共同成长等。和谐性原则是小学品德“和谐高效思维对话”型课堂教学要遵循的基本原则、首要原则，对于实现对话的、高效的品德课堂具有重要意义。遵循和谐性原则，就要在教学中注重教育对象个性品质的和谐发展，注重教育因素的和谐统一，注重各种品德课程资源之间配合得当，协调发展。

（二）生活性原则

生活性原则是指品德课教学要以社会现实生活为载体，创设生活化的学习环境，注重学生的生活经验，关注学生的生活体验，使教学内容和方法回归生活实际，在学生逐步扩展的生活经验的基础上，为学生创设认识和解决问题的广阔空间，促进学生的思想品德健康发展，最终实现“理从生活来，行归生活去”的教育目的。生活性原则要求品德课的教学内容必须贴近学生生活，教师要以学生的逐步成长为主线，从学生的生活现实和生活需要出发，创设生活化情境，开展生活化活动。教师还要引导学生收集现实生活的信息，将学生很细微的生活经验带到课堂上来，通过活动获得体验，引导学生学习有关社会生活的常识，感受社会生活的美好，懂得社会生活的规范，掌握适应和参与社会生活的知识与能力，从而指导生活，立足生活又高于生活。高效的品德课堂必须注重学生的生活实践，让学生用眼睛观察生活，用心灵感受生活，用思维研究生活，在观察生活、体验生活中获得生活规则，提高道德认识，规范道德行为。

（三）活动性原则

活动性原则是指课堂教学中教师要将活动作为课程的主要形态，让学生在教师的正确引导下，通过积极参与各种有意义的、真实的活动培养道德情感，逐步形成正确的价值判断和良好的行为习惯。在品德课程中，教师不能主要依靠直接讲授教科书来进行教学，而应通过创设具体的情境和设计具体的活动过程，倡导学生主动参与、自主活动，以调查、观察、实验、讨论、制作、表演、游戏等多种方式进行学习和活动，并在此过程中与周围的生活、社会、人和物发生实际的接触和相互作用，产生真实的感受和情绪体验，确保学生通过有意义的、真实的活动获得道德水平的发展。在教学中，教师应当好学生学习活动的支持者，把活动的主动权交给学生，给学生足够的活动时间和机会，由学生自己去体验、思索、探讨。教师一定要明确活动的价值，注意将活动的过程、方法、技能与知识融合起来，并有利于学生自由地尝试和利用自己的经验，使学生在经历了过程、掌握了方法、规范了行为之后，情感态度与价值观得到提升。

（四）开放性原则

开放性原则是指教学要以学生的现实生活为依托，努力拓展品德课的教育空间，向学生自身开放，向学生身边的大自然开放，向学生生活的社会开放，让学生充分联系自己的生活实际，充分体验品德与生活、品德与社会之间的联系，做到学以致用，真正实现课堂教学的实效性。小学品德课堂要实现和谐高效，必须坚持这一开放性原则，努力使品德课堂教学面向学生的整个生活世界。一要做到教学内容的开放性，即在品德课堂教学中，教师应找准教材内容与学生生活实际的联系，把学生生活素材和给定的教材有机结合起来，凡是有利于学生道德发展的教学资源都应该加以开发和利用。二要做到教学形式的开放性，即教学过程中，教师不仅要综合运用讨论、资料调查、现场调查、教学游戏、参观访问、讲故事、模拟表演等教学形式，还可以利用其他学科或教育活动的形式不断延伸与扩展教育活动。三要做到教学时间的开放性，即充分发挥好法定的品德课堂教学时间的效益固然是很重要的，也是必须要做好的，但是教育人的问题是一个很复杂的过程，不是在一两次品德课堂教学中就能解决的，还必须充分利用其他良好教育时机对学生进行教育，方可收到良效。因此，品德课程的教学时间还要在与学校其他活动或学科的配合和联系中得到弹性的延伸。四要做到教学空间的开放性，即品德课堂教学，不单单限于课堂内进行，还要进一步拓展品德教学的空间，鼓励学生在生活和社会中自主选题，自主展开学习过程，把课堂上明白的道理、生活中的感悟落实到一切行动上。

（五）情感性原则

情感性原则是指教师在品德课堂教学中要带着自己的真挚情感，带着对学生的无私热爱，带着对教育事业的无限忠诚和激情投入教学，通过创设适当的教学情境，激发学生的学习兴趣，做到以情施教，以情载理，以情育人。毫无疑问，小学品德课程是一门德育课程，而德育的核心过程是一个情感发生、发展的过程，它在人们从知到行的转化过程中起着重要的中介作用，是一个动力机制。对于学生来说，情感的情境性、感染性更为明显，这就要求教师在施教时应根据教学目标和施教内容的要求，创设特定的教学情境，晓之以理、动之以情、导之以行，使学生充分受到情绪的感染，引起感情上的共鸣，并能以情明理，依理而行。另一方面，情感性原则还要求教师理解学生的感情，对学生的真实感情的表露要给予尊重。从情感性原则的角度而言，教学过程可以看做是一个教师与学生围绕教材主题相互之间进行情感交流的过程，是教师对学生实施情感感化的过程。教师与学生都是有情感的主体，在教学中教师要善于挖掘和利用一切情感因素，与学生实现情感的对话，从而积极培养他们的道德情感，激发他们好好做人、努力学习的美好愿望和行为。

（六）引导性原则

引导性原则是指教师在品德教育教学过程中，通过发挥自身模范作用，运用自身经验、已有知识、文化，以及正确的世界观、人生观、价值观，引导和影响学生逐步认识生活，逐渐适应社会，初步形成良好生活观、学习观、道德观、价值观，具有初步的道德判断能力。课堂上教师应对教材进行梳理，对学生进行疏导，对教学主题进行引发、激活，并运用灵活多样、生动活泼的教学方法，引导学生回顾自己经历的普通生活事件，学会独立思考，分辨是非。通过引导，让学生对道德认识加以吸收，对道德情感加以内化，逐步实现道德行为的自我规范。引导性原则在品德教育中特别强调教师的以身作则和示范带头作用，要求教师成为品德教育的示范者和道德楷模。品德课程理论认为，品德课教师本身就是一本鲜活的教材，其一举一动、一言一行都直接影响着学生良好品格的塑造和良好行为的培养。“身教胜于言教”，这就要求品德教师努力提高自己的思想品德素质，凡要求学生做的，自己首先应当做到；凡要求学生不能做的，自己首先坚持不做；要善于与学生建立一种平等的师生关系，用自己的人格魅力去教育和感化学生，与学生一起在品德教育中共同成长。

（七）对话性原则

对话性原则是指品德课教学全过程中，要始终以挖掘思维、沟通心灵、培养情感、传授感动等为要义，以培养学生良好品德和健康行为为目的，以学生的大伙伴、班级里的“大学生”“平等中的首席”身份，引领学生与教学资源之间、学生与学生之间、学生与教师之间相互沟通。对话性原则，是小学品德“和谐高效思维对话”型课堂教学的重要原则，是新课程对课堂教学的重要要求，是品德课堂教学中最具有表现力和最富有生命力的一个原则。它可以使师生充分地交流自己的学识思想、内心体验和亲身感悟，充满激情地抒发自己的所思所想和真挚感情，认真深刻地剖析自己的灵魂深处和检点自己的行为，最终收到理想的教育教学效果。这一原则所以重要还因为对话是课堂教学师生互动的媒介，没有相互间的对话，就难以实现有效性的互动。对话中，教师要关注学生的反应，关注他们的思想、认识、情感、体验和感悟；要注意相互尊重、人格平等、取长补短；要注重民主性、互动性、能动性；要关注生成性问题，努力让品德课堂教学充满活力、生机和精彩。

（八）体验性原则

体验性原则是指教师在教学中要通过组织学生体验，让学生获取人生的感悟，体会人世间的个中滋味，丰富人生的经历，增长生活的经验，增加社会知识，反思自己的品行，重塑自己的品格，实现人性与道德的升华。教育心理学指出，体验是道德内化的必然过程、重要环节，是学生情感态度与价值观健康发展的基础。没有体验，学生就不可能对道德有深刻的认识，就不可能有道德与人性的生长。因此，在品德课堂教学中，我们必须要重视学生的体验。体验性原则是品德课堂教学的重要原则。苏霍姆林斯基说："要知道，道德准则，只有当它们被学生自己去追求和亲身体验过的时候，只有当它们变成学生独立的个人信念的时候，才能真正成为学生的精神财富。"我们只有让学生自己自觉地、具体地在活动中体验，才能使他们获得对客体的真实的道德情感，进而才能把道德认识转化为他们个人的道德需要。《课程标准》中也指出："学生是在真实的生活世界中感受、体验、领悟并得到各方面的发展的""学生品德的形成源于他们对生活的体验、认识和感悟"。所以，品德课要提高教学实效，教师必须要给学生更多的体验机会，设定与教学目标、教学内容相适应的场景及活动，让学生置身于场景中，参与到活动中，亲身体验并从中感悟，使认识得以升华，情感得以激发，行为得以规范。

（九）整体性原则

整体性原则是指教师应树立课堂教学的整体意识，全面考虑和处理教与学各种要素和各种情况，力求使教学的整个过程和各个环节成为和谐统一的整体。整体性原则的具体体现为：在教学态度上，要面向全体、因材施教、全面发展；在教学准备上，要对教学内容、教学形式、教学手段、教学时机、教学过程等环节作整体设计，形成有机的整体课堂；在教学过程中，既要尽力按照课前预设进行教学，又要关注和照顾解决课堂中的生成性问题；在教育元素上，要坚持知、情、意、行四要素的有机统一；在教学效果上，师生均能从课堂中获得道德和理性的升华，使课外的践行与课内的认知形成"知行统一"的整体，有效实现教学目标。除此之外，教师还要深入钻研教材，加强教材内容的融合，把握教材的前后联系。虽然每节课是相对独立的整体，但同时又是整个课程中的一个环节，一个有机组成部分。必须把每节课置于一个单元、一册教材，甚至全部课程之中来考察。只有认真处理好整体与局部的关系，才能准确把握每一课的教学目标，更好地提高课堂教学效益。

（十）高效性原则

高效性原则是“和谐高效思维对话”型课堂教学的重要原则。它是指品德课堂教学要在规定的教学时间内实现课程“三维”目标的最优化，在教学过程有序、稳定进行的基础上追求课堂教学的高效率、高效益、高效果。小学品德“和谐高效思维对话”型课堂的教学活动追求的是学生的道德发展，是真实的而非虚假的、持久的而非一时的、高效的而非低效的、全面的而非单一的发展。要做到课堂教学的高效性，教师不仅要牢固树立“三维”目标的意识，而且教学要符合品德课程特性，要遵循学科特点，要结合学生认知水平，要精选教学内容，要突出学科特色，要抓住教学重点，要突破教学难点，要把生成和预设和谐统一起来。可以说，高效性是课堂教学的生命，是素质教育的生命。失去高效性，课堂教学就会失去光彩，就没有生命力，就会使学生积淀困难，增加负担，产生厌学心理。因此，品德课堂教学必须坚持高效性原则，推进学生全面发展、健康发展、高效发展，实现品德课堂教学的高质量、高效益。

第二节　新课堂的教学模式

教学模式是影响“和谐高效思维对话”型课堂的重要因素。小学品德“和谐高效思维对话”型课堂教学模式，要在重视“情感熏陶、心灵启迪”的基础上，加强“生活化、活动型、探究式”和“道德引领、情感对话、行为反思”模式的研究，构建“以学生为中心、以情境为中心、以活动为中心”的新课堂，让学生在积极主动参与的丰富多彩的活动中，学习道德知识，培养道德情感，形成道德行为。具体教学模式有以下几种。

（一）活动体验式教学

这是小学品德“和谐高效思维对话”型课堂教学的基本模式。活动是孩子的天性，也是产生道德体验的土壤。活动体验的价值，在于使每个学生都能在活动中获得真实感受和情绪反应，这种来自于活动的内心体验是形成认识并转化为行为能力的原动力。因此，实施“和谐高效思维对话”型课堂教学，教师一定要坚持将“活动”作为教学的媒介，按照预定的教学目标，把整个教学过程设计为多种活动形式，让教学从“活动”开始，在活动中展开、深入，又以“活动”形式结束，使学生自始至终地“身临其境”或“心临其境”于活动中，继而在活动中体验、感悟、认识和思考，实现自主学习、自我调节，形成良好行为习惯。我们认为，活动体验式教学最突出的功能就是促进学生的“自我实现”和“个性完善”，并使知、情、意、行四要素有机融合，得到统一。因此，在“和谐高效思维对话”型课堂教学中，教师务必要根据各年级段学生的身心发展规律和认知水平，合理组织活动，让学生在活动中体验万物，在体验万物中深化对世界的认识。必须引起注意的是，在活动过程中，教师一定要扮演好促进者的角色，不能让学生为了“好玩”而活动，应引导学生对活动进行更深入的思考，保证外部活动和内部活动的有机统一，使教学目标在学生主动、积极的身心体验过程中得以实现。如在教授三年级上册“我生活的社区”一课时，为让学生体会到社区清洁工人的辛苦，可让学生开展体验清洁工人生活的活动，通过身临其境地参加“我是小区清洁工”活动，“心”临其境地感受清洁工的辛酸苦辣，进而明白社区里的清洁工为给大家提供洁净的环境所付出的劳动，并学会尊重劳动者。

（二）情感陶冶式教学

情感陶冶，是小学品德“和谐高效思维对话”型课堂教学的内核，必须始终贯串于课堂教学之中，这是小学品德课程的特殊要求。情感陶冶式教学可分为三种形式。

1. 情境感染式教学。这里的情境，指的是能唤起学生健康情感的客观环境，是具有感情色彩的或者能引起学生情感的景物、场景、背景或者人物、情节，是能感染学生心灵的为教学目标服务的客观事物。对于学生来说，情境最能够引起学生的注意、好奇和兴趣，最容易激活学生的情感神经，最能够感染学生。也就是说，学生的情境感染性最强。因此，我们强调实施情境感染式教学，就是要通过设计、挖掘、发挥“情境”中的感情色彩来感染学生，使学生能入“境”生“情”，达到以情育人的目的。开展情境感染式教学时，要根据教学的需要和师生的特点先选择好情境类型，如背景再现、音乐渲染、实物演示、故事描述、课内游戏、角色扮演、诗歌朗诵、绘画交流、问题辩论等不同类型的情境；然后再对情境材料进行适当的处理，形成既能体现育人原则、又合乎学生实际需要的教学情境；而后再去启发学生观察情境、体会情境、描述情境和再现情境，从而使学生在具体的教学情境中受到感染、得到教育。实践证明，只有当学生被教师设计的课堂情境所感染，思维和情感进入预定的情境之中时，品德教学才能取得预期的效果。因此，在品德新课堂教学中，教师一定要把情境创设、情境感染、情境激发和情境优化贯串于品德教学的全过程，通过情境引发学生的激情，唤醒学生的心灵，启迪学生的智慧，发展学生的思维。如在教授四年级上册“祖国江山的保卫者”一课时，教师可通过播放子弟兵在抗险救灾尤其是汶川地震中的视频录像创设情境，学生能情不自禁地受到情境感染，自觉地吸取情境的有益影响，从而了解子弟兵的革命斗志和奉献精神，感受军民鱼水深情，培养热爱解放军的情感。

2. 情感抒发式教学。这种教学模式是品德课程对教师自身的特别要求。我们认为，作为一名教师应该富有情感，而作为品德教师更应该富有情感。可以说，缺少情感的品德教师是不可能很好地完成道德教学和培养任务的，是难以取得实效的。因为情感是道德发生、发展的机制，没有情感的参与，道德就没有滋养，就缺少水分，因而就难以开花、结果。因此，在品德课堂教学中，教师一定要富有情感，要充分发挥自己的真情实感，有真情、有激情地实施教学。需要指出的是，这种情感不仅是指教师对“客体”的情感反映，更是指教师主体内的固有情感的流露。纵观有史以来的教学现象，我们看到，教师的情感情绪不仅影响着自己的职业精神，影响着自己的教学思路和教学效果，更对学生的心理、情感和思维、想象、感知等认识活动产生重要影响，以至于影响学生一生的成长路程。所以，我们倡导在品德教学中一定要采用情感抒发式教学形式，就是期盼教师把自身的“情”抒发出来，用自己感人的情感激发学生积极的情绪体验，感染学生，拨动学生的情弦，使他们受到教师美好情感的熏陶和感染。情感抒发式教学还要求教师要做到以下几点。在教学态度上要热爱学生、尊重学生、面向全体、一视同仁。在师生关系上要友好和谐、感情融洽。在对待一些社会认识和现象上要是非分明、爱憎分明，对于传统美德，要真诚地、富有激情地给予赞美，做到当爱则爱、当喜则喜；对于不良道德现象，要严肃而认真地表现出“痛恨”，做到当恨则恨、当忧则忧，真正地进入角色。教师要善于用表情、语言、体态表达自己的情绪感受，表情与教学内容、情节要和谐一致，做到与学生同“乐”共“哭”，快乐着学生的快乐，悲伤着学生的悲伤。在教学行为上要言行一致，表里如一，具有高尚的道德情操和良好的心理品质，做学生的“道德示范者”。如在教授三年级上册“我成长，我快乐”一课时，在学生自我展示表现成长的快乐时，教师要表现出对学生成长的欣喜与希望；教师还可以随机拍摄学生成长过程中的小事，表现自己对学生的关注；或者说说教师自身成长的故事，彰显自己对学生的信任与亲近。对学生来说，教师的关注与信任会让学生产生一种被尊重的情感，这种情感会对学生今后的行为实践产生深刻影响。

3. 情感激发式教学。这种教学模式倾向于对教学对象——学生的情感调动。它是指教师专门从学生身上去发现、挖掘他们内心深处所“固有的”“天生的”情结及他们可贵的“天真”“纯洁”的人性，激发他们的良好情感，培养他们的良好行为。苏联教育家赞可夫说：“教学一旦触及学生的情感和意志领域，触及学生的精神需要，便能发挥其高度有效的作用。”品德课程的价值就在于它不仅仅使个体接受社会已有的道德规范与意识，更是力图让学生通过思想的砥砺和碰撞，情感的体悟与交流，美感的激发与生成，由内到外自然而然地发生变化，从而使学生的道德情感得到升华，成为一个能与他人和谐相处的社会人。学生情感的激发比较复杂，受很多因素的影响，如与教师的情感状态，学生课前的情绪，教材的特点，教师对教材的处理等都有关系，特别是教师的学生观、教师对学生闪光点的洞察力、捕捉力、挖掘力和赞美、弘扬水平，是影响激发学生情感的重要因素。教师不仅要学会从学生的认识角度解读教材，寻找教材中最能调动学生的情绪体验、引起情感共鸣的关键点来激发学生的情感，不仅要善于引导学生进入课堂创设的情感氛围以引起学生心灵的震撼，而且特别要善于观察，注意发现学生日常生活中的细微表现，及时捕捉和记录其闪光点和其他有教育意义的元素，而后寻找恰当时机，或利用品德课堂，结合教学过程，适时地给予充分的表扬，并在此基础上深入挖掘和寻找其身上未被发现的其他闪光元素，以更好地鼓舞其精神，进一步激发其情感。当课堂上出现生成性问题时，教师应紧紧抓住时机，深刻了解他们的所思所想、困难困惑等问题，依据不同的情况，或及时地给予帮助、咨询、疏导，或及时地给予肯定、鼓舞和赞美等，全力解决他们生活中的困难、情感上的困惑、认识上的偏颇和不成熟。总之，情感激发式教学，教师一定要善于捕捉学生身上的美好元素，充分挖掘学生心灵深处的美好向往和善良感情，并对学生可贵的善良和美好的元素给予充分的呵护和弘扬，达到激发一人、教化全体的目的。

（三）“思维对话”式教学

“思维对话”是“和谐高效思维对话”型课堂教学的重要特点。不过，在小学品德课程教学中，我们对“思维”的内容赋予了特殊的内涵。这里的

“思维”应是指对“体验”的思维、对“现实”的思维，是对“体验”的诉说、对“现实”的赞美和批评，是对“活动”和“行为”的反思，而不仅仅是对“知识”的思维。思维的内容是“我的体验”“我的感悟”“我的行为”“我的情感”“如何做事、如何做人、如何相处”等，而不单纯是“知识”的理解与记忆。从这个意义上说，“思维对话”在品德课堂教学中可称为“体验对话”或“行为对话”。在教学中，教师要很好地营造出对话教学的氛围，师生双方相互交流、相互沟通，分享彼此的思考、经验和知识，交流彼此的情感、体验与观念，实现教学相长和共同发展。对话时要充分发挥教学民主，掌握由浅入深、由表及里的层次性原则，注意引导学生辨是非、明事理，并坚持知行合一观。当然，对话在平等、信任的基础上，还须有批判思维，只有具有批判思维的对话才是最具积极意义的对话。如在教授三年级上册“规则有什么用”一课时，就可以运用“思维对话”式的教学模式。先让学生自己与自己对话，写写自己对“规则有什么用”的理解；接着与同伴对话，交流各自的体会、感悟；再与教师对话，以学校规则为例，探讨规则的用途。在此过程中，还可以让学生进行辩论或者播放不遵守规则的片段，让学生进行行为辨析，在与活动的对话中，了解规则的意义和作用。在与诸多因素对话之后，学生会正确看待规则，并学会遵守规则。

总之，小学品德新课堂的教学模式是多种多样的，上述只是最基本的几种。要组织好新课堂教学绝不是单种形式可以独立完成的，它们是相互联系、相互渗透、相辅相成的，需要教师综合运用、恰当使用，发挥其综合作用。

第三节　新课堂的教学策略

新课堂的教学策略，是根据小学品德课程思想和学生品德成长规律及其生理、心理特点，为实现品德教学目标，而采取的具有某种特式和功效的教学行动方针；是指导教师组织新课堂教学一系列具体行为和方式的行动指南。学习和研究小学品德“和谐高效思维对话”型课堂教学策略，对于搞好品德课堂教学具有非常重要的意义。

一、活动互动式教学策略

这是小学品德“和谐高效”课堂教学的最基本策略。寓品德教育于活动之中，是由品德教育规律和品德成长规律决定的。新课程理论指出，现代品德课堂教学须以学生直接参与的、丰富多彩的活动为主要教学形式，以活动化教学为基本特征。因此，小学品德“和谐高效”课堂教学一定要加强活动化教学，增强课堂教学的活动性，充分体现出“活动”的特征。活动互动式教学策略，首要在于“活动”，关键在于“互动”。要组织好课堂教学活动，我们必须对“活动”有一个正确的认识和指导，否则，我们组织的课堂活动就难以有生命力，就难以有教育意义，就难以有好的教育效果。

（一）活动的特征

活动，在教育的视域里，它是一种有着深刻教育内涵的、生动活泼而不呆板的教育内容与教育形式有机统一的教育特式。其基本特征有如下三个。

1. 教育性

它是指活动本身，在活动的整个过程中，或隐或显地存在着某种教育性成分或某些教育意义。我们认为，在教育教学的视域里，特别是在小学品德“和谐高效思维对话”课堂教学中，没有教育意义的活动是多余的、不必要的。我们应坚决杜绝此类毫无意义的、随意的活动在品德课堂教学中的出现，要根据品德课堂教学的主题精神，紧紧围绕教学目标，紧密结合学生的生理、心理特点，捕捉学生实际生活中有教育意义的内容，想方设法设计出丰富多彩、学生喜闻乐见的各种形式的活动，引导他们全程、全身心、多感官地参与活动，让他们在活动中逐步实现道德认知、道德情感、道德意志、道德行为的建构、开发和统一，最终使他们达到在活动中学习、在活动中发展的目标。

2. 动态性

它是指在整个活动中，从教育对象个体到整个教育对象群体都处于生动活泼而不呆板的鲜活状态，大家都处在“运动”中。必须指出，这里的“运动”或“动态性”绝对不是一种毫无思维、毫无情感的机械运动和“位移”的变化，而是一种围绕教学主题的既有活动又有体验、既有独立又有合作、既有思维又有对话、既有认知又有情感的，手、脑、足有机统一的生命性交往。

3. 互动性

它是指在整个课堂教学活动中，不仅要呈现出每个教育对象个体单向式动态性行为（我们也可把这种个体单向式动态性行为称为个体与自我、个体与教学资源之间的特殊式互动性行为），而且更要呈现出师生之间、生生之间的双向或多向式动态性行为，即大家共处于“互动”之中。在这个过程中，教师与学生分享彼此的思考、经验和知识，交流彼此的情感、体验与观念，扩大彼此的视野，从而达到共识、共享、共同实现教学相长和一起发展。在新课堂教学中，我们应以新课程理论为指导，奋力冲破旧的教学观念，勇于改革说教式课堂教学模式，努力建立一种和谐高效、思维对话、多方互动、互教互学的新型课堂教学模式，形成一个真正的“学习共同体”。在这个“学习共同体”中，特定的教师和特定的学生身份被打破，代之以“互为师、互为生”的关系，教师不再是单纯的教育者身份，在教的过程中，在与学生互动的过程中，教师还是一个受教育者，相反，学生在受教育的同时，也是一个教育者，师生共同对对方的成长负责。互动，意味着人人参与，意味着平等对话，意味着合作。对学生而言，互动意味着主体性的突现、自我个性的表现和创造性的解放。对教师而言，互动意味着上课不仅是传授知识，而是一起分享理解、促进学习，教师上课也不仅是单向的付出，还是实现生命价值、放射人性光芒、促进专业成长的自我完善过程。互动，还意味着教师角色定位的转换，由教学中的主角转换成与学生一起学习、共同成长的大伙伴，由传统的知识传授者转向现代的学生全面发展的促进者。

总之，构建基于师生相互尊重、相互学习、共同探究、密切合作等多方位、互动共长的教学关系，是小学品德“和谐高效思维对话”课堂教学的重要任务。在新课堂教学中，我们要坚持以人为本，遵循学生的生理、心理、年龄特点，按照和谐高效的要求，为学生创造民主、平等、和谐、互动的学习气氛，充分调动他们的积极性，大力培养他们自主学习、主动探究、密切合作的精神，真正实现学生的全面发展、健康发展。

（二）活动的形式及其安排

活动的形式是多种多样、丰富多彩的。常用的教学活动形式有：故事讲述、交流讨论、材料辨析、情境模拟、角色扮演、操作练习、教学游戏、作品欣赏、资料收集、现场调查、参观访问、社会实践等。这些活动形式，可根据教学主题和学生实际需要，灵活地、恰当地安排于不同的时段和环节之中。

一些活动可以作为热身活动安排于课前进行。如安排学生课前进行参观访问、社会调查、收集资料等。新课程理论指出，每一个学生都是独特文化的拥有者，他们在学校课堂上学习的知识，只占极少的一部分。学生的文化来源是广阔的，可以来源于长辈营造的家庭文化氛围，可以来源于科技咨询，也可以来源于报刊杂志，还可以来源于电视媒体，更可以来源于同伴的感染和启发。在新课堂教学中，教师要注重指导学生从多渠道、多方面获取信息，在获取信息的过程中去努力达成情感、态度、认知、能力、行为、习惯等目标。

另一些活动可以作为进行时活动安排于课中进行。分两种类型：一是根据教学需要在课内相机切入。如游戏活动、成果展示活动、表演欣赏活动、模拟操作活动、动手制作活动、讨论交流活动等活动环节。二是安排专门的活动课，包括课堂活动课和社会实践课。课堂活动课，活动的空间限于课堂，活动形式主要是以讨论、交流、收集、竞赛、表演、展示、查阅资料和处理信息等为主。社会实践课，就是让学生走出教室，置身于广阔的大自然和丰富繁杂的社会生活中，通过亲身经历、亲身实践、亲身体验，促进学生思想道德素质的发展。活动形式以社会调查、资料收集、参观游览为主。此外，在平时的活动教学中，教师还应根据不同的活动内容，不同的实际情况，采用不同的活动形式，如故事、展览、竞赛、表演、演讲、辩论、游戏、参观访问、调查、小制作、小实验、小发明、小创造等，最大程度地扩展学生的活动舞台，深化学生的生活体验，提高学生的思想认识，培养学生的良好品格。

再有一些活动可以作为延伸活动安排在课后进行。这个活动环节很重要。它是指由课内延伸到学校、家庭、社区的实践活动。旨在使学生在课内活动的基础上，通过课后活动达到“以活动促行动，以活动促巩固，以活动促发展”的目的。我们知道，良好的品德行为习惯的形成，光靠在教室里上一堂课是远远不够的。学生在课堂上形成的道德观点，产生的行为冲动，还必须依靠课后开展行之有效的教育活动来巩固，还必须把教学延伸到家庭、社会和自然中，利用校外资源，让学生走出学校，到社会中去学习，去实践，以开阔眼界，增长知识，扩展兴趣，发展社会实践能力。

总之，在活动互动式教学策略中，活动是进行活动化教学的灵魂所在，应遍及教学的全过程，满足学生的各种活动需要和兴趣，增强学生的各种活动体验，让学生在活动中实现良好的人生态度和价值取向。

二、体验反思式教学策略

这是小学品德“和谐高效”课堂教学的重要策略。我们认为，活动互动式教学策略固然重要，但某种意义上讲这个“活动”“互动”只是品德课堂教学的一种重要的外在形式，是一张“皮”，我们更要追求通过“活动”“互动”这种外在形式，强化学生对事物的深刻体验、对社会生活的深刻反思，碰射出真实而深刻的思想浪花，以使学生的思想品德和良好行为习惯有一个质的飞跃和升华。因为，体验是品德教育的重要特征，没有体验就不可能有对道德、对生活的深刻理解，也就不可能有真正的道德。反思是学生自我诊断、自我纠正、自我认可和提高认识、提升道德的重要环节。因此，小学品德“和谐高效思维对话”课堂教学，一定要加强体验反思式教学，增强课堂教学的体验性和反思环节，使体验和反思相互交融，有机结合，以增强品德课堂教学的深刻内涵。

（一）从实践性亲历中引发和加强体验

体验是人类对周围事物的一种心理感受，是带有主观经验和感情色彩的认识，与个人的经验有着密切的关系。品德课教学的根本目的在于“导行”，而要“行动”必先“心动”，而要“心动”必须要对某种事物有深刻的体验，并对这种体验产生强烈的欲望。因此，从某种意义上讲，体验是促使“心动”的催化剂。所以，我们要使学生明白做人做事的基本道理，提高自己的道德认识，养成良好的行为习惯，必须想方设法安排学生参加一些丰富多彩的实践性亲历活动，让他们在实践性亲历中获得更多的体验、思考、感悟。所谓实践性亲历，是指学生主体直接参与实践，亲身经历某件事，从中获得相应的认识和情感。基本可分为两种亲历方式：角色体验和亲身体验。在品德新课堂教学活动中，教师应对这两种体验性学习方式给予高度重视。

1. 角色体验

即从角色扮演活动中获得体验。是指学习主体在学习实践中暂时把自己当做现实的角色，不仅按照角色的立场、观点去观察和思考问题，而且以角色的身份去生活，以获取真实的体验。例如，教学中教师可根据教学主题的需要，通过设计工人做工、农民种田、文艺工作者唱歌跳舞、爸爸妈妈做家务、残障人的生活等角色扮演活动，使学生深刻体验不同身份人的思想感情，体验身体各部分的作用。通过角色扮演，增强学生对现实生活中诸多角色的理解和认识，引发学生的各种兴趣、各种感受和各种体验，从而获得各种各样的知识和经验。总之，在角色体验中，教师应根据学生的愿望与需求，创设学生喜闻乐见的活动情境，并调动学生的情感，指导学生从自身的兴趣、爱好出发，使学生不知不觉地进入这种情境，置身于这种教育环境中去感受、去体验、去探索，进而达到自我感知、自我认识、自我教育的内化效果。

2. 亲身体验

即从亲身实践中获得体验。是指学习主体不经过任何中介而直接与客体发生作用，从而认识客体，获得直接经验或体验。俗话说：要想知道梨子的味道，就应该亲自去尝一尝。一切事情，只有亲力亲为才会感同身受、认识深刻、受益匪浅。因此，在教学中我们除了积极设计安排丰富的角色体验活动让学生积极参与深刻体验外，还应该多创设一些亲力亲为的体验活动让学生亲身体验。例如，一年级上册“我自已会整理”一课，教师可现场组织学生开展钉纽扣、叠穿衣服、整理书包、收拾书桌、打扫卫生等比赛活动，培养学生的自理能力、劳动习惯和享受劳动带来的喜悦之情。同时，积极争取家长的配合把这一活动深入到家庭的日常生活中，请家长监督。组织这样的实践活动，不仅能使学生人人都有机会锻炼自已、体验生活，更重要的是在这种亲身体验的活动中，能逐步培养他们的良好行为与习惯，逐渐确立他们正确的道德观念。

总之，从实践亲历中引发和加强学生的体验，让教育走进学生的心灵深处，是品德课堂教学的良好途径。

（二）从心理性亲历中引发和加强反思

反思，也是一种体验，是一种更高一级的体验。它是在新的背景下对已有的旧体验的重新认识、重新思考，是对旧体验重新回味后的新体验，是旧体验的升华。所谓心理性亲历，是指学生超越时空、虚拟地经历某件事或对自身的经历进行回味和反思，从中获得相应的认识和情感。这种心理性亲历也可分为两种，即移情性体验和反思性体验。

1. 移情性体验

即通过将心比心、换位思考，设身处地去感受别人的需要、处境和追求，由此认知、体验自已的责任和义务。如在教授一年级下册“家人的爱”一课时，教师可以用语言创设情境：夏天的夜晚，热得透不过气来，小玲刚上床，妈妈给她扇着扇子，送来一阵清凉的风。此时此刻，如果你是小玲，内心有什么感受？如果你是小玲的妈妈，又会想到什么？在教学过程中，教师要从积极创设情境出发，引发学生的回忆，让他们从生活的各个方面去搜索，从生活的点点滴滴中感受“其实我们时刻生活在家人的关爱中”。教学中，教师应以情感为教学基点，创设教学情境，营造浓浓的情感交流的氛围，引导学生感悟、体验，让学生通过体验与反省，实现道德情感的共鸣和升华。

2. 反思性体验

即学生借助联想、记忆等手段，将自身经历中值得珍视的内容提取出来，进行回味、过滤和反思而引发的体验。如一年级下册“春天来了”一课，教师可通过播放录像唤起学生的经历，激发学生的情感，让他们说说春游中最难忘的一件事。这种反思性体验，有利于改造和重组学生的经验，提升学生主体的认识和情感。再如一年级下册“家人的爱”一课，教师可以问学生：“每个同学都在父母温暖的怀抱中一天天长大，父母对孩子的爱渗透在我们日常生活的方方面面。请说说你感受最深的一件事。”此时课堂上响起舒缓的音乐，学生就会在教师的启发下回忆父母对自己的点点滴滴的关爱。教师们应注意，反思性体验特别关注学生的切身感受在道德教育中的价值，强调学习方式的自主性，重视学生在活动中的自主探索，反对教师直接向学生呈现道德知识与观念，提倡让学生自己通过观察、思考和反思去“透过现象看本质”，从而体验发现道理、知识、规则等的幸福感。因此，教师在教学中要注意设计一些让学生能够自主判断、自我反思的问题情境，使学生不仅能思考“应该怎么做”“自己会怎么做”，还能思考“为什么要这样做”。在组织反思性体验活动中，教师可突出归纳性认知和情感性体验活动，以提升学生对问题的总结归纳能力和良好情感。

总之，在小学品德课堂教学过程中，教师一定要针对教材中出现的那些学生日常生活中可能会遇到的社会角色及社会问题，参照“浏览文本，初步感知→创设情境，模拟体验→交流感受，强化认知→课后延伸，形成习惯”的活动模式，通过创设特定的生活情境，引导孩子角色扮演，亲身体验他人的处境和内心感受，加深对自己行为方式的道德价值的判断，形成健康的道德情感。值得注意的是，要达到预期目的，取得最佳效益，教师一定要充分发挥好引导作用。具体要抓好“情境创设”“启发引导”“自由表达”“彼此分享”等环节。情境创设，就是教师要尽力提供条件，营造氛围，使每个学生都有“亲历”的机会和体验的平台。启发引导，就是体验不可由教师传授，也不可移植，只能由学生自己通过“亲历”而引发，教师要当好“助产士”的角色。自由倾诉，就是教师应提供相应的时空，让学生真情倾诉自己的体验。彼此分享，即不同的学生有不同的体验，这是一笔重要的资源财富，应当让学生彼此交流分享。

三、对话讨论式教学策略

对话讨论式教学策略，是指学生在教师的指导下，以分析问题的方式，共同而有序地诉说对现实的感受、认识，并对之加以剖析，从而重建现实的过程。它在品德课堂教学中经常被用到，是实现小学品德和谐高效课堂的不可忽视的重要策略。因为这个策略是挖掘学生思想、发现学生问题、增加学生认识、调节学生行为的重要环节。没有这个环节，我们就不知道学生在想什么、做什么、如何想、如何做、正确与否，因而就无法有针对性地纠正和引导学生；没有这个环节，学生之间就不能相互交流、相互学习，就不能从同伴那里获取经验、仿效他人、与同伴合作、建立联系和友谊，就不能进行思维碰撞，对事物有全面性和辩证性的认识；没有这个环节，就不能满足学生的个性心理需要以及学生的某些学习和教育的要求。没有学生自身的体验反思，就不会有深刻的或成功的对话讨论。“对话讨论”是“体验反思”的外部反映，但并不是“体验反思”的简单翻版，而是“体验反思”在外部的继续和升华；而“体验反思”则是“对话讨论”的基本内容。小学品德“和谐高效思维对话”课堂教学，一定要在实施体验反思式教学策略的基础上，重视课堂教学中对话讨论式教学策略的使用。

（一）对话讨论的内涵、特征与目的

要研究和运用好对话讨论式教学策略，我们须先明确对话讨论的内涵、特征与目的，这对于我们构建小学品德“和谐高效思维对话”型课堂具有指导意义。

1. 对话讨论的内涵

对话讨论的内涵是指两个或两个以上的人就某一问题进行谈话、交换意见或进行辩论。这是新课堂教学大力提倡的教学情境。在这个教学情境中，学生与教学资源、与教师、与学生之间进行的是多维的、深层次的、较高水平的，并富有浓厚情感色彩的对话和讨论，共同诉说对现实问题的体验和感受，交流观念，剖析问题，甚至质疑答辩，而不是传统教学中经常出现的简

单的一问一答，或“问题串”。

2. 对话讨论的特征

（1）平等性。平等性是对话讨论的首要特征。没有平等就没有对话。对话双方只有建立平等的理念，才可能形成真正的有效的对话。对话作为一种教育形式，是师生双方共同处于一种作为主体的积极的自由状态，是一个心灵开放者听到另一个心灵开放者话语的过程。它强调师生双方在教学活动中以人格地位的平等为前提，相互尊重彼此的独特个性，自由而深入地交换意见，共享不同的个人经历、人生体验。在对话中，教师从学生的角度出发思考问题，始终坚持民主和平等的观念，与学生彼此敞开心扉，尊重和接纳双方不同的认识，在相互接受和倾诉中实现精神的相遇、心灵的共鸣、生命意义的追寻。

（2）开放性。开放性是对话讨论的重要特征。它是指在围绕一个教学主题的大框架下，对话的具体内容和形式是丰富多彩、可以自由选择的。在对话过程中，不限制对话范围，不限制对话对象，对各种不同的意见持开放和欢迎态度，不加排斥。对话作为一种教学方式，它强调师生间、学生间动态而开放的信息交流，通过开放的信息交流实现师生互动、相互沟通、相互补充，从而达到共识、共享、共进。开放性的对话不仅使师生双方能够分享彼此的思考、经验和知识，获取新发现，还能连绵不断地产生与实际紧密相连的大量的生成性教学资源，丰富教学过程，充实学习内容，使教学过程成为不断建构与提升课程意义的过程，还有助于激发灵感，产生新颖的观点、奇特的思路，从而增强思维的灵活性和广阔性。

（3）互动性。互动是对话讨论的显著特征。所谓互动，应该是对话讨论的双方或多方都是主动参与者，而不是被动参与者，双方均积极参与对话讨论，勇于探究，敢于发问，勇于质疑，敢于答辩，双方都有一种“为寻求真理、为捍卫真理而奋斗”的气势氛围。简单地说，互动就是指双方相互主动。在对话讨论式教学中，教师与学生、学生与学生就是要在相互主动的状态下进行合作、交流、探究、分析，真正实现思维的碰撞、心灵的碰撞、生命的碰撞。

3. 对话讨论的目的

（1）交流思想，建构自我。新课堂教学中，对话的目的并不在于单纯的意义传递，而在于通过对话过程中的自我修正、相互吸收、提高认识，引起每一个个体内部认识的重新建构，使得每个主体的内部世界都得到扩充、丰富，从而实现生命的提升，这才是对话的最终目的。在讨论式对话中，每个参与者都是独立的个体，都在表达自己的真知灼见。这样，每个参与者既有劳作付出，也有幸福收获。付出的是自己的思想观点和见解，收获的是他人的观点给自己带来的启示和对自己思维的开发。正如萧伯纳所说“你有一个苹果，我有一个苹果，互相交换，各自得到一个苹果。你有一种思想，我有一种思想，互相交换，各自都得到两种思想”。因此，教师、学生在讨论式对话中，双方要积极地倾诉、认真地聆听，主动贡献自己的见解，真诚表达自己的真实想法，以促进双方实现交流思想、提高认识、重新建构、刷新自我的目的。

（2）检验认识，调节自我。学生由于认知水平、生活环境等的不同，思维方式、情感体验自然也有差异。在对话讨论学习中，学生在不断地向同伴、向教师解释自己的观点和学习方法，这就会促使学生思考所学知识和已有知识的联系，从而学会对新知识的深层加工。另外，学习伙伴不同的观点和学习方法的运用，也增加了学生观察同伴的学习过程的机会，从而反思自己运用学习方法的过程，由此也提高了自己的认知能力。因此，对话讨论可以帮助学生监测自己对知识的理解程度，判断自己的进展及与目标的差距，采取各种增进理解和帮助思考的方法。同时，教师作为学生学习中的大伙伴，对他们起着指导、帮助作用。针对学生对一些关键性的问题产生的不同看法，引发学生争论，在争论过程中，教师应该注意引导学生学会专心聆听、正确评价别人的发言，保持一种包容而不迁就，友好指正而不偏激指责的良好风度和愉快气氛，真正达到共识、共享、共进的目的。因而，教师与学生、学生与学生，在互动的过程中实现着多种视界的对话、沟通、汇聚、融合，从而在一定程度上使各自的认识偏见得以纠正，并产生新的视野，让真正的探求不断增加新的可能性。

（3）分析问题，解决问题。问题时时刻刻存在于学生的现实生活中，没有问题的学生在现实的生活中是不存在的。实施对话讨论式教学，就是要围绕学生所面对的问题展开对话和讨论，以求得对问题的正确认识和解决。问题是对话讨论式教学的核心，没有问题就没有对话。对话教学中的问题，我们既不将其作为传统教学中知识导入的引子，也不将其作为供学生练习以求得知识技能的题库，而是将其作为对话教学运作的轴心，使学生获得对问题的深刻认识和正确解决的全新价值，实现让学生学会分析问题、解决问题的教学目标。这是我们实施对话讨论式教学策略的重要目的。对话式教学的问题不是简单的认识性问题，而是能启发和促进学生积极思考，给学生以广阔的思维空间的开放性问题。同时，对话教学不追求答案的唯一性、标准性和封闭性，而是通过设计开放性问题，引导学生的发散思维、逆向思维和创新思维。因此，实施对话讨论式教学策略，师生要围绕问题进行对话，层层深入，使问题衍生为知识表征或派生新的问题，同时成为师生关系的中介和对话体系的桥梁，在此基础上，师生之间应相互主动适应，努力合作，逐步使问题迎刃而解。总之，对话讨论式教学要使教学过程发端于问题，推进于问题，解决于问题。

（4）*沟通心灵，增进友谊*。在新课堂教学中，对话不仅能够促使学生在与他人的对话中构建知识，还能构建和谐的人际关系，促进师生互动和生生互动。首先，由于学生之间年龄、心理、认知水平相近，交往起来比较轻松，因此，互动对话就是学生相互学习、相互欣赏的过程，有利于学生之间交流思想，沟通心灵。学生在对话讨论中互相倾听，虚心地吸纳别人发言中的闪光点，在互相帮助中共同进步。而教师作为一个和学生同样有着求知欲的成年学习者，同时也是学生年长的伙伴和真诚的朋友，应该自觉地成为学生课堂学习、探究的伙伴，积极、和谐地融入学生课堂学习的各种活动中，敞开心扉与学生进行对话。同时，在倾听学生言说的过程中，学生的见解和来自学生的生活经验，直接或间接地作为个人独特的精神展示在教师面前，这对教师来说，同样是一份独特而宝贵的收获。在对话过程中，教师和学生也成了合作的伙伴，他们用言语对话的形式传达的是心灵交流的内容和精神意义的共享。

总之，对话讨论是以师生人格与地位的平等和心理世界的开放为特征，以互动为方式，通过语言对话、心灵交流、精神交往，双方彼此敞开心扉、相互接纳对方的学习活动，是品德新课堂教学实现有效性学习的重要途径。新课堂教学一定要为学生创建宽松的对话环境、愉悦的对话氛围、和谐的对话关系，引导他们通过对话将各自的情感与理性、直觉与感觉、思想与行动、知识与经验都展现出来，在相互交流中获得沟通和共享，在相互理解中接纳对方，师生共同构建生命意义、实现人格成长。

（二）如何组织好对话讨论

1. 做好对话讨论前的准备工作

首先，教师自身应做好对话讨论前的准备工作。讨论什么，为什么要讨论和对话，讨论和对话的要点在哪里，教师必须做到心中有数。要根据教学目标和讨论的目的认真思考，审慎确定所要讨论的内容、形式、方法等问题。要在思想上明确，对话讨论过程中教师既要善于观察和适时参与，又要及时引导和总结；要坚持由表及里、由浅入深、循序渐进、螺旋上升的原则，把对话讨论逐步引向深入。其次，教师要提醒学生做好对话讨论前的准备工作。对话讨论前，教师应提醒学生“不打无准备之仗”，要提前深入生活，或有准备地搜寻生活积累，结合亲身体验，认真预习讨论问题，深入思考对话话题；并向学生提出在对话讨论时，要注意倾听、有序对话、恰当表述等要求；还要让学生明确对话讨论应遵循的原则，即平等参与，人人都有参与对话讨论的权利和机会；积极参与，人人都要迸发出积极参与、主动参与对话讨论的热情和行动；鼓励参与，人人都有鼓励他人积极参与对话讨论的义务；有序参与，人人都要有秩序地参与对话讨论，既保持对话讨论的热烈，又保证对话讨论的井然有序；全员参与，人人都有参与对话讨论的责任，争取每个人都为对话讨论做出贡献；认真参与，人人都要聚精会神地倾听他人的发言和感受；理解参与，人人都要尽可能地理解和支持他人的体验和感受；虚心参与，人人都要认识到自己的知识观点和行为不可能总是正确的，要虚心学习和改正；“有的”参与，人人都要围绕主题展开对话和讨论，并有义务帮助别人“不跑题”；文明参与，人人都要努力做到“温、良、恭、俭、让”地进行对话和讨论，不伤害同学。最后，教师应思考对话讨论是否需要分组、怎样分组、如何安排讨论座位和讨论座式、怎样统筹时间等问题，还要考虑在什么情况下“我”应充当怎样的角色的问题。上述问题都必须在正式对话讨论前给予充分的准备。

2. 恰当扮演对话讨论中的角色

这是对话讨论对教师角色所特别提出的必须注意的问题。在整个对话讨论的过程中，教师角色的准确表现是一个很关键的问题。教师一定要扮演好自己在对话讨论不同情境下的恰当角色，如何种情境下以一个对话讨论的推动者出现，何种情境下以一个对话讨论的调控者出现，何种情境下以一个对话讨论的参与者出现，何种情境下以一个对话讨论的观察者出现，何种情境下以一个对话讨论的引导者出现，等等。这必须引起教师的充分注意，否则就会影响对话讨论的效果。特别是教师在对话讨论过程中怎样做一个优秀的引导者，这在品德课堂教学中显得更为重要。在对话过程中，教师应着重注意做好如下角色。

（1）倾听者。善于倾听是对学生尊重的表现，也是了解学生、引导学生的前提，还是实现有效性对话的重要基础。善于倾听还能给学生发出认可、赏识、鼓励学生继续说下去的信号，这对于学生广开思路、启迪思维、敢于讲话很有益处。因此，实施对话讨论式教学，教师必须首先要学会倾听，善于充当学生的忠实听众。在学生的讲述过程中，教师要注意倾听对话双方的主要观点、精华所在、认识偏差和焦点问题，同时思考下一步的教学思路和对策。只有听得清，才能想得深，引得好，激得巧。因而，教师要做好学生的忠实听众，专注而耐心地倾听他们发表自己的独特见解，要以欣赏的目光注视着学生，带着鼓励与赞许的微笑，仔细地倾听，适当地做些点拨，保护学生对话的自信心与创造性。总之，善于倾听也是善于合作的重要表现，倾听是合作的基础。教师应善于当好学生的倾听者。

（2）引导者。当好引导者是教师理所当然的本分。教育无引导就失去了教育的意义和教师存在的意义。引导对于教育教学和教师来讲都是很重要的。我们知道，在学生对话活动中，有时对话双方囿于自己的一得之见，或者囿于对文本理解侧重点的不同往往会产生争执。争执对于学生学习来讲无疑是一种非常好的现象，它会增强学生对学习的深刻印象和认识。但是，在争执半天也得不出什么结果的情况下，教师该如何处理？这时教师再继续当一个忠实的倾听者已毫无意义，需要教师立刻站出来充当决断者和引导者，给予及时的评判和正确的引导。教师不可以用“双方的观点都有道理”之类的话来化解纷争，因为这对问题的解决没有丝毫作用，并不能使学生达成共识。如果让学生还固守着自己明显带有局限性的答案，对培养学生的思维也没有什么益处。因此，这个时候，教师应该毫不犹豫地给予全面的、正确的分析和比较，逐渐把双方的思维引向正确的思维轨道上来。但要注意，教师给予双方的评判不能过于简单，要照顾学生的“面子”，不能挫伤学生对话的积极性。否则，这种引导就会带来负面效应，成为一种有失误的引导，这一点是教师应尽力避免的。

那么到底应该怎么引导呢？正确的方法应该是，如果可以把两边的观点各取其长合而为一的，教师可以综合两者意见，得出双方都能接受的结论；如果只有一方观点比较正确，教师要拿出令人信服的理由让错误的一方接受；如果双方观点都不对，教师要旗帜鲜明地表明自己的观点。教师作为对话的“一方”，必须要有自己的观点，我们提倡“尊重学生的个体体验”，不是要教师没有自己的观点，完全顺从学生。因此，教师一定要在学生思想模糊时发出“我个人认为”的清晰响亮的声音。学生的理解实际上已对

《课程标准》有所超越，作为教师应对这些新颖、富于创造性的发言给予热情洋溢的肯定，并顺势引导学生挖掘出更深层的问题。整个流程自然贯通，水到渠成，丝毫不着痕迹。这样的对话讨论式教学，既解答了学生的疑难，又是对学生的一次具有生命意义的教育。常言道，教无定法，课堂对话更是千变万化，须灵活驾驭。其多种策略的运用，关键在于教师对对话的认识。认识正确与否，在一定程度上决定了教师与学生对话的态度、方式的正确与否。尤其需要注意的是，对话中的语言具有生成性、随意性特点，教学中的对话不能变成随意的聊天。要注意调节对话的节奏，抓住学生言语中的闪光点，找到一个突破口，深入下去，顺藤摸瓜，使学生有所触发，有所提高。

(3) *激发者*。激发者的角色，对于实施新课堂教学的教师来讲是很重要的。教师会不会激发学生思考、会不会打开学生思维与情感的闸门，将会影响到师生间、学生间、生本间对话讨论的深入性问题、水平性问题，将会影响到教学氛围问题。学生由于认知水平、生活环境等的不同，思维方式、情感体验自然也有差异，他们经常会对一些关键性的问题产生不同看法。对此，如果教师会利用这些“矛盾”，激发学生争论，则必然会掀起对话讨论的高涨气氛，把对话讨论推向深入，从而使教学目标得以落实。有一些学生虽然有自己深入的思考，但苦于“嘴笨”不会说，或苦于胆怯、没有自信，不敢在众人面前发表意见等，这种情况非常需要教师的“智慧”，去激发学生敢说，引导学生会说。还有一些具有人文教育意义、能够启迪学生深入思考的或隐或显的关键性思维环节，如果教师不够细心、不加注意，或虽然已经注意到，但由于教师缺乏教育的智慧，反应不敏捷，它都会稍纵即逝，从教师的眼前滑掉，从而就会失去一个可能会很有教育意义、会给课堂教学带来一个更高水平的教学情境。碰到这样的环节，教师千万要提高警惕，要紧紧地抓住它，并充分发挥自己的教育智慧巧妙激发，努力为构建“和谐高效思维对话”课堂多创树一个鲜活的、有思维水平的、有深刻意义的、有高涨气氛的对话讨论教学情境。

3. 灵活结束对话讨论

何种情境下结束对话讨论，这也是一个应该注意的问题。在教学过程中，教师要注意选择适宜的时机结束对话讨论。当对话讨论的目的达到了，教师断然可以结束讨论。但有时尽管目的达到了或已经超出了预期的目的和预设的范围，也必须继续将对话讨论进行下去。因为这时可能产生了需要迫切解决的生成性问题，如果这时停止对话讨论而不继续、及时地解决生成的问题，就可能酿成不可挽回的损失，因此，在这个时候延续下去是必要的。这是由品德课程的特殊性质决定的，不仅没跑题，而且恰恰体现了本课程的真正价值。反过来，有时也很有必要提前结束对话讨论，尽管可能对话讨论还没有达到预期目的，但也得立刻结束。因为种种原因，可能这个时候再怎么对话下去、讨论下去也不会有一个完美的结果，持续下去还会浪费课堂上的宝贵时间，因此，教师必须暂停这样的对话讨论。像这样的对话讨论可能需要有专门的更多时间另行安排。总之，对话讨论是立刻结束，还是继续进行，这要结合当时的具体的对话讨论情境，考虑本课堂教学的其他因素，综合处理。

总之，如何组织好对话讨论，是一个纷繁复杂的问题，制约的因素很多。虽然我们在上面作了一些探讨和论述，但是只谈了一些最基本的问题，还有许多问题因为受到篇幅的限制没有谈清楚，有待于广大品德教师结合自己的教学进行卓有成效的探讨和研究。

（三）对话讨论的基本形式

1. 师生对话

即教师与学生之间的对话。这是传统课堂教学中的常用形式，在现在课堂教学中仍很需要，不同的是两者在内涵要求上有着本质的区别。传统的师生对话是一种只针对少数学生的、简单的、学生被动态势的一问一答式和“问题串”型的师生问答，学生总处在被牵引状态。而现在的师生对话不仅是指教师与学生个体之间，更是指教师与学生群体之间的双向、多维、互动的深刻交流，是面向全体的、全体互动的对话。在新式课堂教学的对话中，教师与学生的人格地位是平等的，教师由单纯的知识传授者转变为学生学习活动的引导者、组织者、合作者，由教学中的“主角”转向“平等中的首席”。特别鼓励学生结合自己的生活经验主动提出问题，敢于表达自己真实的想法，敢于发表不同的意见，以说真话为荣，敢于质疑，敢于掀起对话波澜。特别要求教师在对话中要注重学生在心理特征、认知能力和社会化程度等方面的差异，要让每一个学生都有心理安全感和自由度，同时要引导学生善于倾听他人的意见，学会评判他人的观点。特别强调，在新式师生对话中，教师的作用绝不能减弱。要充分发挥教师在对话中的“推波助澜”“画龙点睛”“卷起千堆雪”的引领作用。对话能否顺利推进并取得实效，还与教师的反馈信息是否及时、得当，是否具有较高质量有关。要使师生对话和谐高效、高潮迭起，教师必须做到对话要有针对性、注重激励性，要洋溢着活力，要有新意。总之，教师的对话、反馈越精彩，就越能对学生起到引领作用。

2. 生“本”对话

即学生与文本等教学资源间的对话。这是学生的最基础的对话形式，也是新课程特别强调的一种对话形式。新课程理论认为，教科书是很重要的也是最基本的教学资源。它在学生面前就好像是跟学生进行对话的另一个人，它不是一个“死”的客观对象，不是一个与学生不相关的客体，而是一个面对学生“会说话”的“同伴”和“朋友”，这个“同伴”和“朋友”是和学生朝夕相处的，能够激起学生和它交往的热忱。一方面，学生围绕教材中提出的问题，结合自己的生活经验进行思考、感悟、应对、交流，一起解决成长中所遇到的问题和烦恼，享受成长的欢乐；另一方面，教材留有大量空白，借助这种特定的空间，学生可以把自己的思想、感情、观点、创意及其分析和解决问题所获得的结论，向对话的另一方——教材进行倾诉和表达。这样就摆脱了学生与传统教材之间存在的单向接受和死记硬背的弊端，而转变到学生与教材之间富有能动和创造性的双向构建。必须指出，在这一对话过程中，教师并不是无事可做，恰恰相反，教师要引领学生借助留白抒发心声，表达创意，张扬个性。

3. 生生对话

即学生与学生之间的对话。这是新课程教学特别倡导的一种对话形式，旨在使学生开阔视野、拓展思维、互相学习、互相启发、共同成长，培养学生的合作、助人、虚心学习等品质。这种形式在传统的课堂教学中是少有的或不存在的。新的课堂教学就是要创建和弘扬这种教学形式，以更好地提高课堂教学质量。这一新式的对话形式充分体现了合作学习的理念，它为学生同桌间磋商、小组中研讨和全班同学交流搭建了平台。课堂教学中，学生可以围绕某种现实问题和观点共同讨论，陈述自己的观念、认识和感受，或说明自己所同意的观点、所赞成的意见、为什么同意和赞成等，既陈述事实，又说明道理，既有倾听，又有反驳。学生通过激烈的思想碰撞，可以达到分清是非、提高认识的目的。学生还可以围绕教材中所设计的收集、调查、采访、汇报、表演、展示、倾诉等活动，深入生活进行体验，并把活动中的体验感受、认识发现在课堂中面向全班同学进行交流，彼此介绍生活中的经验、通报信息、交换意见、交流收获，相互间实现视野上的融合、认知上的统一、心灵上的默契、情感上的理解、行动上的支持，最终促进学生在认知、情感、良好行为习惯上的共同发展和学生人际交往能力的提高。

总之，上述三种形式是新课堂教学中对话讨论的最基本形式，它们在新课堂教学中紧密联系、相辅相成，我们要正确地实施，灵活地运用。在实施对话讨论教学策略中，一定要把对话讨论建立在学生已有经验的基础之上，努力创造宽松的对话环境和愉悦的讨论氛围，不断激发学生的批判意识和创造性，这是保证学生学习激情、确保群体互动和教学有效性的关键。教师要积极引导学生开展与文本、与教师、与同伴之间的双向、多维、互动式对话讨论。同时，要正确引领学生发展广泛的对话关系，通过交谈将各自的情感与理性、直觉与感觉、思想与行动、知识与经验都时时展现在大家面前，在相互对话与理解中被同伴所认同和接纳，达成心灵上的沟通，呈现生命的光环，实现人格的成长。

四、情感陶冶式教学策略

情感因素在品德形成中的作用越来越被人们所重视。道德情感的激发可以推进学生认识的升华，从而很快地转化为行动。因此，在品德课堂教学中，教师务必要注重情境感染和情感激发，以此来强化对学生的情感陶冶，促使学生迸发出好好学习的昂扬向上的热情和意志。那么，如何实施情感陶冶式教学策略呢?

（一）要构建和谐的师生关系

和谐的师生关系是构建“和谐高效思维对话”课堂的基础因素。教育现状告诉我们，在课堂教学中，影响师生关系的重要因素，主要是教师对学生的尊重态度、关爱程度、民主作风、教育方式、教学水平五个要素。尊重，是实现良好师生关系、构建高效课堂的首要因素，也是当前新课堂教学中改善师生关系的重要因素。关爱，是搞好师生关系的微妙的心理因素，是“生”与“师”产生感情、调动学生课堂学习积极性、使学生产生自尊自信的心理基础。民主，是搞好师生关系的一个基本手段，是激活课堂教学、推进学生主动发展、自主发展的有效教学形式。教育方式方法，是新课堂搞好师生关系、提高教学效果的重要因素，是改善师生关系的特殊手段和艺术法宝。教学水平，是影响学生情绪的重要因素，波及和教师的情感关系问题，进而影响到课堂教学效果的问题。它们是实现良好的师生关系和“和谐高效思维对话”课堂的基本、可靠、有效的因素和途径，是新课堂教学所应遵循的一个基本原则。这个原则反映了教师对学生的根本态度，体现了学生在新课堂教学活动中的主体地位。要构建和谐师生关系，课堂教学中应注意做好如下几点。

1. 尊重学生

美国著名作家爱默生说过：“教育成功的秘密在于尊重学生。”苏霍姆林斯基认为：“自尊心是人性的顶峰，激发学生的自尊心是教育工作的头一条金科玉律。”因为学生与教师一样，在人格上是独立的，每一个学生都有自己丰富的内心世界和独立的情感表达方式，都需要教师的理解和尊重。只有尊重学生才能让学生感受师生的平等，才能感受自尊的存在，才能取得学生对你的信赖，才会获得向上的动力源泉。一旦他们认为失去自尊，就会失去向上的动力和精神支柱，从而导致消沉。这就要求教师在教学中，一方面要努力激发学生的道德情感，另一方面，对学生真实情感的表露要给予尊重，避免使用刺激性、挖苦性、旁敲侧击等不良语言或以冷漠的态度伤害学生感情。教师要尊重学生的每一个观点，不要去强迫学生非得接受自己或书本上的观点。对于学生所坚持的异样的观点，教师也要允许学生表达，不要一口否定，否则就会严重地挫伤学生探索和学习的积极性，也会影响师生之间的关系。尊重学生还包括尊重学生的人格、意愿、隐私权等，要理解和尊重学生的差异，让每个学生看到自己的闪光点，看到自身的价值，鼓起他们自信的风帆，让每个学生都有可能到达成功的彼岸。

2. 关爱学生

教师是学生的朋友，是合作的伙伴。要让学生真正感受到这一点，教师就要关爱每一个学生，了解他们的兴趣爱好，了解他们的个性特点，了解他们的发展潜能；始终以亲切、友善的态度对待他们。教师一个微笑，一句鼓励，一个期待的目光，都会激起学生心中的涟漪。教师要用博大的爱去关怀学生，感化学生，把爱的甘泉洒向学生的心田，使学生获得心理上的满足，从而引起学生对教师的崇敬、信任和亲近，帮助每个学生树立起成功的信心，让学生从教师那里感受到爱的力量，继而转换成健康成长的内部诱因。事实上，这种群体信心、教师和学生之间的情感的相互作用和良性循环，会逐渐形成一种积极向上的情绪背景，这种和谐人际环境的情绪效应反映在师生之间便有了更多的交往和更多的相助机会，学生也因此会真正把教师当做自己的知心朋友，也愿意主动向教师倾诉内心苦恼和种种愿望，从教师那里及时得到爱抚和鼓励。

3. 宽容学生

对学生既严格又宽容，是爱的哲学艺术。学生是国家未来的建设者和接班人，教师作为教育者必须严格要求学生，使他们健康成长。这是每个教师义不容辞的责任。但学生毕竟还是未成年人，是非、曲直的问题还不能完全分清，因此免不了会犯这样或那样的错误。这就需要教师有一颗宽容之心，能给予充分的谅解和适度的宽容。同时，教师还要学会用发展的眼光看待学生，不要因为学生犯了一点错误就妄加指责，甚至体罚学生，或者做出其他一些伤害学生自尊心的事情。因为那样做的话，只会伤害师生的感情，达不到教育的目的。但宽容并不等于不要批评学生，学生犯了错误也应该批评。奥斯特洛夫斯基曾经说过："批评，这是正常的血液循环，没有它就不免有停滞和生病现象。"不过，批评学生应尽量避免在公共场合进行。

4. 讲究民主

民主像一座搭在师生心灵之间的桥。民主的程度越高，这座"连心桥"就越坚固，越宽阔。教师要树立教学民主的思想，就要抑制自我中心意识。要明确，对学生指责、埋怨、强迫、命令，就等于在师生的心灵之间挖鸿沟，只能增加师生之间不理解、不信任的程度，只能降低学习效率。只有实行教学民主，让学生成为学习的主人，才能真正调动起学生的学习积极性，提高学习效率。创设课堂教学气氛的民主是实行教学民主的主渠道。置身于民主气氛浓郁的课堂，就如种子得到了适宜的温床，接受主体的自我意识被催生、勃发，这样学生情绪高涨，"思想发表欲"强烈，课堂气氛呈现活跃甚至沸腾状。通过讨论与争辩，学生的潜能极大地开发出来了，口头表达能力、思维能力均得到实际的锻炼，发散性、创造性和求异思维会应运而生。对学生来说，这本身也是一种民主精神的熏陶与感染。教师要鼓励学生敢于表达自己的真实想法，敢于发表不同的意见，敢于质疑，以说真话为荣；还要引导学生善于倾听他人的意见，学会评判他人的观点。同时，作为教师不仅要有博大的胸怀，勇于接受学生的批评意见，还要以参与者的身份与学生进行平等对话，允许他们提出不同见解和观点，甚至对教师的观点提出挑战。只有这样，才能营造一种民主的教学氛围，才能形成师生之间民主协商的关系，才能实现真正的师生互动。

总之，和谐健康的师生关系，总是能给学生注入一种健康向上的积极力量，不断激发学生做好人、成好才的高度热情和积极性，活跃学生的思维，使学生生动活泼，主动发展，进而提高品德课堂教学的和谐水平和高效水平。

（二）要增强课堂教学中的感情色彩和氛围

1. 情境感染

具体、形象、深厚、浓彩的情境能够强烈唤起人的情感。教师在品德课教学中，一定要重视这一环节，要充分发挥这一环节的特殊效用。根据教学内容和教学要求的需要，教师要善于创设如下三种情境。

（1）观赏性情境。创设良好的教学情境，容易吸引学生的注意力，能激起情感。教师要充分运用多媒体、幻灯、挂图、绘画、实物等，创设和展示与教学内容相适应的教学情境，努力使学生情绪受到深刻感染。如教授三年级“无限风光在家乡”这课时，教师可以收集家乡风光图片，让学生边看边听，了解家乡的风景，激发学生热爱家乡的情感。

（2）模拟生活情境。这类情境就在现实生活中，容易再现、复述。教师可根据需要和教学内容要求，组织部分学生扮演不同的生活角色，呈现学生可演、可看、可感、可亲的活生生的情境，以此来感染学生、点燃学生的道德情感，使学生产生情感上的共鸣。

（3）讲述故事情境。通过讲述故事中优秀人物的先进事迹和感人事例来感化学生，是小学品德课堂教学的必要手段，很适合学生特别是低年级学生的心理需求和兴趣。学生年龄小、好奇心强、喜欢听故事。因此，教师应根据教学内容，充分做好准备，通过诱人的故事情节来激发学生的道德情感，使学生从故事中明白事理，坚定信念，提高认识。

2. 抒发情感

即要求教师根据教学内容和实际问题背景，用真诚的、声情并茂的语言和情感来激发学生的学习热情和做人激情，或曰抒情激学，用情教学。这是品德课程对品德课教师提出的特殊要求。教师要自始至终带着情感进入课堂，带着情感实施教学，带着情感结束教学。具体要在三个环节上抒发好自己的情感。

（1）在导入环节，要做到激情导入。“良好的开端是成功的一半”。新课导入，如果能引人入胜、富有情趣，就会使学生主动地进入教师所设计的特定环境之中，很快地调动起学习兴趣。可见，良好的导入是引生入课的重要环节。作为教学主导者的教师，其情绪状态给学生留下的第一印象十分重要。当教师面带微笑地站到讲台上的那一瞬间，其和蔼可亲的教态便可将部分精力尚未完全集中的学生拉回到课堂中。一堂课如果有一段精彩的导入语，就能一下吸引住学生的注意力，使学生对这堂课一见钟情，唤起求知欲望。课堂导入可以用故事，也可以用谜语等学生喜欢的形式，从学生熟知的生活常识入手，激发学生探索新知识的欲望。因而，教师要充分发挥自身情感在导入新课方面的协调作用，要带着浓厚的激情，创设一种有情有意、愉悦和谐的教学氛围，使教和学双方在引人入胜、情绪高涨的气氛中进行教学活动。

（2）*在实施环节，要做到煽情激学*。浓浓的情感就是教师和学生心灵对话的桥梁。课堂上，教师必须情思飞扬，言语鲜活，富于激励，让每一个学生都动起来，都活起来。教师的激情应把学生“思维的火把”点燃成熊熊大火，师生在激情的洪流中共同感悟生命的精彩。在教学过程中，具有感染力的教师，不仅善于使学生在学习中产生必要的冲突和挫折，而且还以自己的信心、乐观情绪启发和感染学生，使他们增强解决问题的勇气和摆脱由挫折造成的消极情绪。教学过程中，教师渗透于教学过程的情感往往是通过语言、目光、微笑、手势等传递给学生的。教师的一颦一笑、一举一动、眼神手势等都可以描摹事物的复杂状貌，传递潜在的心声，披露内在感情，增强其言语的感染作用，给学生留下鲜明的视觉形象，从而收到化静为动、化虚为实、化远为近的效果，增强学生对教学内容的感知。当然教学过程中的情感教育不仅仅局限于提高学生的情感体验能力，还要注重培养学生情绪的自我认知、自我控制、自我驱策能力及对他人的情绪识别、移情和适度反应能力，这会有效地促进学生情感智力的提高。

（3）*在结束环节，要做到情深意长*。课堂教学的结尾也应像文章的结尾一样，讲究意在笔后、悬念迭出，回味无穷，给人一种课已结束而意未尽的感受。品德课的结尾应当既画龙点睛全课，又意味无穷地对今后提出希望。因此，品德课的结尾一般是在下课前安排一定的时间，先对全课进行总结，使学生对这节课所讲的道德要求“是什么”“为什么”“怎样做”有个系统的认识，或者利用板书通过简洁的语言进行，然后又要对课后怎样实践这一道德要求提出希望，恰到好处地结束全课。但是，不一定每次课堂的结束语都是对本课所学内容的小结，有时可以布置成实践作业，让学生通过上网查资料或询问去证实所学知识内容的准确性。因而，在教学终了之时，教师一定要注意运用准确精练的语言以情感人，以情促人。要紧紧抓住学生心理，寻找教学内容中能够拨动学生情思的结合点进行点化、揭示，激发学生的思想感情，真正达到画龙点睛、水到渠成之效，也可以追求“留白”，让人有余音绕梁，不绝如缕之感，起到发人深省的教学作用。总之，精彩的结尾要达到给学生留下意犹未尽、余味无穷的感觉，收到“欲知后事如何，且听下回分解”的艺术效果。

3. 情感激发

在《课程标准》中，情感态度与价值观居于首位，其中情感又是第一位的，它既是行为的动力，又是信仰的意志力。所以，德国教育家第斯多惠指出，教学的艺术不在于传授本领，而在于激励、唤醒、鼓舞，调动起学生的情感。

(1) 以情激情。主要是指以教师的情感激发学生的情感。学生的可塑性很大，模仿性很强，在思想上更具可感染性。因此，教师要用自己真挚的情感打开学生的心扉，架起与学生心灵沟通的桥梁，通过情感的相互交流，使学生的道德情感得以调动。一是在教学活动过程中，要化抽象为具体、变枯燥为生动，通过具体、形象、生动的榜样和事例，以情感为支柱，对学生进行思想道德教育。二是要求教师在教学过程中进入角色，体会人物的感情，联系自己的生活感受撞击出情感的火花，注意运用自己纯朴的语言、声调和行为表情，以自身良好的情绪去熏陶感染学生，以引起学生健康的、昂奋的情绪体验。

(2) 以境激情。是指以教师所创设的教学情境来激发学生的情感。让学生在课堂上体验生活，通过体验与反省，使知识进入学生的内心世界，与学生的生活境遇和人生经验融合在一起，实现道德情感的共鸣和升华。所以，对品德课的教学，教师要充分挖掘教材中的情感因素，并运用现代化的教学手段，有意识地创设与教材内容相适应的形象生动的教学情境，制造诱人氛围，让学生增强感受力度，以培养他们的道德情感。

(3) 以“动”激情。“动”，是指活动和实践。以“动”激情即是指通过组织一系列的活动和社会实践来激发学生的情感。活动与实践是道德情感发生、发展的土壤，也是道德情感吸收、内化和升华的渠道。为此，教师在品德课堂教学过程中要大力开展丰富多彩的活动，促使学生在活动中互相感染，形成情感上的共鸣；要加强学生良好行为的实践和养成，在实践和养成中培养学生的坚强意志和向上、向善、向学的美好情感。

总之，情感是做人和求知的动力机制，是从知到行的媒介。在新课堂教学中，教师一定要走出学生年龄小而容易被打动的误区，改变日常教学中忽略学生情感的状况，充分认识到，学生被同成人一样，只有真情才能打动学生的内心，引发学生心灵的触动。课堂中的“真情”犹如联系教与学双边活动的“催化剂”，有了它，学生的情感才能被触动，认识才能得到升华。因此，品德课堂教学中教师一定要用真情和各种有利的情感因素充分感化学生，使学生生情、动情，富有美好情感。

五、探究合作式教学策略

探究合作式教学策略，是指以培养探究能力为根本，以培养合作精神为主标，以探究式和合作式为主要学习方式，以现实问题或教材问题为基本探究内容的教学行动方针。在这个策略中，要求教师一方面要鼓励学生坚持独立自主的探究式学习，另一方面还要鼓励学生进行同伴互助的合作式学习。同时还要求教师在小学品德新课堂教学中努力为学生提供充分的自由表达、质疑、探究、讨论的机会，鼓励学生通过动手动脑和感知、体验、实践等各种方法，获取知识、解决问题、提高能力。

（一）探究合作式学习的特征

1. 主动性

探究合作式学习倡导尊重学生的主体性，强调学生自主活动、主动学习、富有进取心和责任感，鼓励学生自己设计并控制整个学习过程，自觉地以主人的身份投入品德教育活动中，积极主动地参与学习过程，参加实践活动，关心现实问题，解决实际问题，亲身体验自己对他人、对社会、对自然的责任。探究合作式学习对于培养学生的品德意识、态度和价值观具有重要作用。

2. 体验性

探究合作式学习旨在让学生亲身参与实践活动，获取第一手资料和各种信息，并通过亲身实践和相关活动获取体验、取得感悟、感受发展、发现问题、了解人与人之间的各种社会生活和物质关系等，通过这一系列的探究活动和综合分析，去发现知识、得到结论。这是因为学生从实践中获得的经验、知识、感受等更容易理解和记忆，更容易规范自己的行为，更容易培养自己的良好品格和习惯。所以新课堂教学要求教师绝不能将现成的知识和结论直接告诉学生，也不允许学生通过教师的讲解和书本上的内容来了解现实、处理各种问题，必须让学生到现实的社会生活中去亲身体验、亲身感悟。

3. 开放性

探究合作式学习是一种开放性、参与式、实践式的教学行为。它不局限于教室和学校，也不局限于品德课本，而是根据问题需要或课题需要，或走出课堂，或走出校园，或走进社区、走向大自然。如“一方水土养一方人”“购物场所我知道”“我们生活的地球”“同在一片蓝天下”等课题的学习，仅靠课堂说说、议议、演演是不能达到预设的教育目标的，必须将课堂搬出教室、搬上社会、搬进图书馆、搬进商场，广泛开展调查、访问、参观等多种实践活动，引导和鼓励学生用自己的眼睛去观察世界、开阔视野，感受世界、加深理解，分析世界、辨清是非，欣赏世界、陶冶情操。只有通过这样的学习行动，我们才能最终使学生逐步形成稳定的价值判断，树立起正确的价值观。

4. 合作性

探究合作式学习，探究是基础、是本质、是合作的前提，没有探究也就无所谓合作。而合作则是更好地完成探究任务的重要手段、形式和保证。没有合作，诸多复杂的探究任务就无法完成或无法在有限的时间内及时完成。合作，不仅是一个培养学生良好品格的重要的道德目标，而且还是一个培养学生综合素质的重要的能力目标。因此，无论从本课程意义上来讲，还是从教学策略上来讲，合作无论是作为形式、手段，还是道德目标、能力目标，都应是新课堂教学非常关注、重视和努力研究的问题。

上述特征是品德课堂探究合作式教学策略的基本特征，在小学品德课堂教学中应很好地研究和体现。同时，教师要注意，由于小学阶段学生年龄尚小，因此，对“探究”的要求不能过高，探究的内容也要依据学生的能力和实际需要来确定。教师要引导学生以教材为蓝本，创造性地使用教材，最大限度地拓展教材空间。教学中可以针对教材的重点和难点、学生生活中的疑问、成长过程中的困惑以及社会热点问题等展开探究，以此激发学生探究的主动性和积极性。

（二）探究合作式学习的形式

1. 小组活动

这是探究合作式学习的最基本形式。探究合作式学习的每个环节——从小组协商制订调研计划，到小组分工合作收集和整理资料，再到小组研讨弄清问题、得出结论，最后到小组共同行动服务于社会，几乎都可以以小组活动的形式进行。这种小组活动对于培养学生的交往能力、合作态度、学会表达、善于倾听、认识能力、学会宽容、求同存异、协作能力、责任心、自尊心和集体荣誉感，提高学生的思想认识水平，增进学生之间的友谊和情感等都具有重要的意义和特殊的功效。

2. 专题讨论

专题讨论是针对某一主题，以有准备的相关学生为发起人，专门进行的一种专题性质的集体大讨论。这种讨论与一般的讨论相比，更有深刻性、自由度和全体性。它试图创设一种更加宽松、自由的讨论环境，让每个学生充分发表自己的观点。它要求当有人发言时，其他人必须认真倾听，任何人都不许对他人的发言作好坏正误等评价；只要没有其他人发言，任何人都可以随时发表任何见解。因此，这种形式的讨论，学生可不必考虑自己的见解是否正确、是否恰当，有利于保证每个学生充分发表自己的观点，最大限度地激发学生的思维，完完全全地表露学生的心迹、观点和认识，也便于教师发现问题、对症引导、提高效率。

3. 角色扮演

这种形式在学生的探究合作式学习中也是很重要的。它可以使学生逐渐学会站在他人立场上思考问题、处理问题，想人所想、急人所急，对培养学生对其他生命和事物尊重、关心、爱护的良好品格和美好的情感都是非常有意义的。在学生的现实社会生活中，许多问题的产生、发展和解决都要牵涉诸多方面的利益关系。如何让学生了解不同方面的作用，学着协调各方面的关系和解决实际问题，这是小学品德教育所面临的重要课题。对此，从学习的意义来讲，角色扮演活动可能是极其重要和最合适的途径。当学生通过阅读、观察、实地调查、访问等活动掌握了有关问题的素材，并经过整理分析之后，教师就可以让学生就某个问题分别扮演相关的角色，亲身体验各种要素在解决问题中的不同作用。必须强调，角色扮演应要求学生务必转变角色，真正从所扮演角色的角度去考虑问题和采取行动。

（三）探究合作式学习的步骤

1. 创设情境，提出问题

在该阶段，教师可以创设一个恰当的问题情境，让学生自己提出探究的主题。问题既可以来自生活实际，也可以来自课本、报刊、广播等。所提问题，要能引起学生的兴趣，不能让他们很容易地回答出来，必须经过深入地思考和探究之后才能找到答案，同时还要考虑到学生的实际能力和知识水平，要避免涉及高深的知识和使用专门术语，以免学生最终探而无果。

2. 提出假设，确定“探向”

这一环节主要是学生根据教师创设的富有趣味性和启发性的真实问题情境，以学习小组为单位展开讨论，提出疑问。教师再根据教学目标进行归纳，确定探究主题。学生一旦产生了问题意识，教师就要引导他们将问题变成一种可解决、可探究的方向。假设就是提出一个解决问题的方案，或是对某个问题的看法。假设要求逻辑性要强，要合理。假设不应是现成的结论或教师的个人观点，而应当是从学生意见中选择出的代表性的看法。然后，学生根据主题划分小组，制订方案，准备相应的工具，协调好所要去探究的地方的人员关系，并注意安全等。

3. 制订计划，组织探究

探究计划是如何进行课题研究的具体设想，是着手具体研究活动的框架，是体现学生探究的重要环节。学生要制订课题研究的行动计划，对课题研究整体构想进行具体安排，验证研究假设，绘制出实现研究目标的实施蓝图。教师要指导学生自由组合，组成合作探究学习小组，推选小组长，确立课题，制订研究方案。首先要深入查阅资料，了解相关信息，确定研究方法，设计调查问卷。然后通过发放调查问卷，整理、统计调查结果，学生通过讨论研究，确定研究子课题。小组负责人组织全组同学讨论、策划探究方案，制订具体的探究计划。这项活动涉及人员搭配、时间安排、探究渠道以及探究形式等。因此，教师一定要配合学生制订出具体、明确、科学、可行的计划，切忌计划大而空，不切实际。应当指出，研究计划并不是一成不变的。在研究活动中，可以根据实际情况对原计划进行修订完善，要学会将计划性和灵活性有机地结合起来。

4. 收集资料，整理汇总

学生明确了要探究的主题、制订好探究计划之后，下一步就需要按照计划方案收集相关的资料信息来论证主题。各小组按既定的方案有组织地开展自主探究活动，在活动中要注意收集、解决与问题相关的信息，获得大量的感性认识，并对探究获得的资料分类整理。在小组内展开小组讨论、交流，通过不同观点的交锋，补充、修正、丰富教学内容，求得新的发现。逐步构建起关于探究问题的基本思路，个人尝试解决问题。在活动交流中，教师要组织学生对个人或小组的表现适时评价，提升认识。评价中教师要注意总结探究的收获和方法，指导学生探究的方法，激励学生的探究精神。在这一阶段，教师的主要任务是帮助学生根据自己的假设去做社会调查和查阅资料，同时要充分发挥学生的创造性和想象力，并积极引导他们正确处理同学之间对材料的选择和运用。学生站的角度不同，收集的材料不同，往往会形成两种根本对立的观点或几个大的意见。这时，教师应帮助学生正确对待不同意见，必要时将两种不同意见的同学组织在一起讨论，甚至辩论，但不要急于统一。

5. 分析问题，形成成果

在这一环节中，学生通过比较、分析所收集的资料，选择、组合并排列相关资料信息，确定出验证课题所需要的信息呈现方式，最后拟订出问题的解决方案。教师要鼓励学生使用各种形式展示与交流探究成果，比如将研究报告打印出来形成小论文，做成多媒体文稿或发表在网上，还可以写一些体验日记等。然后经过师生之间的交流、讨论，形成最终的学习体会或研究成果。

6. 服务社会，解决问题

这是品德学习的重要环节，也是品德学习的重要任务。教学中教师要指导学生学会应用知识，能用自己获取到的知识来解释生活中的现象；能用自己获取到的知识技能来解决生活中的实际问题；重要的是，还要指导学生应用获取的知识、道理和技能进行深入思考，带着更多的问题和思考走出课堂。所以，探究不是以学生经过解决问题得出一两个结论而终结，它要求学生把自己得出的结论再应用到社会中，强调让学生参加生活实践，巩固课堂效果，并引发新的思考与探索。首先教师要让课堂知识在课外得以实践。因为课堂活动形成的知识，需要具体行动的检验，才会真正起到规范行为、养成良好品质的作用。这就需要教师想法设法把学生在课堂上学到的知识延续到课外，使这种知识得以巩固和升华。同时，教师也要为学生提供参与社会决策的机会，让学生根据调查的结果，考虑并制订现实可行的行动方案，联络政府部门及社区，实施社会活动。

总之，探究合作式学习是小学品德课堂教学的重要策略，它不仅加强了学生的动手实践能力，丰富了学生的创造性思维，开发了学生的多元化智能，让学生充分发挥了自己的特长，同时也尊重了他们的主体性和自主性。

第三章　小学品德新课堂的教学设计和教学评价

第一节　新课堂教学设计的内容和类型

要进行“和谐高效思维对话”型课堂的教学设计，首先要搞清楚“和谐高效思维对话”型课堂的教学设计都包括哪些内容、类型、特点等。这是进行新课堂教学设计的先决条件和基本前提。

一、新课堂教学设计的内容

过去，人们通常认为品德教学就是把书本的道德知识传授给学生，学生的品德学习过程就是对书本道德知识的获取和积累的过程。而新课程改革以来，人们的思想正在悄悄地发生变化，开始逐步认识到，品德教学过程中，教师要着重引导学生参与活动，让学生在活动中亲身体验、深刻感悟，体会道德、感受道德并践行道德，同时教师要与学生积极互动，在互动过程中引导学生敢于质疑、乐于探究、善于合作、主动学习，使每个学生都能得到充分发展、全面发展。毫无疑问，这种变化给小学品德课堂教学带来了新的形态，进而也给小学品德新课堂教学设计的内容带来了新的要求和规定。了解和掌握新课堂教学设计的相关内容，对教师做好教学设计，开展好课堂教学具有重要的指导意义。下面概要介绍教学设计的基本内容。

（一）教学主题

确定主题是小学品德新课堂教学设计的一个首要内容，它是分析教学起点、决定目标体系、重组教学内容、选择教学形式，以及对教学过程进行设计、评价与反思的重要依据。教学活动的主题来自多方面，除了教科书提供的之外，教师还可以根据学生的实际情况和地方特色灵活确定教育活动的主题；也可以是学生自己对生活的发现；或者是教师提出建议让学生自行选择；当然，也可以是师生共同商定。活动主题既有预定的，也有活动过程中生成和出现的。

另外，小学品德教材留有许多拓展空间供教师自由拓展教学内容，这就需要教师注意对教学拓展内容的正确选择，教师一定要围绕课堂主题来选择拓展内容，内容选择要合题意，具有典范性、针对性和一定的承上启下作用。

（二）教学目标

确定教学目标是品德新课堂教学设计的第二个内容。教学目标要根据《课程标准》，结合学生实际进行确定。教学目标，是指我们通常所说的“三维”目标。一般具体表述为情感态度与价值观、能力、知识三个方面，或情感与态度、行为与习惯、知识与技能、过程与方法四个方面。根据《课程标准》，一般情况下，对于品德与生活课程内容的教学目标，通常按照四个方面设计；对于品德与社会课程内容的教学目标，通常按三个方面设计。在制订“三维”目标时，教师应注意避免高、大、空、远，要立足于近、小、实、亲；应注意避免抽象笼统，要立足于具体可行；应注意不要把教学目标与“内容标准”一一对应，要立足于“三维”分述、综合呈现。

为搞好教学目标的设计，教师应认真学习《课程标准》，掌握课程改革的新理念，通读教材，准确把握教材的编排体系，分清全册的教学要求、重点、难点，理解单元与单元、单元与课目教材内容之间的联系，从教材的系统性、整体性出发，统筹安排课时及授课内容。依据《课程标准》、教材、教师用书和学生实际，制订出涵盖学生思想与行为状况分析、本学期教学目标、单元教学目标、教材内容分析、教学具体措施、周课时安排及授课内容等方面的比较详细的品德学科教学计划。最后还需要对现有的教学目标是否贴近本校、本班学生的生活，是否符合学生年龄特征，是否具有可行性等进行分析。品德课的教材内容反映的是品德课教学中的共性问题，在对学生的生活经验以及情感态度等情况进行分析之后，可以以此为依据进行必要的删减、增补或重组。

（三）教学要点

这是新课堂教学设计的第三个内容。教学要点包括教学重点和教学难点。从某个角度来说，教学过程实际上是突出重点和突破难点的过程。因此，确立教学重点、难点就成为教学设计的关键。要确立重点和难点，必须对教学主题、教学资源、教学背景、学生情况等有一个比较详细的了解和比较准确的认识，搞清所在的学校、班级、学生现有的知识水平及非智力因素状况，弄清什么是重点以及学习过程中的难点是如何形成的，认识到它不是静止的，而是一个动态的过程。必须说明的是，虽然在大多数的品德教学中，重点和难点是一致的，但是难点内容不见得就是重点内容，教学时必须突破难点才有利于重点的解决。同样，重难点的解决和突破，需要教师在进行教学设计时，因时制宜地选择良好的、适应学生实际情况的教学手段及方法。

（四）教学准备

教学准备，是新课堂教学设计必须要做好的工作。它是指为完成教学目标，使教学发挥效力的各种条件的准备。任何教学只有具备一定的条件，才能有效进行，离开了这一定的条件，就可能使课堂教学低效，甚至是无效。因此，教学准备很重要。师生课前的精心准备是开展活动教学的必要前提。教学准备包括的内容很多，从主体上分，它包括教师准备和学生准备。

1．教师准备。教师准备包括对教材、其他教学资源的准备和了解学生，以及对教学工具、教学手段、教学课件、教学场地等的准备。针对教学主题，教师在认真熟悉和钻研《课程标准》、教材、教师教学指导用书的基础上，要学习阅览有关的参考资料，结合教学内容恰当地联系学生生活和相关的品德问题补充教学内容，构思好教学需要的材料准备、具体环节、过程操作、时间分配、达成程度等，科学合理地组织教学内容（活动）。为此，教师要认真做好课前准备。由于教材中活动环节的内容涉及大量的信息，如教材中出现的且有必要使其明显或单独呈现的教学所需的材料（图片、表格、影像等）；有必要收集的事例和生活实际场景；活动内容的开展所需要的教具以及活动内容涉及的一些相关的制作，都需要师生在课前有充分的准备，以供课堂教学时展现。教师要根据教学需要提前布置学生上网查寻有关的资料，参与家庭或社区的实践活动。对教学所需的电化教学资料及其他教具要提前备妥，做到熟练、完整地操作或准确地使用。教师制作或选择的课件应能引导学生较好地联系实际生活，易于调动生活经验与知识基础，利于启发学生独立思考其中主要的问题或组织指导学生进行小组活动。课件应让学生获得积极的情感体验，具有能震撼学生心灵的力量或滋润学生心田的魅力。准备的画面、声像要明朗、清晰，具有审美价值。

2．学生准备。学生准备包括收集资料、物品、预习教材等的准备。课前的准备活动是一个很好的契机。学生课前准备是教学活动的需要，也是培养学生自主学习和分析处理信息能力的重要手段，是培养学生探究能力的有效途径之一。学生课前的精心准备还能更好地增进师生互动、活跃课堂气氛。学生只有课前精心准备了，做到了心中有数，才可能踊跃发言，积极参与到活动中来。

学生可以在课前的准备活动中，围绕活动主题进行资料收集、课前体验、准备素材等活动。值得提醒的是，课前探究活动不是简单地让学生自发地去“生成”。教师既不给予指导，也不加以特别地安排和掌握，就让学生开着“无轨电车”去“无的放矢”，其结果就会导致学生在课堂上得出“散乱”的答案，显得“有形”而“无神”了。因此，教师要对学生的课前探究活动做出明确的要求和必要的引导、示范，这样才有利于学生高效地进行活动。

（五）教学过程

教学过程是教学设计最核心的内容。它是由具有一定内在联系和步骤或前后顺序的各个活动环节构成的，因此也称教学程序。任何教学过程都有一定的操作程序，对程序的设计是品德课堂教学完整实施的重要环节，它具体地说明教学的逻辑、步骤及其活动内容、任务等。小学品德“和谐高效思维对话”型课堂的教学过程设计必须以学生为主体，以各种活动为媒介，通过各种活动式教学，引导学生独立思考、明辨是非、自我教育，充分地体现出“三维”目标的要求；必须将学生现实生活中各个方面的不同事件进行综合，坚持知、情、意、行相统一，充分地体现出品德课程的综合性，从而形成系统的教学方案。首先，教师对教学内容要有准确把握的能力。教师只有熟悉《课程标准》，明确本课题的教学目的、基本内容和要求，才能居高临下地理解课题，熟练掌握课题的全部内容，并占有其他教学资源，进而对教学过程的设计才能做到心中有数，把大量有益的教学资源充实到教学过程中去。其次，教师要对学生在现实生活中所表现出来的、与课题密切相关的知情意行的现状、背景和知识基础有所了解或掌握，以使教学过程的设计更具有针对性。再次，教师要根据对教学内容和学情的把握，制订出最佳教学措施，这是教学过程设计的中心环节。在制订这些措施时，尽可能地强化以下几个方面：一是教学过程活动化。即把过去教师自己包办的讲解提问式教学，灵活地设计转化为学生自主的多种活动，把教学过程还给学生。二是学习方式多样化。既要重自学，设计好学生的自主学习，又要重视合作学习和探究学习，努力探索各种学习方式发生的条件、时机和提高学习质量的有效途径。

三是过程设计粗线条。教学过程是富于变化的，任何预测的知识、确定的答案、固定的教学步骤在生动的教学过程和突发的教学事件面前都显得苍白无力，因此教学过程设计必须留出足够的空白，要有一定的可调控性。

总之，小学品德新课堂教学设计需要考虑诸多的因素，只有把能考虑的因素都考虑进去了，教师才能驾驭新课堂的教学。当然，教师还要有应付课堂生成性问题或突发性教学问题的思想准备和各种方案。只有把预设和生成问题考虑周全并灵活处理，才能真正提高课堂教学效益。

二、新课堂教学设计的类型

小学品德课堂教学设计的类型可以归纳为三种：一是单元主题教学设计，是指按照一个完整的学习单元所进行的教学设计。由于单元主题是小学品德教材的一级主题，因此又称为“一级主题教学设计”。二是分元主题教学设计。它是构成单元主题的子主题。因此，分元主题设计就是对单元主题的子主题所进行的设计，它是对构成单元主题的“主要的活动主题”的更深化的设计。由于分元主题是小学品德教材中的二级主题，因此又称为“二级主题教学设计”。三是活动主题教学设计。这三种教学设计类型，在新课堂教学设计中都是很重要的。但由于篇幅所限，前两种教学设计的类型在此我们不再细述，根据教学实际需要，主要介绍一下第三种教学设计类型——活动主题教学设计。

（一）活动主题教学设计

活动主题是构成分元主题的子主题。由于活动主题通常属于小学品德教材中的三级主题，因此活动主题教学设计又称为“三级主题教学设计”。这种教学设计可以靠近上课前实施，但至少也要提前一周以上进行，以确保教学设计的质量和完成其他教学所必需的准备项目。由于这种教学设计离正式教学很近，所以活动主题教学设计应首先考虑从学生的现实状况来选题。如果学生的现实状况迫切需要有针对性的立题进行教育，那么原有计划的活动主题可以临时取消，而把通过分析学生状况所提出的问题上升为品德课的活动主题，以此为根据，再参考教科书所设定的相同或相近的活动主题进行设计。通过分析学生状况，如果无特殊问题或迫切需要解决的问题，则按照原有教学计划，依据教科书的既定活动主题联系学生现实生活进行。活动主题通常包含两个或两个以上更具体的活动设计，对此有的学者称之为“活动环节或活动板块”。

所有的课堂教学设计都应该坚持立题要源于学生的现实生活，以现实问题为背景和根据，以课程教材为指导的原则。既依赖于教材，又不拘泥于教材。只有这样，品德课堂教学才有针对性，进而才可能有实效性。教学设计中，教师应努力让学生更多地参与教学设计，如提前进入角色模拟、游戏表演、探究实践等活动，使得教师可以敏锐地察觉到学生的个体差异，以便更有针对性地进行课堂教学设计。这样的教学设计不仅凸显了教师的组织引领作用，而且大大激发了学生的思维意识和求知欲望，为品德课堂的和谐高效奠定了良好基础。

（二）活动主题教学设计的形态

根据烟台市广大品德教师近几年课堂教学的实践经验，我们对课堂主题教学设计（活动主题设计）总结出了如下几种形态。这几种形态需要在同一个课堂教学主题设计中一起考虑，在实施课堂教学过程中综合运用。

1. 思维对话型。学生对道德概念的认识总是与具体的道德行为、道德形象结合在一起的。在生活中，学生往往知道与其水平相适应的道德规范，比如应该爱护公共设施，讲文明礼貌等。但为什么要这样，这样做有什么好处，却不是十分清楚。然而，这恰恰是很重要的，需要学生通过课堂教学加以理解和掌握。所以，在教学时教师要帮助学生提高其道德判断能力，但这种能力的培养不应是教师硬生生地强加给学生的。苏霍姆林斯基说：“人的内心有一种根深蒂固的需求——总感到自己是一个发现者、研究者、探寻者。在学生的精神世界里，这种需求特别强烈。”毋庸置疑，学生有动脑思考、表达自己内心想法的强烈内驱力，而要让这种内驱力爆发并加速，则需要教师利用课堂上的互动，激发学生的思维，形成彼此间的真诚对话，才能让学生形成正确的道德观。

由此，在设计课堂教学时教师可以从学生的实际出发，结合教材内容，选准思维的切入点、发散点、推进点、“井喷”点，激发学生深入思考、不断联想。教师还要选择与现实生活或学校生活有关的道德两难问题和那些有针对性、有教育意义的事例，通过创设问题情境（图画、图像、文字材料、表演等），让学生充分参与到社会道德问题的讨论或辩论中去，给他们阐明自己观点、做出自己判断和选择的机会，而不是教师将单一的主流道德观念和价值取向强加给学生。教师还可以通过“创设情境，激发兴趣→提出问题，激活思维（学生与文本对话）→小组讨论，阐述观点（生生对话）→

全班交流，明确观点（师生对话）”的活动模式，引导学生在对话中表达自己的感受，展示自己的成果，激发学生通过创造性思维解决所发现的问题，从而得出有价值的观点或结论，提高道德判断能力。

这种思维对话型教学设计不带任何灌输的色彩，不要求有统一的答案，而是完全从生活中的道德现象出发，从学生的认知程度出发，通过学生、教师、文本之间的对话，使学生接受正确的观点，收到教育无痕而有效的良好教育效果。

2. 活动体验型。“体验使学习进入生命领域，因为有了体验，知识的学习不再是仅仅属于认知、理性范畴，它已扩展到情感、心理、生理和人格等领域，从而使学习过程不仅是知识增长的过程，同时也是身心和人格健全与发展的过程。”小学品德课的教学实践告诉我们，唯有在实实在在的生活中，通过师生、生生的互动，引导学生进行体验，触动学生的心灵，才能使活动体验成为品德教育的有效途径。在教学中，教师可以设计“创设情境，激发动机——活动体验，指导行为——自由倾诉，建构思想——归纳总结，拓展延伸”的活动模式。

3. 角色模拟型。品德课程教学的根本目的在于“导行”。而要“导行”，必先“导心”；欲要“导心”，必使心“验”。体验是促使学生“心动”的催化剂，是促使学生换位思考的良方。而要使学生心动，使学生能换位思考，让学生参加角色模拟体验不失为一种好的方法。著名心理学家柯伯尔认为：“学生道德发展是从理智发展经角色承担发展再向道德能力发展的。”这说明角色承担发展既是学生道德发展的必经之路，也是制约其道德发展的条件之一。所以，在教学中，教师要把有益于学生身心健康的一些社会角色引进校园，让学生在不同角色中体验、鉴别和评议各种社会角色的善恶美丑；可以让学生通过角色想象来体察角色的思想感情；可以引导学生把教材中的知识点和脑海中已有的品德表象联系起来，并从中领悟和把握知识，感悟道理，使“理”通过“情”进入学生的心灵；可以根据学生进入角色的知觉，进一步引导学生的体验方向，促进学生对体验的内化，形成正确的道德认识，让他们更积极快乐地面对生活。因此，教学设计中，教师要给学生设计丰富多彩的角色模拟活动，让他们在扮演各种角色的活动中体验、思考、感悟他人的所思所想所为和各种社会现象，进而增进对他人的理解与尊重，对社会现象的认识与反思，明白做人做事的基本道理。教师可以根据教学主题，针对学生在日常生活中可能会遇到的社会角色及社会问题，设计这样的活动模式，即“提出问题，分析角色→创设情境，角色模拟→讨论评价，强化认知→课后延伸，形成习惯”。通过创设特定的生活情境，引导学生模拟角色，身临其境地体会他人的处境和内心感受，从而提高认识，增强素养。如在教授三年级下册“伸出爱的手——走近残疾人”一课时，可先组织学生观看残疾人生活的录像片段，让学生直观感受残疾人的痛苦与艰辛，对残疾人产生同情。再通过创设情境，开展“走近聋哑人（用手势传悄悄话）”、“走近盲人”（蒙上眼睛从书包里拿出语文书）和“走近残臂人”（单手穿衣服）的角色体验活动，让学生积极参与，亲身体验残疾人生活的辛酸与痛苦，使他们生发对残疾人的关爱之情。

按照角色模拟型要求，教师可设计“创设情境——模拟表演”的教学形式。本教学形式适用于对“我们在社会中成长”这一领域中的社会常识的学习。可以分为两种，一种是虚拟生活场景，即虚拟生活中的一些活生生的事例；另一种是模拟生活中的角色，即在课堂上让学生模拟社会角色，现场表演。

总之，活动主题教学设计是新的品德课程的生命线，只有活动主题教学设计具有了针对性、现实性和生动性，新品德课堂教学才会有生动性、实效性和精彩性。所以，无论是哪一种教学设计类型，教师一定要把设计的针对性、实效性放在第一位，充分利用教育教学资源，从学生的生活入手，把课堂学习的权利还给学生，把思维的过程还给学生，关注“童心”“童趣”，让学生在各种不同的教学类型中发现、探究、感悟，从而体验成长的快乐。只有这样，我们才能构建和谐高效的课堂，才能激发起师生与文本之间的思维对话，才能让我们的课堂呈现出勃勃生机。

第二节 新课堂教学设计的步骤和方法

教学设计是教师在上课前对教学内容的一个计划，这个计划是教师上课的思路和过程。教学设计是教师搞好课堂教学的不可忽视的重要环节，它对课堂教学活动的顺利组织和实施不仅起着基本保证作用，而且也愈来愈发挥着明显的引导作用，极大地影响着课堂教学的效果。怎样来进行教学设计呢？就其基本步骤与方法探讨如下。

一、确立教学课题

确立教学课题，或叫做教学主题，这是教学设计的第一步。那么如何确立教学主题，依据什么来确立教学主题，怎样确立，我们必须要有正确的观念和思想作指导。

（一）确立教学课题要以“问题和需要”为根本依据和原则

这里的问题与需要，是指学生与教育的现实问题和学生与教育的现实需要。对于小学品德课程，我们并不要求绝对地按照教材设计的顺序从头到尾、按部就班地实施教学。这是由小学品德课程的特殊性所决定的。小学品德课程不像其他学科课程是按知识体系、科学体系设计的，非要自始至终、按部就班地“依照教材上既定的课题”进行教学，教师可以根据学生的现状、成长的需要和教育的实际需求，适当打破教材的先后顺序“根据现实状况确立课题”进行教学。因为品德课程是一门经验型、活动型、开放型课程，它是按照学生生理、心理的成长规律和学生逐步扩大生活范围的成长经历和生活阅历来设计的，强调与学生现实生活的紧密结合，以及学校与地方的教育特色。因此我们要树立正确的教材观、课程观、学习观、学生观，摒弃“以教科书为中心”的观念，认识到教材只是教师引发学生活动的工具，是教师组织教学活动的一个重要资源，是学生进行知识探究、辨析是非善恶所凭借的话题和范例，是传递道德规范和行为准则等知识的载体，而不是确立教学课题的根本依据。确立教学课题的根本依据是学生的现实问题和教育的现实需要。这也是确立教学课题的根本原则。

（二）确立教学课题要分析学生现状

这是品德教学设计确定教学课题的一个重要步骤。当我们要对学生进行教育时，通常要考虑对学生进行什么样的教育，也就是说要进行什么样的课题或主题教育。那么，课题或主题从哪儿来？是由学校领导和教师主观臆造的吗？是呆板地按照教材的既定顺序和既定课题进行的吗？不是，都不是。从根本上说，它首先应该是从对学生思想道德现状（思想认识、道德认知、心理情绪、道德行为等状况）的分析中来，针对学生的现状与问题和教育的需要来确立课题、组织教学。教材只是一个帮助确立教学课题、明确对课题的目标要求、提供课题范例和教学设计思路的有力助手和教学向导。分析学生情况，既要分析学生生活中真实的行为表现、真实的内心感受、已有的生活经验以及所处的家庭背景、社会环境等，还要分析他们的年龄特征、身心发展特点，以及受班集体影响而形成的思维、习惯、行为等。弄清学生的所思所想、所感所悟、所欲所求，从而确立教学课题，进入课程，使教学活动更有针对性和实效性。当近期学生没有特殊的状况与问题或者教育没有特殊而急迫的专门要求时，教师就要按照课程计划，按照教材的既定顺序和既定课题组织教学。需要指出的是，此时的教学仍需要紧密联系学生的生活现实进行。总之，确立教学课题，教师必须分析学生的现状，根据学生的现实问题和教育的现实需要来提出。

（三）确立教学课题要研读《课程标准》

《课程标准》是国家对学生接受一定教育之后的结果所作出的具体描述，是国家教育质量在特定教育阶段应达到的具体指标，是教师实施教学、进行评估的依据，体现了国家对小学阶段的学生在情感与态度、行为与习惯、知识与技能、过程与方法四方面的具体要求。在对学生现状进行分析得出结论和根据教育的需要确立课题后，为了了解教学课题在相应学段的具体目标，把握教学课题与《课程标准》的联系和《课程标准》对所确立的课题的相关要求，教师必须对《课程标准》进行认真的研读。通过研读来检验所确立课题的恰当性，并依据恰当情况和《课程标准》的要求修订所确立的课题；通过研读进一步理解所确立课题的内涵和《课程标准》对这一课题在教学目标、教学内容、教学标准、教学实施、教学评价等方面的要求；通过研读进一步明确所确立的教学课题在《课程标准》中的位置及其前后联系，以做到对教学课题心中有数。所以，教师在进行教学课题的设计时，必须以《课程标准》为指导，理清课程的内容框架等问题。

（四）确立教学课题要熟悉掌握教材

在对学生现状进行分析得出结论和根据教育的需要确立了课题后，教师还要熟悉掌握教材，寻找教学课题在教材中的位置和与教材的联系。通过对教材的进一步研读，了解教材中所提供的相关课题的教学设计思路、教学范例和开展的活动话题，了解教材是如何体现教学课题和《课程标准》精神的，哪些地方可以直接与学生对话，并从中受到启发，以获得教学设计经验。为了确保对所确立的教学课题开展好课堂教学，教师必须对教材进行认真的研究，做到尊重教材、理解教材，又不拘泥于教材。

总之，教学主题来自多方面，除了教材提供的外，还可以来自学生自身对生活的发现，也可以由教师提出建议让学生选择，还可以由师生共同商定。但无论教学主题来自哪一方面，教师都应以学生的实际情况和地方特色为基础，灵活确定教学主题，这是根本。需要注意的是，教学主题既有预设的，也有在活动过程中生成的。确立品德教学课题或主题，教师一定要打破传统的以教科书为中心的观念，坚持以学生为中心、以解决实际问题为中心、以教育的现实要求为中心，在分析学生现状的基础上，根据《课程标准》，联系课程教材，综合分析而定。

二、拟订教学目标

教学目标，是国家《课程标准》中的一个重要教学元素，是本课程必须要很好地进行研究的一项重要教学指标，是国家在一般意义上对课堂教学活动所预期的，并力争实现的教学质量标准。它是指导课堂教学活动的行动方向，是教学过程最终要达到的目的地。教学目标决定了课堂教学的内容和动向，也制约着课堂教学的效果。如果将教学目标定得太高，就可能会使课堂教学活动脱离大多数学生的水平；定得过低，则会使课堂教学费时耗力低效，与构建“和谐高效思维对话”型课堂背道而驰，因而制订切实可行的教学目标很重要。教师在进行教学目标的设计时，必须一方面要以《课程标准》为指导，弄清《课程标准》对教学目标的要求；另一方面要以学生的生活现实问题和可能变化的程度为基础。只有密切关注、紧密结合学生的生活实际，我们才能把教学目标制订得恰当适宜，进而才能有力推动课堂教学实现师生之间、生生之间的交往互动，真正体现“和谐高效思维对话”。在设计教学目标时，教师要结合内容标准进行设计，但绝不能一一对应内容标准。内容标准是实现课程总目标的具体要求，它具体规定了学生应努力获得的品德、行为习惯、知识技能、学习经验等，同时它又是指导教师如何计划、组织、引导学生活动，如何评价教与学有效性的明确指南。“品德与生活”这门课程的教学目标设定一般从四个方面来描述，即从情感与态度、行为与习惯、知识与技能、过程与方法来具体表述；“品德与社会”则一般从情感态度与价值观、能力、知识三个方面来具体表述。

在拟订教学目标时，我们要立足于近、小、实、亲的教学目标，要坚决反对拟订一些高、大、空、远，不切合实际的教学目标，要避免所拟订出来的教学目标概念不清、表述不直接、让人看不懂等问题。如在二年级上册"春游去"一课中，一位教师对行为与习惯目标的表述是这样的："懂得赏春活动中应有的文明行为"。这种表述的问题就在于目标过于笼统。学生应该具有的文明行为有很多，在本课中到底指的是哪些文明行为，显然表述得不清楚。这种不具体、不明确的教学目标，会让学生因没有重点而感到无所适从，意味着教师在这个问题上也是糊涂的。再如，在知识与技能目标里，有的教师表述为："通过观察、感受、发现春天的特征，借助一些典型景象，探究春天大自然的奥秘。"这种表述显然是知识点的教学目标，但是到底让学生具体掌握春天的什么特征？探究春天大自然的什么奥秘？在这里却没有表述清楚。因此，对于教学目标的拟订，特别是近期教学目标的拟定，如对课堂教学目标的拟订，不能抽象、笼统地来表述，而应该依据《课程标准》，结合教学课题内涵的要求和学生的实际情况，有针对性地具体地提出教学目标。至少我们应该在每一维教学目标中，根据课题的精神点出几个最基本的或最重要的目标。

三、明确教学要点

明确教学要点就是要确定教学重点和教学难点。这有利于课堂教学中心突出，层次分明，有利于采取适当策略，解决关键问题，确保教学质量。要想准确地确定教学重点、难点，首先要吃透《课程标准》。只有明确本课题的完整体系框架和教学目标，并把《课程标准》、教材和教师参考书整合起来，才能科学地确定出教学的重点和难点。其次要了解学生原有的知识和技能状况，他们的兴趣、需要、思想状况，以及学习方法和学习习惯等。教师只有在了解学生的基础上预见学生在接受新知时的困难、产生的问题，才能确定好教学的重点和难点，进而才能对症下药，避免教学中的主观主义和盲目性。需要注意的是，在对教学重点和难点进行表述时，一定不能笼统、抽象。如有的教师对教学重点是这样表述的："让学生形成正确的姿势"。什么正确的姿势？就没有表述清楚，如果改为："让学生形成正确的坐、立、走姿势"就比较明确。值得注意的是，有时既定的重点和难点在实际教学中并非如此，可能绝大多数学生对教师所确定的重点和难点并不感到难以理解。

这时，教师就不必再在这个问题上花过多时间和精力，而应根据实际及时调整教学的重点和难点。例如，当学生提出教师事先未估计到的疑难问题时，教师一定要重视，并认真地给予指导和点拨。教学重点和难点的引导既可以导之以趣、导之以思、导之以情，也可以导之以理、导之以法。教师须多备几手“导”的技能，以便突破教学重点和难点，使学生看得真切，悟得透彻，听得有味，学得有趣，从而有效地提高教学质量和学习效果。

四、设计教学活动

教学活动，是反映和体现教学主题的主要内容，是教学的范例和载体。它是由一系列既相对独立又互相联系的活动构成的（包括可能生成的活动设想），或者说是由一个个活动环节构成的（有的学者和相关著作是这样称谓的，在本书中暂且简称为“活动”）。我们认为，一个教学主题下可以有多个活动，活动与活动之间要有弹性，并给生成性活动留出空间。对学生个人的活动，教师可以提出建议，由学生自己做出选择。整堂课的活动可以分为学生的活动和教师的指导与参与活动两大部分。这两大活动要有机结合。在设计活动时，一要注意所选择的活动要符合教学主题的需要；二要注意贴近学生的现实生活，具有针对性、教育性和生活意义；三要注意有利于学生的自主学习和探究合作；四要注意照顾学生在现实生活中的需要和兴趣；五要注意关注学生现有的经验能力，吸纳具有时代气息的新内容；六要注意把静态的教材与学生生活实际沟通起来；七要注意所设计的活动要典型适当，不能流于形式，为活动而活动；八要注意活动的连续性。本课程的一些活动未必限制在一两节课内完成，有的活动从准备到发展可以持续较长的时间。因此，为了让学生在活动中有所感悟，有所体验，一定要坚持活动的连续性，绝不能使活动半途而废。总之，设计品德课教学活动应遵循教育性、趣味性的原则，针对学生实际情况，按照教学主题和活动内容，根据教学实际条件进行设计。在此基础上，按照有利于调动学生的各种感官和兴趣，为学生所喜闻乐见，有利于学生体验和感悟，有利于提高活动教学效益的原则，进一步考虑选择教学策略问题和教学形式问题。

五、选择教学形式

教学形式即是教学形态。由于新的小学“品德与生活”和“品德与社会”课程凸显了活动性、开放性、生活性和社会性特征，强调让学生在生活化的活动中去体验、去感悟，从而培养学生具有良好的品德和行为习惯。因此，这门课的教学应以学生直接参与丰富多彩的活动为主要教学形式，寓品德教育于活动之中。

教学的活动形式多种多样，有思维对话型、活动体验型、角色模拟型、游戏表演型、探究实践型、成果展示型等。但教师不管组织什么活动形式，都要根据教学目标和教学内容来定，另外还要根据自己的教学资源条件来决定活动形式。选取的活动形式要有教育性，要有利于教育目标的实现，还要符合学生的生理、心理特点。活动的过程还要注重学生的情境体验，让学生在真切的情境中获得直接体验，进而达到内化。

六、确定教学程序

教学程序，是指教师引导学生循序渐进地掌握学习内容的各个环节、步骤及其过程，是反映课堂教学路径、轨迹和走势的重要教学元素，是教师完成教学任务，实现教学目标所依赖的教学轨道。

确定教学程序要根据教学目标、学生实际和学校现有条件来进行。教学程序的基本要求是操作性强、过程性强、实效性强。通常它有三个环节：一是导入，二是实施，三是小结。每个环节又分别包含了不同的、具有一定程序安排的活动内容。

（一）导入

好的课堂导入可以使学生迅速地集中注意力，激发求知欲和思维活动，引起学习新知识的兴趣，全身心地投入学习，做到心动、脑思、口说、手写，同时也能使学生明确学习目标和教学要求。品德课导入形式多种多样，如创境育情导入法、开门见山导入法、设疑引思导入法、图像激趣导入法、故事导入法、歌曲导入法、“诗词、名言、俗语”导入法、游戏（表演）导入法等。教师在具体实施过程中不管运用什么方式，都应做到导语的内容与新课的重点紧密结合。导语既要短小精练、简洁，又要新颖独特、恰到好处。

（二）实施

课堂教学实施是整个教学程序的重点内容，教师在实施过程中，要尽可能地通过提问、讨论、辩论、练习、游戏等多样化的方法和手段，营造创造的氛围，架设创造的桥梁，将课堂由教师的讲堂变成学生手口脑并用的活动园地，使学生的大脑思维系统始终保持兴奋活跃的状态。教师在课堂教学过程中可采取各种教学策略，如开放式的教学策略、活动化的教学策略、对话式的教学策略等，并将之综合运用于教学过程中。在课堂教学过程中要全面实现让学生自主性学习、合作性学习、探究性学习等方式。总之，品德课程教学实施要重视学生的主体地位，关注每一个学生的成长，发展学生丰富的内心世界和主体人格，尊重学生的体验，重视对学生的行为导向，把品德教育落在实处。

（三）小结

好的课堂小结不仅对每节课起到加深巩固的作用，还可以收到画龙点睛、激发创新思维、发挥想象、启迪灵感的教学效果，使学生体验到“言虽尽而意无穷”。课堂小结一种是由教师直接概括，还有一种就是运用“学导式”教学法，让学生自己回顾检查，把课堂上学到的知识、明白的道理、提高的认识总结出来，然后教师做些补充。最后教师布置作业，提出具体的行为要求，这样学生的认识就能得到巩固，并在课后实践中加以深化。

七、做好教学准备

做好教学准备，也是教学设计的一个重要环节，不可忽视。师生重要做好教学思想、物质工具、教学资源、教学手段等方面的准备。教学准备分为教师准备和学生准备两种情况。

关于教师准备。教学主题、教学目标、教学活动、教学形式、教学程序等教学要素准备好后，教师还要为顺利开展教学活动做好具体的教学辅助工具和物质材料、教学资源等的准备。如制作多媒体课件、幻灯、挂图、实物，收集、整理信息资料等，以保证教学活动的开展。此外，教师还要对学生的问题、兴趣和能力等做进一步的了解和有关方面的考察与联系工作。需要指出的是，在撰写课堂教学设计“教学准备”这一项时，一定不要表述得太笼统。譬如说，有的教师在“教师准备”一项里只表述为“多媒体课件”。到底准备什么内容的多媒体课件，不清楚。我们写教案是要给其他教师看的，不写清楚怎么能让其他教师明白？有的教师也犯了同样的错误，只简单地表述为“录像、课件、歌曲录音”，显然这样的表述太笼统了！如果改为“反映春天特征的音像资料；歌曲《春天在哪里》；描写春天的诗句……”就比较具体了，其他教师就会看得明白，从而便于大家学习和参考。

关于学生准备。为提高课堂教学效率，教师可以根据教学主题需要，提前安排学生在自己已有的知识、经验的基础上于课前收集资料、调查、参观、访问等，做好课前的准备工作，以便使课堂教学顺利进展。

八、实施教学反思

教学反思，是新课堂教学设计的最后一个环节，也是非常有意义的一个教学环节，它是由教学过程的生成性和不确定性决定的。这个环节通常是在课堂教学后进行。因为教学过程的学习主体是一些具有鲜活生命力的学生，他们的思想、心理、情感、认知、个性等具有差异性、多元性、隐匿性、可变性和随机性，面对课堂教学过程中这些可变因素，为了及时发现问题，改进教学不足，教师有必要在新课程理论的指导下，反思自己在教学过程中的表现和行为，具体检测和审视教学过程中教学目标是否达成，教学情境是否和谐，教学方法是否灵活，教学生成是否恰当处理，教学效果是否良好等，以便在今后的教学中有针对性地调整和改善教学设计。

教师必须注意到，教学反思的过程是教师借助行动研究，不断探讨与解决教学目的、教学工具和自身方面的问题，不断提升教学实践的合理性，不断提高教学效益和教科研能力，促进教师专业化的过程；也是教师直接探究和解决教学中的实际问题，不断追求课堂教学设计的合理性、和谐性、有效性的过程；是实现教师专业成长的有效途径，更是实现课堂教学和谐高效的有力保障。

总之，教学设计是有效进行课堂教学的必要环节，对于实现和谐高效课堂具有不可忽视的重要作用。每一位品德教师都应该高度重视，认真研究，努力设计出一堂堂优质、和谐、高效的课堂。

第三节　新课堂的教学评价

众所周知，教学评价对课程的实施起着重要的导向和质量监控作用。评价的思想与理念、目的与功能、内容与指标体系、方式与方法等都直接影响着课程教学的方向与课程目标的实现。因此，研究新课堂教学评价对小学品德课堂教学将具有崭新的意义和作用。限于篇幅，这一章我们主要研究对教师教学评价的内容、方法等问题。

一、新课堂教学评价——评教的基本内容

评教是品德课程评价的重要内容。运用恰当的评价理论和评价方法，对教师的品德教学活动和结果进行有效评价，是促进品德课教师提高专业素质和课堂教学质量的重要手段，对于实现“和谐高效”课堂有着举足轻重的作用。因此，品德教学要经常性地开展评教活动，通过对教师教学工作的评价，弘扬教学中的优点，帮助教师找出差距与不足，以改进教师的教学行为，激发教师向着更高效的目标奋进。需要注意的是，在评教时要尊重个体差异，少横向比较，多纵向地实施发展性综合评价，要充分发挥评教的指导与激励功能，使评教的过程成为促进品德教学发展与提高的过程。根据《课程标准》和“和谐高效”教学思想，实施评教应主要评价如下内容。

（一）教学态度

教师的教学态度，在很大程度上决定其能否与学生建立良好的师生关系，能否促进学生的个性健康发展，形成良好的思想品德。评价教师的课堂教学态度，主要看以下几个方面：课堂教学紧密联系课题，充分利用有限的教学时间，不夸夸其谈；注意留心学生的反馈和情绪反应，治学严谨；遇到偶发事件，及时采取负责任的处置方法等。从另一个角度来说，教学态度具有强烈的情绪情感特征，决定着教学行为的努力程度。因此，评议教学态度，要注意就事论事，不要扯新带旧，以帮助教师端正教学态度。

（二）教学理念

教学理念决定着教学行为，指导着教学实践，是教学行为的灵魂，是教

学价值观的反映。可以说，对教学理念的评价对于调节教师的教学具有根本性的指导意义。在对教学理念评价时要依据德育方针、价值取向和品德教学理论，结合教学过程中暴露出实际问题，有理有据地评析其所运用的理论是否先进、正确。主要内容包括：教学是否体现教师主导者、合作者、参与者、引导者和学生“主体”等新角色理论；是否面向全体学生，促进学生的全面发展；是否营造了和谐融洽的教学氛围，使学生能在轻松愉悦中自主学习；是否与学生民主对话，尊重学生，了解学生的学习实际；是否注重学生的学习过程，抓住课堂生成性资源激活学生的思维与潜能；是否体现品德教学的“知行统一”，引导学生将道德认知与道德行为相结合，实现知、情、意、行四要素的统一等。

（三）教学目标

教学目标是教师对教学活动所要达到的效果程度的预期设定。对教学目标的评价主要应包括以下内容：一是看教学目标是否清晰而明确。让学生转变哪些态度，养成哪些习惯，体验哪些情感，获得哪些知识，锻炼哪些能力，解决哪些问题等要明确具体。二是看教学目标是否具有可操作性、可行性。教学目标应该指向学生的具体达成行为，指向具体的手段和途径等，无论是手段、途径、方式、行为等，都要具备可操作性，目标要实际可行，以便使教师的教学有明确的方向性。三是看能否实现预期设定的“三维”目标的要求，构建起课堂教学比较完整的目标体系，并能做到相互渗透和融合。

（四）教学准备

教学准备是教学活动的第一步，也应属于评价之列。准备充分到位，才能使教学过程更扎实有效。对于教学准备的评价，可以从以下几个方面考虑：课前对教材的钻研是否融会贯通，理解透彻；是否能在吃透《课程标准》精神和熟悉教材内容的基础上确定好教学重点，并能联系学生实际确定教学难点；教学目标的确定与表述是否适当；是否能根据教学内容和实际条件，灵活选择教具和制作课件，对教具、课件如何准确无误地演示是否做好了充分准备；教学材料的选择是否体现生活化，是否与学生的现实生活紧密联系起来；教案的编写是否注意层次安排、衔接紧密、框架明晰，并密切内在联系；对于板书的设计是否规范、简要，等等。

（五）教学内容

评价教学内容，可以围绕以下几方面进行：一是看对教材内容的把握。

对教材内容的处理，可以根据教材，也可以根据实际做适当的调整，包括教材的内容、结构、各部分的内在联系、出发点和落脚点；是否把握好了讲和不讲、讲多讲少的尺度。二是看对教学内容的拓展。品德课的教学内容应做到最大限度的“开放”，能整合学校生活、家庭生活、社会生活的方方面面。评价时要看教师是否能及时、有效地将学生生活中的相关内容引入教学中来，从中发现、选取、提炼出有意义的教育内容，增加课堂知识容量，增强品德教学的教育性。三是看教学内容的容量。教师要在保证完成教材规定的教学任务的前提下，根据学生的年龄特征、认识规律和实际接受能力，确定适当的课堂教学容量，要留给学生及时消化吸收的时间，保证学生学有所获。

（六）教学过程

对教学过程评价的基本内容是：一是看是否创设了丰富的、贴近学生生活、触动学生内心世界的活动情境来激发学生思维。二是看课堂气氛是否民主和谐，学生个性化的自主学习与表现是否得到尊重。三是看教师、学生、文本多维对话是否有效，是否构建了动态、生成性课堂，使每个学生主体都获得个性发展，彰显了发展性。四是看教学过程是否突出了活动性和开放性的原则，知、情、意、行四要素是否达到了辩证统一。

（七）教学方法

新课程改革的重点之一是促进学生学习方法的变革，倡导学生自主学习、合作学习、探究学习。而学生学习方法的改变是以教师教学方法的转变为前提的。因此，对教师教学方法是否得当、正确与否的评价将直接关系到学生的高效学习。教学方法评价的主要内容为：一是看是否面向全体，因材施教。主要看教师是否能根据学生和教材的实际，采用适当的教学方法；教学方法是否能关注差异，使不同水平的学生都能听得懂、学得会。二是看是否能激发学生的主体参与地位，构建师生互动型教学，让学生真正成为学习的主人。三是看是否能理论联系实际，突出品德学科的实践性，让道德回到现实生活中去，真正学以致用。四是看教学方法是否多种多样，能否灵活运用、富有变化，采用多样化手段进行教学，加强教学的直观性、形象性，让学生通过听、看、思、说、演等多种方式学懂、记牢、践行。

（八）交流与反思

美国学者波斯纳认为，教师的成长 = 经验 + 反思。教师反思是教师专业发展的核心。因此，对教师交流与反思的评价，将对教师的专业成长起到至关重要的促进作用。我们认为，评价交流与反思，主要应从以下两方面进行：一是看教师能否对自己的教学行为进行批判性地审视，即审视教学设计与教学过程中的成功与不足，能否肯定成功之处，否定、修正和完善不足之处。二是看教师对自己的教学行为能否进行重建，能否通过学习交流实现自我理解、自我超越，并能通过反思去粗取精、提炼升华。

（九）教学创新

“和谐高效思维对话”型品德课堂为教师提供了展示个性和创造性的舞台，教师可以创新教学活动，使其新颖而有突破。评价教师的教学创新，对于教师的创造性教学及创新素质的培养有着至关重要的意义。评价可从五个方面进行：一是看教师是否能在贯彻落实品德新课程核心理念的基础上创新教学观念。二是看能否突破品德教材的限制，在教学内容上有所创新。三是看是否能在最大限度发挥学生主体地位的基础上创新品德教学方法。四是看是否能以促进学生道德健康成长为目的而进行教学评价的创新。五是看是否能根据教学的内容、形式和目的创新教学模式，使教学收到最佳的效果。

（十）教师素质

教师素质是个内涵丰富的概念，包括教学语言、板书、知识才学、学科素养、教学艺术、驾驭课堂的能力等。对教师素质进行评价的目的是为了有效地提高教师素质，从而提升教育质量。根据“和谐高效思维对话”教学理论，联系品德学科特点，对教师素质的评价可以着重从以下几点进行：一是看教师是否具有良好的品行，能否身体力行地起到德性“示范”作用，有威信。二是看是否有亲和力，能否真心地热爱学生，有童心。三是看驾驭课堂的能力，是否有沉着镇定控制全场的水平和灵活机动处理应急事件的能力。四是看教师的气质表现，是否能保持良好的精神状态、仪表体态及举手投足的风格。五是看教师的即兴表达能力，能否针对课堂的生成性问题进行创造性的表达，使师生之间心理达到沟通、融合等。

（十一）教学效果

课堂教学最终还是要看实际效果的。教学效果评价是教学质量评价的重要组成部分，是教师掌握教学动态、调节教学过程和提高教学质量的重要保证。要评价教学效果是否明显、高效，可从以下方面入手：一是看学生的参与情况，主要看全体学生是否积极参与课堂教学，能否满足不同层次学生发展的需要，使每个学生都有不同程度的收获；学生思维是否活跃，能否体验到学习和成功的愉悦。二是要看学生对品德知识的掌握情况，是否掌握了所学的道德知识，教学目标达成度如何，对品德知识的理解和应用的能力怎样；是否圆满完成了各项教学任务。三是要看学生能力的培养和学习主体的构建情况，是否能自主学、主动学，在方法的获得、技能的训练、情感的陶冶、意志的锻炼以及思想方法、道德信念和价值观的形成等方面是否达到了高效率，等等。

总之，评教是促进课堂教学质量提高的重要手段。通过评教，我们可以帮助执教教师正确认识自己的教学能力，了解自己的教学水平，充分发挥自身的优势，不断改进教学方法，进一步提高教学质量。这是新课堂教学评价所追求的根本价值。值得提醒的是，我们在评教时，一定要在全面深入了解教师的基础上，结合预定的教学目标、具体的教学内容以及学生学情、班级状况等来进行。评教不是搞鉴定结论，而在于对教师的教学工作能起到激励和推进作用，直至提高教学效果，这才是评教的实质所在。期盼我们的评教工作能在“和谐”的气氛中，通过与执教教师真诚地“思维与对话”，切实取得品德课堂教学的高质量、高效益！

二、新课堂教学评价——评教的基本方法

应该说，评教的基本方法有多种，但我们更偏爱和推崇我们所研究和创立的“思维对话式评价法”，在此对这种方法作一简要阐释。

思维对话式评价法，就是评价者和被评价者在总体把握评价标准的前提下，通过评价指标的导向，形成统一的价值观念，并在这一价值观念的指导下，围绕被评价者的教学设计、教学表现，就教学目标的实现状况和达标程度以及需要改进的问题，双方所进行的思维和对话式的探讨和评价。这种评价方法与以往的不同处就在于评价主体和客体之间是思维对话，是双向的、互动性的，而不是单方评价，更不是“哑巴”式评价。它有三个环节：一视，二听，三对话。“一视”就是评价前，评价者要认真阅读评价方案，熟悉评价要点的特征描述；认真阅读被评价者的教学设计，了解被评价者的教学理念和教学思路以及教学特点；认真阅读讲课教材，包括讲课主题、所在单元主题甚至本册教材及其教辅材料，了解教学主题精神和相关《课程标

准》要求。“二听”就是认真听取和观摩被评价者的课堂教学全过程，并根据评价标准做好听课和观摩记录。“三对话”就是被评价者授完课之后，或完成一段教学任务之后，评价者首先要给被评价者充分说话的机会，让他们能向评价者阐述自己的教学思想和设计思路。评价者应中肯地与被评价者对话，对被评价者教学中的优点给予充分肯定，让被评价者受到激励，同时中肯地指出被评价者教学中的不足。双方通过平等交流使被评价者对评价工作抱以坦然、开放、积极的心态，促使被评价者对自己的教学行为做出积极的反思，总结经验，发现不足，努力改正自己教学中的失误。在这个评价过程中，要求评价者和被评价者形成一种互动的理解关系，评价者要设身处地去理解被评价者的教学设计和教学表现，被评价者要抱着虚心学习的态度认真听取评价者的意见，双方能够做到平等而愉悦地相互倾听和对话，并要求双方共同努力把教学评价变成既是一个改进教师教学，更好构建课程的过程，又是一个充满人性关怀、给予教师教学更多理解、体现对教师人文关怀的过程。因为只有充满了人文精神的课堂教学评价才能使被评价者感到心悦诚服，才能促进被评价者不断发展，才能把课程构建得更加完美。相信这种评价方法一定会给品德课程教学工作带来崭新的局面。在今后的教学评价工作中，我们应积极实施这种平等、开放、充满着人文关怀的思维对话式评价方法。

需要注意的是，不同的评价方法具有不同的功能和作用。上述评价方法在教学评价实施的过程中，并不是独立进行的，常常是需要与其他方法综合运用的。

三、新课堂教学优质课综合性评价标准参考量表

课堂教学评价的要素是多元的、复杂的，从实践上看，我们要想面面俱到、包容万千是困难的，因此，我们所倡导的“和谐高效思维对话”型课堂教学评价只能选取其中具有代表性的内容作为评价要素，选择那些最能体现新的教学理念、最具典型性、最有价值的要素作为评价重点。现根据前面的研究成果，结合近几年来的操作经验，就“和谐高效思维对话”型课堂教学优质课综合性评价标准提出如下参考量表（见下页表）。

小学品德“和谐高效思维对话”型课堂教学优质课综合性评价标准参考量表

<table>
<tr><td>执教者</td><td></td><td>学校</td><td></td><td>年级</td><td></td><td>时间</td><td></td></tr>
<tr><td>课　题</td><td colspan="2"></td><td>课　型</td><td colspan="2"></td><td>课　时</td><td></td></tr>
</table>

<table>
<tr><td rowspan="2">评价项目</td><td rowspan="2">权重</td><td rowspan="2">评　价　标　准</td><td colspan="3">等级赋值</td><td rowspan="2">得　分</td></tr>
<tr><td>A</td><td>B</td><td>C</td></tr>
<tr><td rowspan="5">一、教学目标恰当</td><td rowspan="5">10 分</td><td>1. 明确、恰当、具体，重点突出</td><td>2</td><td>1.5</td><td>1</td><td></td></tr>
<tr><td>2. 具有层次性、生成性和可操作性，能满足不同学生的发展需要</td><td>2</td><td>1.5</td><td>1</td><td></td></tr>
<tr><td>3. 切合学生实际，与学生的心理、认知相适应</td><td>2</td><td>1.5</td><td>1</td><td></td></tr>
<tr><td>4. 体现情感态度与价值观、知识与能力、过程与方法“三维”目标和谐统一的要求</td><td>2</td><td>1.5</td><td>1</td><td></td></tr>
<tr><td>5. 始终贯串在整个教学过程中，教学过程紧扣目标</td><td>2</td><td>1.5</td><td>1</td><td></td></tr>
<tr><td rowspan="5">二、教学内容实际</td><td rowspan="5">10 分</td><td>1. 准确理解、把握教学内容并有机整合</td><td>2</td><td>1.5</td><td>1</td><td></td></tr>
<tr><td>2. 创造性地使用教材，合理地开发和利用本地区、本校和学生现实生活中的品德课程资源，把教学内容与学生实际生活有机地联系起来，具有一定的教育针对性、现实性和亲近感</td><td>2</td><td>1.5</td><td>1</td><td></td></tr>
<tr><td>3. 突出教育性，关注知、情、意、行的统一和联系</td><td>2</td><td>1.5</td><td>1</td><td></td></tr>
<tr><td>4. 既重视既定教学内容的完成，又重视课堂教学中生成性问题的解决</td><td>2</td><td>1.5</td><td>1</td><td></td></tr>
<tr><td>5. 课堂容量适宜、难易适度</td><td>2</td><td>1.5</td><td>1</td><td></td></tr>
<tr><td>三、教学过程和谐</td><td>40 分</td><td>1. 教与学双要素各种设计和各种情况安排处理和谐，符合教育规定性和科学性，时间分配合理。以学为主，教师面向全体组织教学和启发、引导、点拨、归纳总结的时间原则上不超过 20 分钟，学生集体活动、分组讨论、自主学习、体验感悟、交流互动等的时间原则上不少于 25 分钟</td><td>2</td><td>1.5</td><td>1</td><td></td></tr>
</table>

续表

<table>
<tr><th rowspan="2">评价项目</th><th rowspan="2">权重</th><th rowspan="2">评价标准</th><th colspan="3">等级赋值</th><th rowspan="2">得分</th></tr>
<tr><th>A</th><th>B</th><th>C</th></tr>
<tr><td rowspan="7">三、教学过程和谐</td><td rowspan="7">40分</td><td>2. 师生关系、生生关系和谐。课堂气氛民主、开放、平等、和谐，既有认真倾听，又有自由表达，师生共同分享彼此的认识和思考、体验和感悟、见解和知识，合作积极愉快</td><td>2</td><td>1.5</td><td>1</td><td rowspan="7"></td></tr>
<tr><td>3. 教师、学生、文本之间进行形式多样、频率适当、有思维含量、有情感深度、有心灵交融的对话与交流，而且对话和谐、沟通深入、体验深刻、参与面广、活动性强、教育性强，自主、合作、探究特点明显</td><td>4</td><td>2.5</td><td>1</td></tr>
<tr><td>4. 合理选择教学手段，多媒体、教学仪器设备等辅助教学手段运用恰到好处，明显提升教学效果</td><td>2</td><td>1.5</td><td>1</td></tr>
<tr><td>5. 较好地调控教学活动过程，善于发现和有效利用课堂现场资源和生成资源，恰当处理预设内容和即时生成性问题，教学环节完整、紧凑，环环相扣</td><td>2</td><td>1.5</td><td>1</td></tr>
<tr><td>6. 教学方式得当。教法灵活而有魅力，讲究教学艺术，重视情感熏陶和心灵启迪；学法实际而有实效，重视学法和学习过程的指导，注重生活化学习（养成性学习）、活动性学习、体验性学习、社会性学习、实践性学习和接受性学习等方法，并善于相互结合，相辅相成，和谐共生</td><td>2</td><td>1.5</td><td>1</td></tr>
<tr><td>7. 课堂结构安排合理，思路清晰，层次分明，重点突出</td><td>2</td><td>1.5</td><td>1</td></tr>
<tr><td>8. 面向全体学生，为每个学生提供均等的参与机会，充分关注学生的学习兴趣、生活经验</td><td>4</td><td>2.5</td><td>1</td></tr>
</table>

续表

评价项目	权重	评价标准	等级赋值			得分
			A	B	C	
三、教学过程和谐	40分	9. 所有学生积极参与，参与率高，参与过程长、程度深（兴趣浓厚，思维活跃）	4	2.5	1	
		10. 学生能自主、合作、探究地学习，善于倾听和交流，勇于发表自己的见解，勇于提出具有启发性、发展性的问题	4	2.5	1	
		11. 学生能对自己或他人的学习行为做出正确评价；能联系生活实际解决生活中的问题	2	1.5	1	
		12. 重视实践体验，参与活动的方式多样，时间、空间充分，活动中师生和谐互动	2	1.5	1	
		13. 注意引导学生通过实践体验、自主探索、合作交流等方式，让学生在亲历研究的过程中受到教育和启发，得出有价值的观点和结论，促进品德素质整体提高	2	1.5	1	
		14. 教学引导和信息反馈及时、到位	2	1.5	1	
		15. 评价方式多样化，评价及时、准确、富有激励性，并尊重学生的个性特点；重视发展性评价	2	1.5	1	
		16. 课后作业符合品德性特点和要求，注重养成性、生活性、活动型、实践性、现实性、探究式	2	1.5	1	

续表

评价项目	权重	评价标准	等级赋值			得分
			A	B	C	
四、教师素养全面	基本素质4分	1. 仪表端庄，教态自然，态度亲切和蔼	1	0.5		
		2. 语言规范，简洁流畅，激情生动，节奏感强，启发性强	1	0.5		
		3. 板书规范，设计合理，字体美观，纲目清楚	1	0.5		
		4. 作风民主、关系和谐、尊重学生，善于倾听，关注每一位学生	1	0.5		
	学科素养6分	1. 知识功底深厚，学科视野宽广，教学基本功扎实，教学到位，组织能力和教育感染能力强	3	2	1	
		2. 重视和善于处理课堂教学中的生成性问题，课堂应变和调控能力强，能根据教学反馈信息及时调整教学活动，创造性地运用和整合各种教学资源，圆满完成教学任务	3	2	1	
五、教学效果高效	20分	1. 教学目标达成度高，“三维”目标在不同学生身上都有较好落实，达到预期教学目标，生成性问题恰当解决	4	2	1	
		2. 教学双方各要素相互照应，教学氛围宽松和谐	4	2	1	
		3. 师生之间、生生之间均保持良好的互动状态和情绪状态	4	2	1	
		4. 课堂教学模式充分体现生活化、活动型、探究式特点，活动性强、体验多、感悟深，所有学生均有自己的收获，在活动中获得丰富的情感体验，形成积极的生活态度	4	2	1	

续表

评价项目	权重	评价标准	等级赋值			得分
			A	B	C	
五、教学效果高效	20 分	5. 学生思维活跃深入、情绪高昂、质量高、效果好，能应用所学道德知识明辨是非，指导自己在现实生活中健康生活、好好做人，养成良好的生活习惯，道德思维和践行能力得到锻炼，并有一定发展与提高。总之，教学效果和谐高效	4	2	1	
六、创新教学新颖	10 分	勇于创新，能创造性地运用和整合各种教学资源，教学设计、课件使用、教学方法等某一方面富有特色，形式新颖，具有创新，创造性地完成教学任务，教学效果突出	10	6	4	
权重与等级换算	90 分以上：优；75 ~ 89 分：良；60 ~ 74 分：合格					

总而言之，课堂评价是一门艺术。精彩的课堂教学，犹如一杯香茗，清新、香醇，令人欣喜、激动、回味，唤醒学生学习的自信，点燃学生热爱学习的火种，催生学生学习的兴趣。精彩的课堂评价，需要教师把情感、个性等难以量化的部分置于视野之内，用深厚的语言功底，机智的教学品质，充分发挥教学评价诊断、指导、激励和导向的功能，不拘于一种形式，因人而异、因时而异、因课而异、因事而异，用全面的、发展的眼光，实施技巧性、艺术性的评价。既关注知识与技能的理解和掌握，更关注情感与态度的形成和发展；既关注教与学的结果，更关注教与学过程中的变化和发展。只有这样，才能构建属于自己的课堂评价艺术。让我们科学地运用多元评价，用真实、真挚、真情营造民主和谐的课堂气氛，营造愉快对话的心理氛围，使品德课堂教学向着更高效的目标迈进！

第四节　新课堂教学中应注意的问题

小学品德是一门综合性的学科，在课程理念、课程内容、课程价值、课程目标等方面都不同于小学阶段的其他课程。在课堂教学中，小学品德也有不同于其他学科的教学过程、教学方法和手段。学生道德品质的形成是学校教育、家庭熏陶、社会影响、自我建构等多方面因素长期共同作用的结果。品德课程的独特性和品德教育的复杂性决定了小学品德“和谐高效思维对话”型课堂教学实施过程中必将存在一些特殊的问题，厘清和正确处理这些问题将有助于提高小学品德课堂教学的质量。

一、关注情感态度与价值观

21 世纪之初，中国拉开了新一轮课程改革的大幕。这一次课程改革重点涉及六个方面：健全课程功能、优化课程结构、更新课程内容、变革学习方式、改革评价理念和评价方式、革新课程管理制度。新课程理论认为，课程的功能不仅是传递知识、培养能力，而且要重视和加强学生情感态度与价值观的培养。小学品德课程尤应如此。

（一）培养学生正确的情感态度与价值观是历史赋予教育的使命

课程改革要求新课程改变以往过于注重知识传授的倾向，强调要把课程的实施过程变成学生形成积极主动的学习态度和昂扬向上的积极情感，学会学习，提高各种能力，树立正确价值观的过程。这是教育目标建设的重大突破，是新世纪对人的可持续发展和全面发展的需要。

教育是为了人的发展。人的发展至少可以从三个方面来表达。第一是知识，知识的积累是人发展的基本标志。第二是智力、思维，也就是认知的发展，具体表现为能力的提高。第三是情感态度与价值观的发展。20 世纪初，人们强调的是知识，知识就是力量。20 世纪中叶，随着工业化社会的发展，人们开始关注能力的培养。20 世纪末，面对经济全球化、知识经济和信息时代的到来，人们开始认识到情感态度与价值观是人的发展的核心问题。

在三者当中，知识和能力处于显性的位置，它让人获得了一种改造自然和社会的工具，人们可以利用它谋求实在的东西——这是传统教学中人们重视它的原因。而情感态度与价值观则处于隐性的位置，乍看起来，似乎没太大作用——这是人们忽视它的原因。但它却能够让人获得一种内在的力量——这是新世纪人们开始重视它的原因所在。纵观人类社会发展的现象，具有良好的情感态度与价值观不仅对学习（工作、改革、发展）本身具有推动作用，它可以解决为何而学（工作、改革、发展），为谁而学（工作、改革、发展），学（工作、改革、发展）有何乐的问题，使学生对学习保持着浓厚的兴趣和高昂的学习激情。而且我们认为，学生的良好情感态度与价值观是在学生自主学习、探究学习、合作学习的过程中培养起来的，反过来，它又极大地促进了学生的自主学习、探究学习、合作学习，推动学生解放思想，提高创新能力和实践能力。所以，情感态度与价值观对人的发展具有定向和动力作用，是创新精神和实践能力的基础，将影响到一个人的长远发展、和谐发展。因此，《课程标准》将情感态度与价值观作为课程目标的“三维”之一给予了高度重视。各学科《课程标准》也都把情感态度与价值观目标放在了学科目标的第一位。

（二）培养学生正确的情感态度与价值观是品德课程的根本和终极目标

《课程标准》指出：“品德与生活的课程目标是培养具有良好品德和行为习惯、乐于探究、热爱生活的学生。”“品德与社会的课程目标旨在促进学生良好品德的形成和社会性发展，为学生认知社会、参与社会、适应社会，成为具有爱心、责任心、良好的行为习惯和个性品质的社会主义合格公民奠定基础。”从课程目标看，帮助学生参与社会、学习做人是本课程的核心。这说明，培养学生良好的情感态度与价值观不仅是课程目标的“三维”之一，其本身就是课程的主要目标，是品德课程的原点。

与其他学科的课程目标相比，品德课程的目标独具特色。其他学科“三维”目标的关系不是一个明显渐进的、统一的、相对集中的整体。学生学习的某种知识和能力不一定能和健康的情感、正确的态度、科学的价值观产生对应的联系，知识和能力不是直接为情感态度与价值观奠基，只是在学习知识、提高能力的过程中培养学生的某种情感态度与价值观。而品德课程目标中，知识、能力、情感态度与价值观三者之间保持着高度的一致性和关联性，在每一个知识点上都能高度统一，完美和谐，知识和能力统一于情感态度与价值观。这说明培养学生正确的情感态度与价值观是品德课程的终极目标。

因此，我们有理由对品德课程的这一特点给予足够的关注和充分的落实，从原点出发，并向原点回归。

二、重视生成性资源

现代课堂观认为，交往是课堂活动的基本形式，思维对话是交往的重要途径。交往和对话的课堂观实现了对师生关系的改造和重建。原先矛盾对立、主导和被主导的师生关系变成了民主协商、平等对话的关系。教师不再是课堂的主宰者、知识的垄断者、教学进程的操控者，而成为学生学习的伙伴，成为学生学习活动的组织者、指导者和合作者。在这样的教学场景中，教师不再把目光专注于教案的执行，而是投射到学生的表现和反应上，并根据学生的反应及时调整教学方向和速度。学生的体验、感受、声音，学生对知识的理解受到关注和重视，成为一种重要的教学资源，被当做一种影响课堂教学进程的重要变量。教学不再唯教师是从，唯教案是从，课堂开始为学生而存在，为学习而存在。于是，现代的课堂教学便与以往的依案表演的课堂教学有了明显的区别，有了新的内涵。于是，“生成”便成了现代课堂教学的一个显著特征。

（一）关注生成是尊重的需要

在交往和对话中，学生的第一需要是什么？当然是尊重。所以，关注生成就是关注学生的尊重需要，就是给予学生尊重。尊重可以给学生带来愉悦的体验，使学生感受到安全和自身的价值存在，从而产生认同感和趋从感，产生学习的能动性。

1. 关注生成，就是尊重学生的主体性

认识总是伴随着学生的成长而发生，情绪也总是挂在学生的脸上毫不改变地被学生带到生活的每一个角落，行为则伴随着学生的好奇和兴趣而出现。认识也好、情绪也好、行为也好，都是学生随时随地可以生成的东西，是学生主体性的本真反映。某种意义上讲，生成真实地反映了学生的主体性，也在一定程度上代表着学生的主体性。所以，教师要真正尊重学生的主体性，必须要关注学生的生成。在教学过程中，教师要避免把目光只盯在教材上，只盯在教案的执行上，更主要的是把目光盯在学生身上，要看到学生的反应，看到学生的思维状态，看到学生的困惑，并从学生学习的现实状态

出发，灵活地调整教学，及时解决学生的生成问题，真正使学生取得实际意义的发展。

2．关注生成，就是尊重学生的差异和个性

在课堂环境中，教师要通过交往和对话来影响学生，而学生也要用交往和对话的形式对教师的影响做出回应。由于生生之间的差异，这种回应不可能是顺利的、一致的，必将表现出一定的矛盾性、多样性和曲折性，这是由学生的个性决定的。关注这些特性并做出回应，也就是对学生经验、学生个性、学生认知的尊重。这种做法看似浪费了时间，多走了路程，但由于学习融入了学生的切身体验，知识是经由学生自身努力自主构建的，因而具有深刻性、牢固性和灵活性。

3．关注生成，也是对学生童年生活的尊重

学生都是基于已有的生活经验，在已有的知识背景上来构建新的知识。离开了学生的经验，学习将无法进行。品德课程的基本理念认为："学生的生活是课程的基础。课程应该面向学生的整个生活世界。"学生的生活和成人生活截然不同。它是丰富多彩的，是五颜六色的，是充满想象力的，是稚拙、率性的，更是幸福的。童年生活是一笔宝贵的财富，值得每个人去珍视。学生的学习是基于他们已有的经历和体验。反过来说，学生不同的理解、认识正是学生生活的反映。教师不能用成人的观点去压制学生的理解，也就是不能用成人的生活世界去压缩和替代学生的生活世界。因此，关注"生成"也就是尊重学生的童年生活。

（二）正确处理"预设"和"生成"的关系

新的教学观认为，教学不是单向、封闭、静态的知识授受过程，而是师生间多向、开放和动态的对话交流过程。这种多向、开放和动态的对话交流过程意味着更多的不确定性和生成性。同时，我们的课堂教学又是有计划、有目的的活动，必须体现课程和教学的国家意志，必须落实国家对于青少年的基本要求，必须承担"引导人""塑造人""提升人"的责任，这意味着课堂教学必须具有一定的预设性。于是"预设"与"生成"就构成了新课程教学中的一对基本矛盾。正是这对矛盾的运动和统一，造就了高效精彩的课堂。

1．课堂教学必须有"预设"，"预设"是"生成"的基点

所谓预设，就是根据教学主题、教学目标和学生的兴趣、学习需要以及已有的知识经验，以多种形式有目的、有计划地设计教育活动。凡事预则

立，不预则废。预设是课堂教学的基本要求和基本形态。只有提前预设，才能保证教学有依据、有步骤、有计划地进行，才能保证课堂教学的基本效率和效果。否则课堂就失去了根基、方向和尺度，也就从根本上消解了课堂教学。

预设是生成的基础。精彩的生成离不开精心的预设。没有预设便不存在实施，也就不存在学生对实施的反应，生成便无从产生；没有预设，教师对教材就不能很好把握，对学生便不能深入了解，也就难以准确、迅速地抓住生成，演绎精彩；没有预设，教学便无从下手，课堂便如煮粥，教师便如帐中和尚，生成便如云里雾中。因此，预设为生成提供了环境、可能和机会。

2. 课堂教学必然有“生成”，“生成”是“预设”的机变

生成是教与学过程中的矛盾反映和集中显现，是学生对客观实在的认知反映、情绪反映和行为反映。它要求教师对学生的这些矛盾反映给予高度的重视，对课堂教学过程给予适当的调整，并要求教师能够尊重和按照学生的认识、情感、兴趣、经验和需要，在课堂教学过程中及时地给予解答和关怀，引导学生增进认识、稳定情绪、端正行为、改善关系、树立信心、积极进取等，使学生生动、活泼、主动地进行求知和做人的探究活动。生成是课堂教学的另外一种基本形态。现代视野下的课堂教学是一个充满生命活力的群体间的交往和对话过程，呈现着一种彼此开放、接纳的趋势，教师与学生在互学互动中不断生成和创造着新的情境和问题，焕发着学习的智慧和生命的活力。只要“交往”和“对话”存在，学生就不可能不对学习做出反应，就不可能和教师永远顺势同流；只要有“交往”和“对话”存在，教师就不能对这些反应和差异视而不见；只要有“交往”和“对话”存在，必然有生成存在。

生成往往基于预设，是对预设的提问、质疑、丰富、拓展、调节和重建。不少生成表面看是对预设的背离、否定，但实质上这些生成是很有价值的，它们一般都是基于精彩预设的触发，是精彩预设的另一表现形式。

3. 和谐高效课堂应该是“预设”和“生成”的和谐统一

课堂教学既需要预设，也需要生成。预设与生成有统一的一面，也有对立的一面。预设重视和追求的是显性的、共性的、期望性的、结果性的目标，生成重视和追求的是隐性的、个性的、真实发生的、过程性的目标；预设体现了对教师的认可与肯定，生成则体现了对学生的尊重和重视；预设体现了教学的预测性和既定性，生成体现了教学的动态性、开放性和鲜活性；

预设重视的是“教师完成预设任务”的逻辑和效率，生成注重的是“解决学生现实问题与困惑”的逻辑和效率。二者统一于有效的教学过程之中。

预设与生成一先一后，一闽一开，一“预”一“未”，似乎总是矛盾对立的。但预设可以转化为生成，预设服务于生成。然而，生成绝不是随意的，它不能失去预设的引导而放任自流，预设不能被生成无情放逐。预设和生成是课堂教学的双翼，二者相辅相成，相得益彰。它们的统一将使品德课堂生动活泼、高效和谐，精彩纷呈。

总之，生成性的课堂不需要先进的设备，不需要宽敞的教室。它需要的是教师先进的教育理念和过硬的教学素质。交往和对话课程理念的重建需要的是对自我神话、自我中心的否定勇气；民主平等关系的建立需要的是“生不必不如师”的心胸和气度；精心预设需要的是科学和技术，精彩生成考验的则是教师的智慧和机智。构建生成性的课堂，先从教师自身开始。

第四章 小学品德新课堂的优秀教学课例

第一节 “品德与生活”优秀教学课例

秋天在哪里

一、教学设计

（一）学情分析

我班学生来自学校周边的 8 个自然村，学生上学的路上就有农田、菜园、果园、花草树木等；大部分学生自家有农田、果园、菜园；校园内有冬青、松树、广玉兰等树木。这些地域特色，便于学生走进大自然，观察大自然，直观地发现秋天的季节特征，有利于对本课内容的理解与掌握。但由于现在的孩子大都是独生子女，家长对孩子视如掌上明珠，他们虽然从小生活在农村，但有的没有真正去过田野、果园……还有的对周围的景色熟视无睹，对秋天景物的变化缺乏细致的观察和全面的了解。

（二）教材课题分析

“秋天在哪里”是小学二年级上册第二单元第一个主题。本单元的教学目的在于让学生通过观察了解秋天的特征，从中感受大自然的美，感受人与自然的和谐关系，享受创作的快乐，发展学生的想象力、创造力和动手制作的能力。本课选取了“寻找秋天”和“留住秋天”两个活动，主要通过图片、文字等形式把学生带入秋天的意境，感知秋天的特征，通过本主题的学习，更加激发学生热爱自然的情感和探究秋天的兴趣。

（三）教学目标

1. 情感与态度。激发学生观察大自然、探索大自然的兴趣；培养学生热爱家乡、热爱大自然的情感。

2. 行为与习惯。养成爱护花草树木，保护大自然与人的和谐美的基本文明行为。

3. 知识与技能。观察秋天、了解秋天的特征，发展想象力、创造力、动手制作和合作探究的能力。

4. 过程与方法。通过走一走、看一看的形式观察秋天的季节特征；采取说一说、议一议、赞一赞、唱一唱等形式，体验秋天的乐趣，感受秋天的美。

（四）教学要点

1. 重点。观察、认识秋天的季节特征，体验和感受秋天的乐趣和意蕴。

2. 难点。激发学生观察自然、探索自然的兴趣；培养学生热爱秋天、热爱大自然的情感。

（五）教学准备

1. 教师准备。多媒体课件（内容包括：各地秋天美景的图片和视频；文明行为的视频；《春天在哪里》的伴奏音乐）

2. 学生准备。分组观察（学生按自己的爱好组成“农作物”“天气”“花草树木”“小动物”等小组，有重点地观察秋天，并且小组成员确定好各自交流的内容）；活动材料（准备“动脑动手——留住秋天”的活动材料，录音机、橡皮泥、野花、画笔、菊花、秋叶、剪刀、糨糊等）；收集资料（描写秋天的诗歌、儿歌、课文）。

（六）教学过程主要环节设计

1. 寻秋赏秋——体味美景。

(1) 观看视频，谈话导入。

(2) 合作交流。

先小组合作，帮助学生把自己寻找到的秋天说完整；再集体交流，教师引导学生从身边的变化说起，如动物、农作物、水果、花草树木、天气、声音、人们的服装等。

(3) 教师展示。

教师把自己收集到的各地秋天的资料展示给学生。

2. 动脑动手——留住秋天。

(1) 谈方法。

说说自己想采用什么方法留住秋天。

（2）动脑动手。

根据自己的爱好组成合作小组，用自己喜欢的方式留住秋天的美景，如做树叶贴画、画一幅秋意图、剪纸贴画、录制秋天的声音等，并提醒学生注意制作过程的安全。

3. 边歌边舞——赞美秋天。

（1）歌颂秋天。

播放音乐《春天在哪里》，让学生在欢快的乐曲声中，朗诵自己创作或者收集的歌颂秋天的诗文。

（2）小组合作。

学生小组合作把《春天在哪里》改为《秋天在哪里》，为歌曲填写歌词；编排自己创作的《秋天在哪里》，进行歌舞表演。

（3）礼赞秋天歌舞会。

4. 文明行为——拓展延伸。

（1）观看录像。

（2）小组展开讨论。

（3）学生根据以上视频中同学的行为，说说自己的心里话。

板书设计：

秋天在哪里	
观察秋天	体味美景
留住秋天	热爱自然

二、教学实施

（一）寻秋赏秋——体味美景

[教师]　同学们，十月以来，我们感觉到了很多变化：温度低了，风凉了，等等。上学路上、果园里……同学们也发现了很多变化，上节课

我们一起观察了校园的变化，你一定很想和大家一起分享你的发现吧？哪位同学来说一说？

［学生1］　我发现同学们穿的衣服都比前些日子多了。

［学生2］　我发现我们校园里树的叶子都变黄了。

［学生3］　我发现果园里的苹果都红了。

……

［教师］　同学们找到了很多秋的影子，现在咱们小组合作，比一比谁说的秋天更完整。

（小组选派代表交流，其余同学帮助补充）

［学生1］　我观察了农作物的变化。秋天来了，田野里一片丰收的景象，你看那玉米棒子笑裂了嘴；一棵棵高粱涨红了脸；一棵棵谷子笑弯了腰……

［学生2］　秋天来了，天气渐渐地凉爽起来，吵人的蝉声也被秋风吹散了，代替它的是晚上石板缝里蟋蟀的悲鸣。

……

（课件展示图片：北京香山的红叶、天津的秋景、山东的葡萄园、广东的公园、秋天的声音）

（二）动脑动手——留住秋天

［教师］　同学们用自己的感官捕捉了秋天的美丽与特色，并能小组合作，把你的发现用完整、生动的语言来叙述。秋天一过，这些美丽就会从我们身边溜走，我们怎么能留住秋天呢？

［学生1］　制作树叶贴画。

［学生2］　剪纸。

［学生3］　录音。

［学生4］　画一幅秋意图。

……

［教师］　那就根据你喜欢的方式，分成树叶贴画、画秋景图、剪纸、布贴画小组，根据自己的爱好，到各自的小组进行活动。制作的过程中，请同学们注意用剪刀时的安全。

（学生在欢快的音乐声中进行创作）

［教师］　请同学们把自己的作品贴在黑板上，并选派一名代表来解说。

（学生把小组的作品展示出来，全班同学评价）

（作品1：树叶贴画“金鱼戏水”；作品2：“秋天的田野”；作品3：布贴画“秋天的苹果树”……）

（三）边歌边舞——赞美秋天

1．**新编歌词。**

［教师］　看了同学们亲手制作的一件件漂亮的作品，老师仿佛看到了笑得涨红了脸的高粱；闻到了香甜的水果；听到了小动物们忙碌着准备过冬食物的蟋蟀声……秋天太美了！老师真想高歌一曲表达对秋天的喜爱。

［教师］　秋天在哪里呀，秋天在哪里？秋天在那小朋友的眼睛里，看见……

（放音乐，教师唱）

［教师］　哎呀！同学们发现的秋天的美景太多了，老师都不知道唱什么好了。可老师又想把大家的想法都唱进歌曲里来，怎么办？

［学生］　我们也来编歌词吧？（学生跃跃欲试）

［学生］　老师，我们还想表演。

［教师］　太好了！那咱们就把自己发现的秋天的美编写成歌词、编排出舞蹈，开个“礼赞秋天歌舞会”吧！

［学生］　老师，我们想小组合作来表演，可以吗？

［教师］　当然了！根据每个小组的发现，小组成员合作完成歌词的填写和舞蹈的编排吧。

（学生在轻松、欢快的《秋天在哪里》的乐曲中，小组合作）

［教师］　（巡视指导，视各组完成情况宣布）《礼赞秋天》歌舞会现在开始！

［教师］　温馨提示：咱们不仅比歌词的精彩、比歌舞的表演，更要比一比谁是文明观众哦。

2．**礼赞秋天。**

［教师］　小组表演的时候，其他同学可以展示与表演有关的图片资料。

（果园组的同学们在自己的脸上装饰上各种水果的图案）（放音乐，学生边歌边舞）

［学生1］　秋天在哪里呀，秋天在哪里？秋天在那金色的果园里，看见水蜜桃呀，看到紫葡萄，还有那红彤彤的大苹果。嘀哩哩嘀哩嘀哩哩，嘀

哩哩嘀哩哩，嘀哩哩嘀哩嘀哩哩，嘀哩哩嘀哩哩，秋天在那金色的果园里，还有那红彤彤的大苹果。

（动物小组的同学们边唱边表演各种过冬的小动物）（放音乐，学生边歌边舞）

［学生2］　秋天在哪里呀，秋天在哪里？秋天在那小朋友的眼睛里，看见雁南飞呀，看见羊长毛，还有那躲起来的小刺猬。嘀哩哩嘀哩嘀哩哩，嘀哩哩嘀哩哩，嘀哩哩嘀哩嘀哩哩，嘀哩哩嘀哩哩，秋天在那小朋友的眼睛里，还有那躲起来的小刺猬。

（身着不同颜色服装的同学分别扮演不同的蔬菜上场）（放音乐，学生边歌边舞）

［学生3］　秋天在哪里呀，秋天在哪里？秋天在那丰收的菜园里，这里有黄瓜呀，这里有茄子，还有那灯笼似的西红柿。嘀哩哩嘀哩嘀哩哩，嘀哩哩嘀哩哩，嘀哩哩嘀哩嘀哩哩，嘀哩哩嘀哩哩，秋天在那丰收的菜园里，还有那灯笼似的西红柿。

（四）文明行为——拓展延伸

［教师］　同学们用自己喜欢的各种方式，把秋天的美丽留在了我们的记忆里了。我们怎样能保持这种和谐的美呢？老师为大家带来了几段视频，看看视频中的小朋友做得对吗？

（学生观看录像，视频1：马路边，漂亮的小姑娘和父母一同散步，发现马路边绿化带中的菊花正艳，弯腰折取；视频2：公园里，小红和小明正在画秋景，小明不小心把颜料洒在了衣服上，小红赶忙帮他擦掉，并随手把纸扔在地上；视频3：果园里，几个男孩在攀着果树枝荡秋千）

［教师］　看了刚才的录像，你有什么想法要和大家交流？

［教师］　小组内先交流，然后选派代表班内交流。

［学生1］　我觉得小姑娘把路边的花折了是不对的，因为路边的花是为路人开放的。

［学生2］　小红帮小明擦掉身上的颜料是对的，但又把纸扔在地上是不对的，因为这样影响了环境卫生。

（学生讨论激烈）

［教师］　刚才我们针对老师提供的视频发表了自己的意见，那生活中你遇到过这样的事情吗？你是怎样处理的？

……

[教师]　同学们，秋天是美丽的，也是丰收的，今天我们感受了秋天的美，希望同学们课后能继续从不同的角度观察秋天，体味秋天。下节课，我们将继续感受秋天为我们带来的丰收的喜悦。

三、问题与困惑

品德与生活课的特点就是以学生的现实生活为主线，立足现实生活经验，关注他们对未来生活的需求。“文明行为——拓展延伸”活动设计旨在让课堂从教室扩展到家庭、社区及学生的其他生活空间，让学生懂得如何在生活中使自己的行为更文明，以适应未来生活的需求。课堂上学生对教师提供的视频很感兴趣，也能对视频中的行为发表自己的意见，而当教师提出在小组内联系自己的生活实际发表意见、表达心愿时，有的学生却在利用这个机会闲聊。这一环节学生所表现出来的行为，告诉我的信息是学生只关注让他们感兴趣的动植物、天气等现象和视频为他们带来的形象、生动的画面，对教师提出的问题不感兴趣。当然，这个环节中无论是视频的内容还是自己交谈的内容都是不文明的行为，这个年龄段的孩子都希望自己能在别人面前表现得更为优秀，所以不免对自己的不文明行为有难言之隐。面对孩子的表现，我更多思考的是怎样使学生道德与学生生活不分离，教师怎样才能当好“成人世界派往学生世界的天使”。面对课堂上这一生成，我没有深入地探究下去，使本节课的文明教育的外延不够。

四、教学反思

《课程标准》指出：教师在教学活动的每一个环节应把握学生的实际情况，活动教案和活动指导应具有计划性和灵活性。也就是说，教学活动过程不是预设不变而是不断生成的。“文明行为——拓展延伸”活动中，学生之所以从开始的积极参与到后来的不想参与，是因为教学过程中我只是按着预设的活动方案进行，而忽视了生活的真实性，尽管是为纠正生活中的不良行为而设计，但没有紧密联系学生的生活实际。生活教育理论认为，教材是范例，是活的；教学活动过程也是活的，而不是预设不变的。因此，我必须善于捕捉课堂上新的生长点，当好“成人世界派往学生世界的天使”，善于经营活动，用真实的活动进程不断丰富和推进教学活动的进行，促进学生在活动中发展，在发展中生活。本节课的“文明行为——拓展延伸”一活动，“生活中你遇到过这样的事情吗?”换成“我说我的文明行为”环节，让学生能联系自己的生活实际，鼓励学生结合自己或者他人自觉保护自然的事例发表自己的见解，这样的设计既保护了学生的自尊心，也在润物无声中帮助学生养成良好的行为习惯，实现品德与生活突出养成教育的目的。再设计“让我们的环境更美”环节，开展让学生为保持这种人与自然和谐的美设计广告语，到社区宣传等活动，达到课堂内外、学校内外学习与实践的有机结合。

五、教学评析

“秋天在哪里”的教学设计是根据品德与生活课程的生活性、活动性、开放性这三个特点来设计的。一是以活动为主线，让学生走进生活，亲近自然。这节课围绕品德与生活课程“三维”目标展开，精心设计了与学生已有生活经验相联系的“寻秋赏秋——体味美景；动脑动手——留住秋天；边歌边舞——赞美秋天；文明行为——拓展延伸”四个活动。让学生走出课堂、走进大自然、亲近大自然的每个角落，通过走一走、看一看、说一说、议一议、赞一赞、唱一唱、辩一辩等形式，了解秋天，感受秋天的季节特征，形成了学生热爱秋天、热爱自然、热爱家乡的情感态度和价值观。整堂课贴近学生的生活，关注了学生的多元化发展。二是以合作、体验为旋律，培养创新能力。活动中，学生不仅观察，而且做了记录，并收集了大量的图片和资料。他们在交流中体验着发现的快乐，在动手动脑中品味着创作的快乐，感受着秋天的美。本节课学生的心情是愉悦的，大脑是飞转的，想象是飞翔的，小手是不停的……活动让学生的各方面能力得到提高。三是注重学科整合，促进学生和谐发展。季老师这个案例给我们的启示不仅是在于单纯一堂课的教学形式和环节，而是在于她将学生生活作为教育的源泉，强调拓展课堂教学的内涵，将品德与生活课同语文、音乐、美术、综合实践等课程巧妙整合，引导学生积极地参与到教学过程中，引导学生从小课堂走向大课堂，让学生通过自己的观察、展示、交流、调查、制作等多种形式体现主体精神的学习方式，获得对秋天的正确认识，以此增强学生对生活的认识和感悟；增强对大自然的热爱和探究。课堂上，学生实现了在活动中体验、在体验中实践及在实践中的提高。整个教学活动走进了学生的心灵，学生在知、情、意、行等方面得到了主动而和谐的发展。

（课例作者：季景丽，烟台经济技术开发区大季家中心小学。课例设计指导与评析：隋雪卿）

你真棒

一、教学设计

（一）学情分析

本课的教学对象是二年级的学生。这一年龄段的学生多是独生子女，在家中长辈的呵护下长大，看问题、想事情往往以自己为中心，自我感觉良好；对周围同学的优点要么不屑一顾，要么片面局限在学习方面，不能很好地认识自己和顾及别人的感受，客观评价他人的能力较差；他们对家人的关爱呵护认为理所当然，对周围人的辛勤劳动无动于衷，很少懂得赞美别人，更不懂得感恩，缺少虚心好学的良好品质。

（二）教材课题分析

“你真棒”是小学二年级上册第三单元主题一中的教学内容。本单元共包含4个主题：“你真棒”“我也棒”“学做‘小雏鹰’”和“做个‘快乐鸟’”。本单元的教学目的是让学生在赏识他人、评价自我、学习进步的过程中树立自信心，能够充满自信地学习和生活。主题一共安排了“说优点猜同学”“夸同桌”“学榜样我成长”三个活动内容，旨在引导学生通过观察、寻找、学习周围人身上的优点，提高学生认识他人的水平和能力，并能用恰当的方式表达自己的赞美之情。由于低年级学生的经历有限，在家中多受父母长辈的疼宠肯定，自我感觉良好，很少懂得积极主动地赞美他人，因此培养学生学会欣赏他人的优点和长处显得尤为重要。主题一的教学是顺利进行其他主题活动的前提和保障。

（三）教学目标

1. 情感与态度。让学生在活动中感受别人欣赏、赞扬自己时的快乐与自豪，体会夸奖别人时的舒畅心情；培养学生积极、健康、向上的生活情绪。

2. 行为与习惯。让学生养成在生活中善于观察周围同学及他人优点，并能真诚赞美他人的良好习惯。

3. 知识与技能。能发现、欣赏同学的优点和长处，并以恰当的方式加以赞美；学会区分优点和特点；提高学生客观、公正评价他人的能力。

4. 过程与方法。让学生经历随时随地关注他人优点和进步之处的过程，通过发现问题、辩论交流、归纳总结的方式给身边人以积极、恰当的评价。

（四）教学要点

1. 重点。引导学生善于发现调皮学生和默默无闻学生身上的优点，并能通过真诚地赞美别人来激励自己不断进步。

2. 难点。引导学生从不同方面发现他人身上的优点，提高学生的认识水平和鉴赏能力。

（五）教学准备

1. 教师准备。反映环卫工人辛劳工作的新闻片段；公益广告《晨跑》《给妈妈洗脚》；“十大感动哈尔滨的人物”之一孙慧熙同学的视频资料；《三德歌》。

2. 学生准备。教学前一周，让学生留心观察周围同学及身边人的优点。

（六）教学过程主要环节设计

1. 游戏导入，感悟“赞美”。

师生一起玩“说优点猜同学”的游戏，揭示课题“你真棒”。

2. 回归生活，学会赞美。

[活动一：夸同学]

（1）学生在小组内交流你想赞美的同学。

（2）全班集中交流，展示。

（3）学生谈感受。

（4）教师小结。

[活动二：夸生活中的人]

（1）夸生活中各行各业的人。（播放反映环卫工人辛劳工作的新闻片段）

（2）夸自己的家人。（播放公益广告《给妈妈洗脚》）

（3）教师小结。

3. 深入生活，学会感动。

（1）播放公益广告《晨跑》。

让学生通过观察，寻找里面值得赞美的画面，引导学生向大哥哥、大姐姐这样的人学习。

（2）看“小”人物做“大”事情。

认识汶川地震中勇于救助同学的小英雄林浩；了解“十大感动哈尔滨的人物”之一孙慧熙同学的事迹。

（3）学生谈感受，讲打算。

（4）设立小星星信箱。

4. 畅谈收获，课堂延伸。

让学生课下收集在抗击冰雪灾害、抗震救灾、北京奥运会和残奥会比赛中涌现出的感人事迹，用写一写、画一画、剪一剪、贴一贴、录一录等自己喜欢的方式记录下来，作为下节课“爱心共赞”主题实践活动交流的内容，最后在《三德歌》的优美旋律中结束授课。

板书设计：

你真棒	
赞美别人	快乐自己
学习他人	进步自己

二、教学实施

片段一：

［教师］　同学们天天朝夕相处，值得赞美的同学一定很多。（板书：赞美别人）你最想夸夸谁？哪位同学愿意起来交流一下？

［学生1］　我想夸夸我班的×××，因为他学习特别好，总是考100分。

［学生2］　我想夸夸我的好朋友×××，他每次考试成绩总比我高。

［教师］　你们善于发现同学的优点，真了不起。（我向刚才起来发言的学生竖起了大拇指）想一想，除了学习，在你周围的同学身上还有哪些值得赞美的地方？

（不少同学皱起了眉头，不过很快，有小手举了起来）

[学生3]　数学课上我没有带练习本，×××主动借给我一本，我觉得他很棒。

[学生4]　××打扫卫生很积极，不怕脏，不怕累……

[学生5]　×××拉丁舞跳得特别好……

[学生6]　我要夸夸××——

(他的话音刚落，就有不少学生窃笑："就他？哈哈！")

[教师]　(问刚才起哄的学生) 你笑什么？

[学生]　××学习太差了！每次考试总是三四十分，上课还不认真听讲，怎么能夸他呢？

[教师]　(问刚才赞美××的同学) 你觉得××哪里表现得棒？

[学生6]　有一次课间活动的时候，我不小心在走廊摔倒了，是××主动把我扶起来，我觉得他很乐于助人，而且他还经常主动帮助值日生倒垃圾。

[教师]　现在老师想请同学们当"小法官"，判断一下，××同学到底棒不棒？

[学生]　××在学习上表现不棒，但他爱劳动，乐于助人，这些方面是值得我们赞美的。

[教师]　说得真好！俗话说：金无足赤，人无完人。我们不能因为××在学习上的不足，就抹杀了他的其他优点。来，让我们一起夸夸××。

[学生]　××，你真棒！

[教师]　××，听了大家的赞美高兴吗？如果你在学习上再刻苦努力些，老师相信你会更棒！有没有信心？

(××坚定的声音刚落，教室里就响起了热烈的掌声……)

[教师]　每个人都有自己的优点，都有值得赞美的地方。我们评价一个同学棒不棒，不能只看学习，应该学会从不同方面找亮点。学习、纪律、卫生、品德、体育、美术、劳动等，无论在哪个方面只要有突出表现，都值得赞美。即使你的表现还不够优秀，只要你在不断努力，点滴的进步也值得我们赞美。接下来，我们分组进行一场"亮点展示接龙"。找一找小组内每一位同学身上的亮点并夸夸他（她）。

(学生分组活动)

[教师]　通过刚才的活动，我们既夸赞了别人也得到了别人的赞美。此时此刻，心情如何？

（教师现场采访，请得到别人赞美和赞美别人的同学分别谈自己的感受）

［教师］　看来，无论是赞美别人，还是被别人赞美，都会让我们心情愉快。赞美别人其实就是快乐自己。（板书：快乐自己）

片段二：

［教师］　刚才我们赞美了朝夕相处的同学，生活中又有哪些值得赞美的人呢？

［学生1］　我要夸夸交警叔叔，无论刮风下雨天，他们都在路口值勤，很辛苦。

［学生2］　我要夸夸解放军叔叔，他们非常勇敢。

［教师］　你从哪里能感受到他们的勇敢？

［学生2］　四川发生地震的时候，解放军叔叔最先跑去救灾，很勇敢。

［教师］　是呀，俗话说，患难见真情。地震发生的时候，有那么多人像解放军叔叔一样，不顾个人安危，赶赴灾区第一线，他们的英雄壮举，让我们赞叹不已。

［学生3］　我想夸夸环卫工人……

［学生4］　我想夸夸老师……

［学生5］　我想夸夸医生……

［学生6］　我想夸夸奥运会上的体操冠军杨威……

［教师］　获得奖牌为国争光的运动员的确值得夸奖，但那些没有获得奖牌的运动员就不值得赞美吗？

［学生］　也值得赞美，因为他们平时训练也很刻苦、努力。

［教师］　是呀，赞美别人不能只看取得的成绩，获得的荣誉。无论是谁，只要努力了，我们就应该对他竖起大拇指。记得观看北京残奥会比赛时，感动老师的已经不再是能否得冠军，而是运动员那种身残志坚、顽强拼搏的精神。生活中，你还想夸夸谁？

（学生沉默）

［教师］　老师这里有一则公益广告。找一找，其中有没有值得你赞美的人？

（课件播放公益广告《给妈妈洗脚》）

［教师］　你想夸夸谁？

［学生1］　我想夸夸这位妈妈，她上班那么辛苦还给老奶奶洗脚，给小孩讲故事。

［学生 2］　我想夸夸这个小孩，他向妈妈学习，也给妈妈洗脚。

［学生 3］　我想夸夸这位老奶奶，她知道小孩的妈妈很辛苦，就不让她洗脚。

……

［教师］　多好的一家人呀，老人体谅妈妈的辛苦，妈妈不顾自己的劳累，尽心尽力地照顾老人、孩子。孩子小小年纪就懂得关心妈妈，他们棒不棒？

［学生］　（异口同声）棒！

［教师］　那我们的家人呢？他们有哪些值得赞美的地方？谁能来夸夸自己朝夕相处的亲人？

（片刻沉默之后，学生们争先恐后地举起了小手，开始赞美自己的家人）

［学生 1］　我的妈妈很勤劳，还孝敬老人……

［学生 2］　我的奶奶特别节俭……

［学生 3］　我的爸爸非常勇敢……

［教师］　是呀，只要你在生活中留意观察，你会发现我们的家人也是非常了不起的。对他们，我们也应该说一声："你真棒"！（师生异口同声）

片段三：

［教师］　生活中值得我们赞美的人太多了，偶尔几幅很平常的生活画面，就会让我们深受感动。我们再来看一段公益广告。

（教师播放公益广告《晨跑》）

［教师］　里面有哪些让你情不自禁赞美的画面？

［学生 1］　大哥哥给童车里的小孩挡球。

［学生 2］　大哥哥帮老人推车，扶起倒在地上的自行车。

［学生 3］　大姐姐帮大哥哥把易拉罐扔进垃圾箱。

……

［教师］　同学们观察得真仔细。多有爱心的大哥哥大姐姐呀，其实生活中我们也经常会遇到这样的事情，你们有没有这样去做呢？

（学生有的说有，有的不作声）

［教师］　可能有的同学会说，我不是还小吗，他们都那么大了。同学们，有没有爱心跟年龄大小是没有关系的。还记得北京奥运会开幕式上姚明身旁的小旗手林浩吗？关于他你了解多少？

[学生]　　他是汶川灾区一所小学的学生，地震发生的时候他救了好几个同学。

[教师]　　真是个了不起的孩子呀。其实，像小林浩这样小小年龄却做出大事情的同学还有很多，例如“十大感动哈尔滨的人物”之一孙慧熙同学就是其中的一员，想不想了解他的故事？接下来就让我们一起走进孙慧熙的生活中去看一看吧。

(课件播放孙慧熙的故事)

[教师]　　你认为是孙慧熙的什么优点感动了大家呢？

[学生1]　他乐于助人，有爱心。

[学生2]　他既勤俭又节约。

[学生3]　他做事情能够坚持到底。

……

[教师]　　同学们说得真好，勤俭、节约、乐于助人，这些都是我们中华民族的传统美德，是我们每个人都应具有的美德。看看我们身边这些值得赞美的人，再看看自己，今后，你打算怎么做？

[学生1]　我要向他们学习。

[学生2]　我也要主动帮助别人。

[教师]　　真是虚心好学的孩子！相信只要我们不断学习他人的优点，就一定会有所进步。（板书：学习他人　进步自己）当然也会赢得更多人的赞美！看，老师这里有个小星星信箱，从今天开始，我们就把每天发现的优点写好投进去，作为周一班队会共同学习的榜样，好吗？

三、问题与困惑

在执教本课的过程中，我遇到的问题与困惑是：

1. 在“夸同学”这一环节中，当我发现学生大多从学习方面赞美同学时，曾进行过及时的引导，鼓励学生关注其他方面，如纪律、卫生、特长、劳动、有爱心等。但当有学生赞美爱劳动、乐于助人，学习却很差的××同学时，仍然出现了意外状况：有的学生不屑一顾，个别学生窃笑、起哄。为什么学生习惯于把对同学的赞美局限在学习方面？如何才能引导学生关注学习差生身上的优点，进而客观公正地评价、赞美别人呢？

2. 在“夸生活中的人”这一环节中，学生赞美了交警、医生、解放军、运动员、教师、清洁工、商场售货员等很多人，但却没有一个人主动提到自己朝夕相处的父母家人，学生为什么会忽略自己最应该赞美的人？怎样才能引导学生从平凡中捕捉伟大，从生活细节中捕捉到家人的可敬可爱之处呢？

四、教学反思

"××"事件是一次意外，尽管我及时抓住这一生成性资源，纠正了部分学生"学习好才棒"的错误认识，但××那意外、惊喜的表情使我深深意识到：在以往的教学中，我忽视了对"学习差生"的表扬和肯定。正是由于"我"或家长在平时的教育中过多关注了学习，而影响到学生对周围同学的评价。今后，我应从不同方面加强对这类弱势群体的赞美，通过我的言传身教，提高学生善于从不同方面发现他人优点的能力，养成随时随地赞美他人的良好习惯。

"夸生活中的人"是我结合生活实际拓展的一个主题活动。原本以为学生和父母朝夕相处，生活中最先想到的是夸夸自己的家人。但事实上学生赞美了许多素不相识的陌生人，却没有一个提到自己最熟悉、给予自己最多关怀和帮助的家人。课下我找了几个学生了解他们的真实想法，原来他们认为父母一直这样做，已经习以为常了，似乎是应该的，就觉得没有什么值得赞美。如果孩子对父母的辛劳付出习以为常，自己享受理所当然，他们如何能以一颗平常之心、感恩之心去赞美身边的人呢？我苦苦思索，如何能在赞美家人这一话题上与学生产生情感共鸣。我想到了电视上经常播放的公益广告《给妈妈洗脚》，那朴实的画面，简洁的话语不仅感动了成年人，更吸引了孩子们的目光。于是，再次授课时，当我发现学生忽略了赞美家人时，就适时播放了这则公益广告，竟收到了意想不到的效果：广告中熟悉的生活画面，开启了学生的记忆之门，学生认真回忆自己与家人生活中的点点滴滴，积极将家人闪光的一面展示给同学，对家人的敬佩之情、感激之情、赞美之语将课堂气氛推向高潮……当然，一则小小的广告，只能起到抛砖引玉的作用。在今后的教学中，我除了继续挖掘这些学生平时熟视无睹的教育素材，积极服务于课堂教学外，还应密切关注学生良好意识、行为习惯的落实情况，加强家校沟通，重视社会实践。只有让学生在日常生活中以一颗感恩之心、赞美之心、学习之心去关注身边的每一个人，我们的品德教育才有实效。

五、教学评析

现在的孩子大多都是独生子女，看问题、想事情往往以自我为中心，只喜欢听表扬的话，很少发现他人的优点，主动赞美他人的更少。执教者及时抓住这一生活本源，适当拓展了教学内容，设计出“夸同学”“夸生活中的人”“学榜样”等一系列活动。在夸同学这一环节中，××同学是否值得大家来赞美，引起部分学生的异议，这是孩子们心中两种截然不同的价值取向发生的碰撞。执教者及时抓住这一生成性的教学资源，不失时机地引导学生进行讨论，用事实说话，让大家体会到××同学爱劳动、不怕脏、不怕累的优点，从而让学生领悟到每个人都有自己的优点，都有值得赞美的地方。同时，为了展现社会生活全貌，尽可能带给学生心灵的震撼与启迪，执教者突破了课本文本的束缚，充分利用电教媒体，将《给妈妈洗脚》《晨跑》等公益广告、新闻片段这些学生比较熟悉且容易忽略的教育资源引进课堂，带给学生真实的情感体验，实现了课本教材与学生生活实际的紧密融合。“小星星信箱”的设立，“爱心共赞”主题实践活动的开展进一步将课堂教学拓展、延伸，体现了品德教学意义的可持续性。

（课例作者：程俊华、王桐，莱州市实验小学、三山岛中心小学。课例设计指导与评析：王俊舫）

家乡的物产多又多

一、教学设计

（一）学情分析

目前我们的生活条件都比较优越，学生接触到各地物产的机会很多。就拿水果来说吧，不要说南方的香蕉、新疆的哈密瓜，就是外国进口水果，他们也见过不少，吃过不少。然而，学生对自己家乡的物产却没有投入太多的关注，弄不太清楚哪些是自己家乡的物产；对家乡物产的认识是比较肤浅的，了解得不太多，也不太深入；对自己的家乡也不是太感兴趣，没有把自己当成家乡的小主人，更很少想到今后要担当起建设家乡的重任。正是因为学生很少走出家门，到海边、入乡村、进工厂，细致、深入地去了解身边丰富的物产，去发现家乡的可爱之处，所以我们提出这一课题，目的是让学生通过了解家乡丰富的物产资源，激发他们热爱家乡的思想情感，初步培养他们的主人翁意识和建设家乡的社会责任感。

（二）教材课题分析

“家乡的物产多又多”是小学二年级下册第一单元第二主题。学习这一单元的教学内容，旨在让学生通过了解家乡的风景名胜、自然资源和巨大变化，激发学生热爱家乡的思想感情，培养学生的主人翁意识和初步的社会责任感。这一单元主题一“我爱家乡的山和水”、主题二“家乡的物产多又多”、主题三“我家门前新事多”分别从家乡的美丽景色、家乡的丰富物产、家乡的巨大变化三个侧面让学生感受到自己家乡的可爱之处。这三个方面既相互独立，又相互映衬，层层深入地让学生全方位感受到：自己的家乡是多么值得自己去赞美，值得自己去热爱，值得自己去开发和建设。“家乡的物产多又多”主要是让学生通过亲身了解家乡的自然资源，油然而生那种赞美家乡、热爱家乡的情怀。本课题教学内容的设计，图文并茂、浅显易懂。既贴近学生生活，又饶有兴趣；既能够让学生知道该去调查哪些方面的物产，怎样去调查，又能让学生知道如何去感受家乡的物产多又多的特点。

（三）教学目标

1．情感与态度。激发学生热爱家乡的思想情感，并为有如此富饶的家乡而自豪，形成初步的建设美好家乡的社会责任感。

2．行为与习惯。初步养成文明、安全的调查、采访的行为与习惯。

3．知识与技能。了解家乡丰富的物产资源资料；收集、展示自己喜欢的家乡物产；具备在众多的物产中找到本地物产的技能。

4．过程与方法。让学生体验调查、收集家乡物产及相关资料的过程；掌握交流、整理资料的方法。

（四）教学要点

1．重点。了解家乡的物产资源，并且能够有序地进行介绍。

2．难点。如何让学生条理清晰、浅显易懂地交流资料。

（五）教学准备

1．教师准备。家乡风景名胜课件和相应的物产图片课件；歌曲《在希望的田野上》；家乡的矿产类物产。

2．学生准备。收集自己喜欢的家乡物产和相关的资料。

（六）教学过程主要环节设计

1. 欣赏家乡美景，导入新课。

欣赏家乡美景课件：蓬莱极地海洋世界、连成片的果园、来来往往的渔船、长城葡萄酒基地、南王山谷等。

2. 分享交流，了解物产。

［活动一：我的家乡产什么］

(1) 各组学生把调查的家乡物产资料进行交流、整合；教师巡回指导。

(2) 师生分别就农产品类、海产品类、矿产类、加工类等家乡物产进行和谐、有序地交流。

(3) 畅谈心里话，我说我喜欢。

把家乡某种物产的优点和自己的喜爱之意尽情地表达出来。

3. 各种感官感受物产。

［活动二：家乡物产展示会］

开个小小展览会，课件播放《在希望的田野上》。

4. 办手抄报，颂家乡好。

学生可以粘贴喜欢的物产图片，也可以画一画喜欢的物产，还可以介绍相关的物产资料。

板书设计：

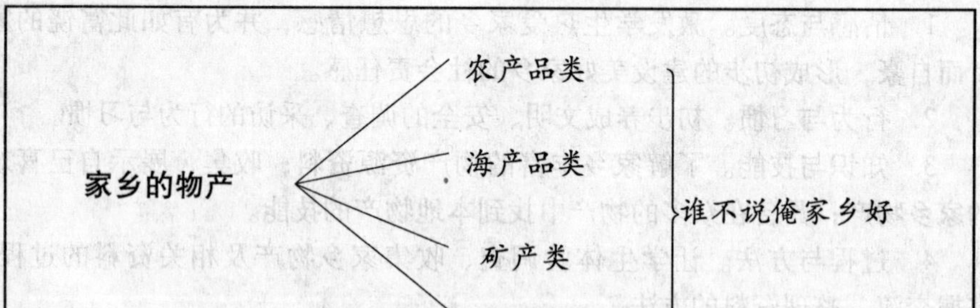

二、教学实施

（一）欣赏家乡美景，导入课题

1. 欣赏家乡美景。

［教师］　　同学们，老师非常喜欢拍摄。前一段时间我拍下了我们家

乡的几处美丽风景，我惊奇地发现：啊，我们的家乡真是太美了！所以决定带来和大家分享一下，大家想不想看呀？

［学生］　想！

［教师］　那现在，咱们就来欣赏欣赏！

（播放课件：配乐展示蓬莱的极地海洋世界；蓬莱海上忙忙碌碌捕鱼的船只；蓬莱处处可见的果园；蓬莱的葡萄酒庄，同时教师结合画面进行介绍）

2. 畅谈感受，导入课题。

［教师］　刚才你看到了什么？有什么感受？哪位同学先来说一说？

［学生1］　我看到了极地海洋世界里的海豚表演，还看到了可爱的企鹅，还看到美人鱼表演。

［教师］　你有什么感受？

［学生1］　很着急，我也特别想去看一看，希望周末妈妈能带我去看看。

［学生2］　我看到了海上有那么多的船只，船上装满了鱼、虾、大螃蟹这样的海鲜产品，我最喜欢吃螃蟹了，我都馋得想立刻吃到它！

［学生3］　我看到了海边还有那么多人在游泳，我这游泳高手也痒痒了，真想夏天快点来到！

［学生4］　我看到了红红的大苹果挂满枝头，我想我姥姥家今年肯定又丰收了。

［学生5］　我看到了成片成片的葡萄园，那一片片大大的绿叶下该藏着多少好吃的葡萄呀。一行行的葡萄排列得那么整齐，简直就像我们的队列比赛一样，真漂亮！

［教师］　说得太对了，我们的葡萄基地就像一道亮丽的风景线，给我们蓬莱的旅游增色不少。

［学生6］　我看到了满山的大枣树、板栗树。感觉我们的家乡就是好！我们这里真不愧是“人间仙境”呀。

［教师］　对，我们的家乡就是好。这里有青青的山、蓝蓝的海、宽宽的马路、美美的家园。其实，我们的家乡不光美丽，我们这里的物产也很丰富。从画面上我们也看到了家乡的一些物产，它们有的长在田野里，有的长在大海里，也有的藏在我们的脚下，还有的是经过工人叔叔们加工得来的，那我们的家乡都有哪些物产呢？（板书：家乡的物产）

（二）分享交流，了解物产

[活动一：我的家乡产什么]

1．**小组交流家乡物产及资料。**

[教师]　课前，我号召大家采用各种调查方法，收集家乡的物产和家乡物产的相关资料，大家一定收集到了很多！赶快把你收集到的和小组成员先交流一下吧！

（教师巡视指导）

2．**班级交流农产品、海产品。**

[教师]　哪位同学愿意把你收集到的资料展示一下，用你喜欢的方式说给大家听一听，并说一说你是怎么收集到的？

（学生展示，教师适当贴图）

[学生1]　我收集到的是红富士苹果。（学生展示一个大大的红富士苹果）红富士苹果每年"十一"以后成熟，它的颜色很漂亮，粉红粉红的，味道甜中还微微带点酸，吃起来脆脆的，果汁很多。因为它口感好、富含多种营养成分、耐储存，所以我们这里的苹果远销全国各地，甚至出口国外。红富士苹果的产量高，价格好，我们这里果农的收入都挺高的。我是去奶奶家的苹果园里现场了解到的。

[教师]　真不错，你了解得真详细，这是你进行实地调查的结果。"实地调查"这种方法真值得我们大家借鉴学习。

[学生2]　我收集到了玫瑰葡萄的资料。（展示一串葡萄）我们这里的人一般都吃玫瑰葡萄，这种葡萄甜甜的，味道特别纯正，不像别的葡萄那样酸酸的。这是我和妈妈以前买葡萄时就了解到的。

[教师]　你可真是个善于观察生活的孩子！

[学生3]　我找到的家乡的物产是哈密瓜、草莓、西瓜，我也是从集市上看到的。

[教师]　嗯，哈—密—瓜？

[学生]　不是！（好多学生反对）

[教师]　为什么哈密瓜不是我们家乡的物产？

[学生]　（学生众说纷纭）因为它不是我们这里出产的，它是新疆的特产。

[教师]　对，哈密瓜是从新疆运过来的，不是我们这里长出来的，所以它不是我们家乡的物产。

［学生4］　我找到的是地瓜，我们这里的烤地瓜就是用我们这里的地瓜烤出来的。我们这里吃的粉丝就是用地瓜粉做出来的，我们这里的粉丝都运往外地销售呢！

［学生5］　我是上蓬莱政府门户网站上找到的一段资料，想念给大家听一听：中国蓬莱是神奇的葡萄海岸。阳光（SUN）、沙砾（SAND）、海洋（SEA），使产自海岸边的葡萄酒醇和自然、果香浓郁，蓬莱就是完全符合“3S”法则的葡萄海岸，被誉为“世界七大葡萄海岸之一”。在蓬莱，上世纪50－60年代，葡萄得到大面积种植；从90年代开始，蓬莱市的酿酒葡萄种植取得了较大的发展，葡萄酒产量逐年增加，品质不断提高。主要酿酒品种有贵人香、赤霞珠、蛇龙珠、佳丽酿等。目前已有葡萄酒企业47家，成为我国著名葡萄与葡萄酒产区之一。2006年4月，蓬莱被中国食品工业协会认定为“中国葡萄酒名城”。

［教师］　上网查资料，也是一种比较不错的调查方法。对，目前我们这里的葡萄产业发展迅猛，不光我们这里的葡萄好吃，我们的葡萄酒更是享誉中外……

［学生6］　我认为我们这里还有玉米、小麦、花生、绿豆、小米等物产，因为我姑姑每次从乡下来的时候，都要给我们家带这些东西。她还常常给我们花生油呢。

［教师］　你真善于观察，你有一双善于发现的眼睛。

［教师］　不光陆地上有丰富的物产，辽阔的大海也给我们带来了好多鲜美、营养的物产。谁知道？

［学生7］　海参是一种很有疗效的滋补佳品，在数九寒天的日子里，吃上一斤干海参，老人能一年不感冒，身体结结实实的，增强人的抵抗力。现在我们的生活提高了，不少的老人都选择买野生海参来作为自己的滋补佳品。我是从我们的《蓬莱日报》上了解到这一信息的。

［教师］　你看来是一个爱读书、爱看报的好孩子。对，目前，许多外地人对我们这里的海参越来越感兴趣了，所以我们这里的海参繁育基地很多。老师这里有关于海参养殖场的一些图片，我就当一回导游，给大家介绍介绍。

（教师配合图片简单介绍育苗场、海参池等）

［教师］　这位同学拍了不少照片，让她来介绍介绍。

［学生6］　我是到海边渔码头拍照的。那里的海鲜可多了：大螃蟹还

挺厉害的，总想夹我们的手；八鮹全是活的；大对虾也有；各种各样的鱼都有；还有可怕的海怪、好吃的爬虾。大家看。

(学生展示照片)

3. **教师补充矿产品和工业产品。**

[教师]　同学们收集得可真多！收集方法也多种多样，有的是询问家长和亲人，有的同学呢，是看书、看报和听广播知道的，还有一部分同学是通过自己仔细观察生活得来的。只要我们深入生活，你看，我们就能了解到很多书本上了解不到的知识！

[教师]　老师也收集到了几种家乡的物产。

[教师]　(教师出示铁矿石）你们认识吗?

[教师]　对,是铁矿石！别看它黑乎乎的，它可是炼铁的原料呢！这些铁矿石给我们蓬莱带来了不少的利润呢。这是我让同学从北沟的铁矿石厂带来的。

[教师]　(教师出示金戒指）这个戒指就是我们蓬莱黑岚沟金矿的矿石提炼、加工出来的。怎么样，我们这里的地下宝藏还真不少吧。

[教师]　老师还要告诉大家，我们的龙头企业——渤海巨涛，还能建海上石油钻井平台呢，厉害吧?我们的北方奔驰、山东汽车改装厂生产的重型汽车远销全国各地。(出示石油钻井平台和重型汽车图片的课件)

4. **畅谈心里话。**

[教师]　看见大家吃惊的样子，老师知道大家有话想说，谁来说?

[学生1]　我们的家乡真是太厉害了，我真没想到我们的物产会这么多！

[学生2]　我们以前可不知道我们家乡有这么多的物产，我为我们的家乡感到自豪了！看来，在一起交流，好处就是多，我们可以知道更多的知识。

[学生3]　我想说，我真是太爱我们的家乡了，长大以后我要更好地建设我们的家乡。

[教师]　是呀，我们家乡的物产是多么丰富啊，家乡的物产可真是“多又多”啊！(教师补充课题)

5. **我说我喜欢。**

[教师]　其实，在我们的日常生活中，我们每天都和这些物产打着交道。你最喜欢哪种物产呢，为什么?

[学生1]　我最喜欢黄瓜，别看它外表疙疙瘩瘩，摸起来还有些扎手，可吃起来却又鲜又脆！

[教师]　哪位同学也和她一样喜欢黄瓜，能再补充吗？

[学生2]　夏天吃了它还可以清热解暑！

[学生3]　它含有丰富的维生素，吃它还可以减肥。

[教师]　你们知道得可真多！老师最爱吃的凉菜就是海米拌黄瓜了！

[学生4]　我喜欢吃地瓜，它有好多名字，还叫红薯。

[学生5]　我也喜欢红薯，因为它就像孙悟空一样，可以变成淀粉、粉皮、粉条、粉丝！

[学生6]　它还可以晒成薯干儿吃、炸完了烩排骨吃，特别好吃！

[学生7]　多吃地瓜还可以排毒！可以防癌！还可以美容！

[学生8]　我还听说，地瓜还被美国列为太空食品的首选呢！我感到非常自豪！

[学生9]　我最喜欢我们这里加工的海带丝、鱿鱼丝、虾酱等，吃起来味道好极了。

（三）各种感官感受物产

[活动二：家乡物产展示会]

[教师]　大家知道得可真多，老师已经把大家带来的物产摆在了教室的后面，同学们，让我们来零距离地接触一下我们家乡的物产，大家可以看一看、摸一摸、闻一闻、尝一尝，还可以互相交流交流。好了，小小展览会开始了。这回让咱们好好地领略一下我们家乡的物产吧！

（学生参观农产品、海产品、矿产品、加工产品及一些其他物产）

（教师播放歌曲《在希望的田野上》，学生分享、品味家乡物产的美味！学生边吃边交流，个个兴致勃勃；教师巡回与同学交流）

[教师]　同学们，通过这节课的活动，你们感觉怎么样？

[学生1]　我发现我们蓬莱很棒！我越来越喜欢它了……

[学生2]　我为自己能生在蓬莱，长在蓬莱而高兴。

[学生3]　我很自豪我是一个蓬莱人。

[教师]　作为一个蓬莱人，我也感到很自豪、很幸福，因为我们蓬莱的物产是那么多；我更自豪、更幸福的是，作为一个老师，我看到了我们班的学生这么热爱自己的家乡。我相信，将来我们这些学生一定会用自己勤劳的双手、智慧的头脑把我们的家乡建设得更美，使我们的物产更加丰富，

使我们的物产远销到全世界去！

（四）办手抄报，颂家乡好

［教师］ 同学们，通过交流，我们了解了这么多的家乡物产，老师想给大家一个展示自己才华的机会，办一张手抄报，来专门介绍我们家乡的物产。手抄报的主题就是：谁不说俺家乡好。手抄报上可以画你喜欢的家乡物产，可以介绍你了解的物产的相关资料，可以贴你拍摄的照片，总之，你办的报你做主。你就是主编，你就是摄影，你就是记者，你们愿意主办这一期手抄报吗？

（在学生们兴高采烈、跃跃欲试的气氛中结束这堂课）

三、问题与困惑

教授本课前，我整整用了两周时间，着手调查学生的活动范围、家庭情况，然后根据学生的不同情况，我分别布置了不同的调查作业。比如，学生甲的爸爸出海打鱼，我就知道他应该比较了解海产品这一部分，我就让他去了解海产品的有关资料。而学生乙的爸爸在葡萄酒厂上班，我就让她去了解关于葡萄、葡萄酒的知识。这样学生调查起来得心应手，交流起来也滔滔不绝。但是这里面也存在一定的问题：一方面，在调查的内容和方式上，我干预得过多，弱化了学生的自主权，降低了学生的自觉性。我总是担心学生自己直接去调查，内容有可能不细致或太杂乱，于是我就花费了大量的精力去了解学生的家庭状况，活动范围，然后根据学生的不同生活范围，让学生分组进行某个方面的调查。如老家在农村的，对农村生活比较了解的，就让他们去农村分头调查；家里有电脑的，就让他们进行网上调查。我花费了大量的精力，但事倍功半，由于不能自由地选择自己喜欢的方面去调查，学生的自觉性和兴趣就不是很高，实践 能力也缺乏锻炼。因为没有兴趣，有的学生在调查中出现了虎头蛇尾的现象，甚至产生了打退堂鼓的念头。作为教师，我又要随时鼓励他们重新提起兴趣，投入进去，继续调查，这让我感到费心又费力。另一方面，调查时浪费的时间过长，虽然耗时两周，但却离预期效果还有很大的距离。这是因为我还没有充分地调动起学生自觉的调查兴趣。到底怎样解决这两个问题，我很困惑。

四、教学反思

这节课我主要是根据学生不同的生活范围，有目的地提前布置不同的实践作业。首先让学生知道自己要调查什么，有了明确的目的性，再让孩子走进身边的生活，深入身边的生活去进行调查，学生就能有的放矢地去进行调查、记录了。学生将自己课前的调查成果具体、准确地呈现给大家，很好地展现了学生自主调查、整理、交流的能力，同时在交流中也开阔了学生的视野。“小小展览会”更能激发学生的兴趣，让学生不知不觉中了解得更具体、更深刻。而办手抄报也能把学生的成果以书面的形式呈现出来，学生会感觉到更有成就感。

这堂课，其实还可以放得更开些。一是在收集资料时，给予学生更大的自主权，我只要起到指导点拨的作用，学生的积极性就会很高。比如，矿产类和加工类的物产，完全可以放手让学生自己去调查。虽然有可能学生调查得不全面，不深入，但却能给予学生更多的实践的机会，锻炼的机会，只要在交流发现问题时，进行适当、恰切点拨，学生便会有“拨云见日”的感受。二是“办手抄报，颂家乡好”这一环节，其实也完全可以放开，让学生用不同的方式表达对家乡的赞美。比如唱一首歌、朗诵一首诗、制作一个宣传广告，都可以表达对家乡的赞美。我没有必要牵着学生的鼻子走。应该充分给学生锻炼、展示的机会。

另外，在这节课中，我发现矿产类和加工类的资料在收集、整理时难度较大，由于我怕学生收集的资料太乱，说不清楚，所以我就代替学生进行了补充。但是我发现，在我给学生作介绍时，学生的兴趣不是很高，因为学生还是比较喜欢你一言我一语地自由、自主进行交流。我还发现有的学生也了解矿产类和加工类的物品，我却没给学生机会介绍。其实我当时是怕学生欠考虑，怕学生交流不清楚，怕自己课堂驾驭能力不够，为了使课堂教学更顺畅，我就直接代替学生进行了矿产品、加工类物产的介绍，却漠视了学生的感受。我想这就需要我今后多历练自己、提升自己，不断提高驾驭课堂的能力。另外，如果在本课调查前，我能充分调动起学生的调查积极性，多教给他们调查时的方式方法，并且和他们一起商量调查的内容，一起讨论方式方法的选择，再争取到家长的积极配合，学生的主体地位就能充分凸显出来，这时再大胆放手让他们去实践，我想学生就会带给我们更多的惊喜！

五、教学评析

这节课的教学，王老师既充分挖掘了当地的教育资源——家乡丰富的物产资源，又紧紧抓住了品德与生活密切相关这一特点。本节课的教学，王老师着重做好三个“关注”。首先关注学生的生活和体验，让课堂贴近生活，从生活中来，再指导学生更好地回到生活中去。其次关注学生的参与和实践。课外，通过“调查家乡的物产”这一环节，各小组深入乡间地头、工厂海边进行调查，学生或合作，或积极调查，这不但锻炼了他们的实践能力，还大大地调动了学生的调查兴趣，扬起了学生自信的风帆。最后关注课程内容的综合性、开放性和课堂活动方式的实效性。这节课，也是开放式的，放开了孩子的手脚，放宽了学生的视野。学生收集、交流的资料也是完全开放的，这就锻炼了他们的收集资料、整合资料、交流资料等能力。课堂活动一定要有实效性。可以说这节课的目的是达到了。本节课，师生高效互动，在平等的对话交流中，学生快快乐乐、轻轻松松地学到了知识，受到了熏陶，获得了体验，真正起到了寓教于乐的作用！

（课例作者：王艳妮、刘丽清，蓬莱市第二实验小学、第三实验小学。课例设计指导与评析：苏德君）

我们的大地妈妈

一、教学设计

（一）学情分析

本课的教学对象是二年级的学生。二年级孩子虽然年龄偏小，但已经具有一定的生活经验，也能够关心周围的生活环境，对探索自然界的奥秘有强烈的愿望和兴趣。由于年龄、心理等方面的原因，二年级学生比较喜欢听童话故事，愿意进行拟人化的对话，进行一些诸如到大自然中去观察，到自己生活的周围进行小调查等喜闻乐见的活动。而且，大部分学生已经通过各种途径初步了解到近几年由于环境的变化给人们带来的灾难，并愿意为保护自己的家园做些力所能及的事情。

（二）教材课题分析

“我们的大地妈妈”是小学二年级下册第二单元第一个主题。这一单元关注的内容是我们生活的地球环境污染严重，资源日益贫乏的状况。第一个主题展示了两幅图片，一幅是《大地妈妈笑了》，以拟人的方式告诉我们：美好的家园离不开洁净的水、清新的空气、温暖的阳光，还有丰富多彩的动植物；动植物是人类的朋友，我们应该与它们和谐相处。另一幅是《大地妈妈哭了》，以拟人的方式呈现一组由于乱砍滥伐、肆意破坏而导致了人类生存环境严重恶化的情形。这两幅图片形成鲜明对比，让学生体会到如果环境遭到破坏，我们的生活会受到怎样的影响。最后通过调查、讨论等方式，让学生对环境状况进行考察，体会环境的重要性，引导学生反省自己是否有过破坏环境的做法，并思考能为保护环境做些什么。

（三）教学目标

1．情感与态度。形成初步的生态意识，培养学生热爱地球，关爱自然，感激大自然对人类哺育的感情。

2．行为与习惯。培养学生从自己身边的事做起，能及时调整自己的行为，为保护环境做力所能及的事情。

3．知识与技能。了解自己生活的家园的环境状况及其变化，能主动关心周围的环境，知道怎样保护我们的地球妈妈。

4．过程与方法。尝试用观察、讨论等方法进行探究活动，体验提出问题、探索问题的过程。

（四）教学要点

1．重点。培养学生保护生态环境的意识，激发学生热爱大自然的感情。

2．难点。了解地球环境日益遭到破坏的情况，唤起学生的环保意识，有勇气尝试具有挑战性的活动，学会分享与合作。

（五）教学准备

1．教师准备。多媒体课件（内容包括：《大地妈妈哭了》《大地妈妈笑了》《大地妈妈生病的症状》及四份病历卡、破坏环境的新闻报道录像、歌曲《热爱地球妈妈》）

2．学生准备。课前收集自己熟悉的大自然的美景图片。

（六）教学过程主要环节设计

1．谜语导入，引出新课。

师生一起猜谜语，揭示课题“我们的地球妈妈”。

2．教学过程。

［活动一：寻美搜索队］

（1）学生在小组内交流自己观察到的大自然美景。

（2）观察《大地妈妈笑了》图片，谈感受。

（3）教师小结。

［活动二：大地妈妈病了］

（1）播放课件《大地妈妈哭了》。

让学生通过观察，寻找大地妈妈哭的原因。

（2）课件播放地球妈妈生病的四个症状的视频。（症状之一：垃圾污染；症状之二：乱砍滥伐；症状之三：空气污染；症状之四：水污染）

（3）学生分组讨论大地妈妈生病的原因，以及怎样帮妈妈治病。

（4）小组汇报交流。

［活动三：找回“妈妈”的快乐，争做保护环境的小卫士］

（1）出示两条人为破坏环境的新闻报道录像，学生谈感受。

（2）学生交流为大地妈妈做过的令她开心的事。

（3）小组讨论：以后我们怎么做，才能让大地妈妈永远开心？

（4）师生共同欣赏歌曲：《热爱地球妈妈》。

3．活动总结、拓展。

板书设计：

我们的大地妈妈

生命的三要素：	阳光、空气、水
大地妈妈生病了：	1．垃圾污染
	2．乱砍滥伐
	3．空气污染
	4．水污染

为保护地球妈妈做力所能及的事情

二、教学实施

（一）谜语导入，引出新课

［教师］　说它像球不是球，肚子里面啥都有。人物、动物和植物，全都生活在里头。高山、森林处处见，江河、湖水向海流。天天围着太阳转，猜猜它是什么球？

［学生］　地球。

［教师］　我们生活在地球上，地球是我们人类共同的妈妈，让我们一起亲切地跟她打声招呼吧！

（课件出示地球图片，板书课题：我们的大地妈妈）

（二）教学过程

［活动一：寻美搜索队］

［教师］　跟老师一起做动作：眨眨眼睛、鼻子嗅嗅、摸摸耳朵、擦擦皮肤。

［教师］　这些都是我们身上的器官，能够帮助我们充分感觉大自然。课前，老师布置同学们到大自然中，充分感受大自然的美，哪个同学愿意来交流一下？

［学生1］　我和爸爸在广场上看到一些美丽的花开了，散发着香味。美丽的小鸟在空中飞来飞去。

［学生2］　我在海边玩耍，能够闻到大海的味道，还看见美丽的金沙滩和小螃蟹。

［学生3］　我去奶奶家爬山，山上长满了青青的草和苹果树、樱桃树。山里的空气很好。

［教师］　同学们说得太好了，老师也有一幅美丽的图片，我们一起来看看吧。

（课件出示《大地妈妈笑了》一图）

［教师］　请你观察图上都有什么？它们说了些什么？

［学生1］　太阳公公笑嘻嘻地看着大地说："有了我，你们的生命才有光彩。"

［教师］　是呀，没有太阳，就没有地球上的生命。

［学生2］　小河欢快地唱着歌说："我是有限的，你们要注意节约啊！"

[教师]　虽然地球上70%的面积覆盖着水，但只有2.5%的水是供人类利用的淡水。

[学生3]　小鸟在树上唱着歌，大树爷爷高兴地笑着，空气阿姨说："你们一刻也离不开我。"

[教师]　我们屏住呼吸半分钟，看看会有什么感觉，好吗？

(学生屏住呼吸，教师计时)

[教师]　感觉很难受吧？如果没有了空气，人类就会死亡。

[学生4]　小兔、向日葵和小朋友手拉手走在路上，它们是好朋友。

[教师]　是呀，在地球妈妈的怀抱里，动物、植物都是我们人类的好朋友，我们应该和谐相处。

[教师]　多美的一幅图画啊，阳光、空气、水是我们生命中重要的三元素。我们的生活一刻也离不开它们。动物、植物是人类的好朋友，有了它们的存在，我们的生活才丰富多彩、富有趣味。

[活动二：大地妈妈病了]

[教师]　这儿还有一张大地妈妈的图片，让我们来看看大地妈妈怎么了？

(课件出示《大地妈妈哭了》一图)

[教师]　看了这幅图片，你们有什么想说的吗？

[学生1]　小河变黑了，小鱼死掉了，小鸭的翅膀沾满油污，走不动了。小河伤心地说："对不起，小鱼！对不起，小鸭！"

[学生2]　被污染的空气张着大嘴，像个可怕的怪兽。

[学生3]　一些工人在砍树，大树流下了眼泪。小鸟哭着说："我的家呢？"

[学生4]　没有了花草树木，太阳公公很愤怒。

[教师]　是呀，太可怕了，大地妈妈难过地哭了。世界环境医院为地球妈妈做了一个诊断，我们一起来看一下吧。

(课件播放地球妈妈生病的四个症状的视频。症状之一：垃圾污染；症状之二：乱砍滥伐；症状之三：空气污染；症状之四：水污染)

[教师]　大地妈妈病得很厉害，老师将大地妈妈生病的四个症状制成图片。下面，我们以小组为单位，选择其中的一个主题围绕以下两个问题进行研究：大地妈妈为什么病了？怎样帮大地妈妈治病呢？

(教师将大地妈妈生病的四个症状做成图片，发给各个小组；小组长带

领同学讨论交流，教师巡回指导）

［教师］　刚才，同学们讨论得很热烈，下面我们来汇报、交流一下。

1. **垃圾污染。**

（课件出示垃圾污染图片，第一小组汇报、交流，其余学生进行补充）

［教师］　看图片上，漫山遍野，随风飘扬着，散发着臭味的是什么东西？

［学生］　人类制造的生活垃圾。

［教师］　课前，老师布置大家调查你周围的生活环境，在你周围，有没有这样的生活垃圾？

［学生］　有很多的生活垃圾。

［教师］　你知道这些垃圾从哪来吗？

［学生1］　很多生活垃圾是家里废弃的物品、吃剩的饭菜。

［学生2］　装垃圾的塑料袋、用过的快餐盒，都是白色垃圾。

［学生3］　用完的电池、用完的本子和一次性筷子等，被人们随手丢在垃圾箱里。

［教师］　垃圾在我们的生活中随处可见。尤其是一些白色垃圾，对我们的生活危害很大。现在，我们一起来做这样一个计算：如果我们每家每天少丢一个塑料袋，一星期就能少丢多少个塑料袋？如果一个月按30天计算的话，那这一个月就能够少丢多少个？一年又能减少多少个塑料袋？我们全班50人，老师帮你们计算过，全班同学一年下来就能够少丢17250个塑料袋。

（学生发出惊叹的声音）

［教师］　看到这样一个庞大的数字，有什么想说的吗？今后你会怎么做？

［学生1］　我要从我做起，减少垃圾的产生，少用一次性塑料袋。

［学生2］　我要告诉爸爸妈妈自己带篮子去买菜。

［学生3］　我们要爱惜本子、铅笔，能回收的垃圾要单独放着，可以卖钱。

［学生4］　废旧电池不能乱丢，要回收起来。听爸爸说，一节小废旧电池就能污染大面积的土地，让它寸草不生。

［教师］　说得太棒了，一个人的力量很微薄，但如果我们全校同学，包括我们的邻居，甚至是全市的人民，都能够行动起来，又会减少多少垃圾

呢？老师希望你们能够以自己的力量来带动身边的每一个人，都能少制造一份垃圾，弯弯腰多捡拾一份垃圾。那我们的大地妈妈还会这么伤心吗？

2. **滥砍滥伐。**

（课件出示乱砍滥伐图片，第二小组汇报、交流，其余学生进行补充）

［教师］　看着这张图片，大地妈妈为什么伤心地哭了？

［学生1］　树木被砍光了，只剩下光秃秃的树桩，小鸟没有了家。

［学生2］　大地妈妈没有了美丽的头发，多伤心啊！

［学生3］　人们乱砍滥伐，引发洪水和沙尘暴，环境被破坏了。

（教师点击课件，出现图片资料：世界上80%的原始森林已经荡然无存了；森林面积正以每天375平方千米的速度消失，每年消失的森林面积合起来大约14万平方千米，接近一个山东省的面积）

［教师］　同学们想过没有，这么快速而又大面积的森林破坏，让很多动物失去了家园，如果你是森林中的一只小动物，你现在最想对人们说些什么呀？

［学生1］　不要砍树了，我们是朋友呀。

［学生2］　人类啊，乱砍滥伐最后会让你们也失去家园的，醒醒吧。

［学生3］　不要砍树，要多种树，我们的孩子才会幸福生活。

［教师］　同学们，森林不仅是动物们的快乐家园，同时它也为我们净化着空气，涵养着水源。可是现在一片片的森林就这样被人类无情地砍伐了！大地妈妈看到她的孩子们找不到家了，心里是多么难过呀！让我们行动起来，为保护地球妈妈尽我们最大的努力吧。

3. **空气污染。**

（课件出示空气污染图片，第三小组学生交流、汇报，其余学生进行补充）

［教师］　浓浓的黑烟像一头怪兽，吞噬着新鲜的空气，看到这样的一幅图片，你想说什么？

［学生1］　从工厂里冒出的黑烟污染空气，生活在这样一个环境里，很可怕。

［学生2］　空气被污染了，人们呼吸困难，会生病，小动物也会死亡。

［学生3］　有很多人因为空气污染死亡了。

［教师］　是啊，多么可怕，有些城市的孩子们甚至固执地以为天空原本是灰色的。这对于大地妈妈来说，又是怎样的悲哀！

[教师]　作为地球妈妈的孩子，我们应该怎样做才能减少空气污染呢？

[学生1]　少开汽车，多步行或骑自行车。

[学生2]　关闭污染严重的企业。

[学生3]　我要发明一种太阳能汽车，不烧汽油，节约能源。

[学生4]　冬天不烧煤炉，容易煤气中毒。

[教师]　说得太棒了，回家给爸爸妈妈发出一个倡议，尽量少开车，多骑车或步行，这样，既锻炼了身体，又节约了能源。还有，老师期待着有一天能够坐上同学们亲手设计的太阳能汽车！

4. **水污染。**

（课件出示水污染图片，第四小组学生汇报、交流，其余学生进行补充）

[教师]　仔细看这张令人作呕的图片，昔日美丽的小河哪里去了？你想说什么？

[学生1]　河水太脏了，应该是附近工厂排出的污水污染了小河，这样的工厂应该关闭。

[学生2]　水面上漂浮的生活垃圾也很多，小河周围的人们太不爱惜小河了。

[教师]　说到水污染，老师很想给大家讲一个故事。（点击课件：水污染动画）

很久以前，有一条小河，那里美极了。河里的小鱼每天都自由自在地玩耍，生活得可快乐了！可是有一天，小河边的草地却改造成了工厂……小河两边的工厂，日日夜夜地排出各种各样的污水。小河里的水变黑了，变臭了。小河里的居民们，不是死了，就是匆匆忙忙地逃走了。

大鲤鱼爸爸眼看大祸临头了，只能带着全家老小，伤心地离开了世世代代居住的故乡，去寻找它们的新居。可是，它们从这条小河游到那条小河，遇到的都是脏黑的河水，闻到的都是腐烂的臭味。就这样，它们只能到处流浪。

在阵阵散发着恶臭的浊浪下，饿了几天的小鲤鱼弟弟终于坚持不下去了。它瞪着惨白的眼珠，渐渐地翻转了身子，咽下了最后一口气……

[教师]　同学们，现在，你们最想说点儿什么呀？

[学生1]　我们应该从自己做起，保护水源，保护小鱼。

[学生2]　我们应该发出倡议，让政府关闭污染企业。

［学生3］　告诉爸爸妈妈不要乱丢垃圾，到海边玩的时候，把吃剩的东西装好带走。

［学生4］　我看过一个报道，大海上一艘轮船漏油，污染了大海，死了好多鱼和小鸟，所以，我们要爱惜大海，它是小鱼的家。

［教师］　是啊，严重的水污染问题，不仅让鱼儿们四处流浪，甚至导致鱼儿的死亡，同时它也给人们敲响了警钟。“小河常清，江水奔腾”，这应当是我们人类共同的心愿呀！

［活动三：找回“妈妈”的快乐，争做保护环境的小卫士］

［教师］　同学们，通过刚才的交流，我们看到大地妈妈已经伤痕累累，她太伤心难过了。其实啊，在我们的生活中，伤害大地妈妈的行为时有发生。记得就在不久前，老师就同时看到了这样两条新闻。

（点击课件：两条人为破坏环境的新闻报道录像）

［教师］　说实话，在同一晚的新闻中，就看到两条人为破坏环境的报道，老师当时的心情是相当沉重的。那么同学们，你们看了这两条新闻又有何感受呢？

［学生1］　看到这样行为，我很惭愧，有时候，我做得也不好，应该改正。

［学生2］　我要告诉爸爸、妈妈、爷爷、奶奶，要保护环境，我们学生也要保护环境，让大家都行动起来，才能保护好环境。

［教师］　是呀，我们该行动起来了，以后我们怎么做，才能让大地妈妈永远开心？

［学生1］　我们要劝说人们保护环境。

［学生2］　我们要走出校门，向大人宣传保护环境的好处。

［学生3］　不乱丢垃圾，在校园里看到纸片要随手捡起来。

［学生4］　要多植树，多种花，还要保护好它们。

［学生5］　不污染小河，保护好水源。

［教师］　只要我们时时不忘我们是大地妈妈的好孩子，从身边的小事做起，哪怕为大地妈妈捡起一张废纸、种下一粒种子，都可算是一名环保小卫士。接下来，让我们共同欣赏歌曲《热爱地球妈妈》。

（师生共同欣赏歌曲：《热爱地球妈妈》）

（三）活动总结、拓展

［教师］　好了，同学们，通过今天的学习与交流，相信同学们一定

知道在今后的生活中应当怎样保护我们的大地妈妈了，对吗？课后，请同学们调查自己周围的生活环境，把对周围环境的感受填在表格里（在相应的表格里画√），并试着说说自己的理由。下节课我们进行交流，好吗？

	优良	一般	差	理由
水				
空气				
环境				
卫生				

三、问题与困惑

在教学第二个活动："大地妈妈病了"的时候，我出示四个主题让学生分组选择其中的一个主题进行研究。这个教学环节的设计原本是想让学生以小组为单位针对一个主题进行充分地合作探讨后，再进行汇报交流。但事与愿违，由于课前过高估计了二年级学生的小组合作学习能力，对学生的小组合作学习缺乏细致的指导，部分小组的合作交流存在混乱无序的现象。小组汇报的时候，一些小组的成员发言远远不如别的小组的补充发言精彩。甚至出现本小组的学生不发言，而别的小组成员踊跃发言的现象。那么，怎样根据低年级学生的年龄、心理特点，选择合适的教学方法进行本环节教学呢？是让学生分组探讨还是进行集体学习？这是需要我认真思考的问题。

四、教学反思

针对本节课出现的个别小组合作学习无效的情况，在认真听取了同事们的评课后，我进行了认真的反思。首先，在新课程改革中，我们应该注重培养学生小组合作学习的意识和能力，对于低年级的学生，教师要加强对学生小组合作学习方法的指导，并进行不断的训练，让学生感受到小组合作学习的快乐，愿意与同学进行合作与分享。当然，让二年级的学生进行有序、有效的小组合作学习，是一个漫长的过程，教师需要有充分的心理准备和耐心。其次，学生的生活经验、课外知识的储备是存在差异的，在进行小组划分的时候，应该让学生根据自己已有的生活经验和知识自主地选择研究主题，自由地进行组合，而非教师人为地给学生划分小组。这样可以充分挖掘学生原有的知识和生活经验，让学生在小组交流的时候愿说、想说、有话可说。

五、教学评析

“品德与生活”课程是以学生的生活为基础，以培养品德良好、乐于探究、热爱生活的学生为目标的活动型综合课程。纵观“我们的大地妈妈”一课的教学设计，具有以下几个方面的特点：一是创造性地开发并使用教材。教材不是作为知识载体让教师讲授的，特别是品德与生活课，三分得于课内，七分得于课外。本课中，授课教师能够大胆地创造性地使用教材，如，“感受周围环境的美丽”“世界环境医院为大地妈妈做的诊断”等设计，既利用课本，又敢于跳出课本。在教学中，授课教师还注意有效地启动学生原有的生活经验，合理进行小组搭配，从而达到实现资源整合、促进学生发展的目的。二是贴近学生的现实生活。本节课授课教师重视利用学生自身的兴趣、经验和活动中的发现、体验作为活动资源，开展学生喜欢的活动。通过活动使学生明白了一些生活道理，为学生形成积极的生活态度和实际生存能力打下良好的基础。同时，授课教师的教学过程也是学生经历生活的过程，学生最终真正感受到“破坏环境的行为时有发生”，“我们的大地妈妈已经伤痕累累”，“保护环境人人有责”。

（课例作者：徐绍娟、姜相清，烟台开发区金城小学、古现中心小学。课例设计指导与评析：隋雪卿）

第二节 “品德与社会”优秀教学课例

规则在哪里

一、教学设计

（一）学情分析

现在的学生大部分都是独生子女，家庭溺爱过多，发现规则和遵守规则的意识相对较弱，绝大多数学生不愿意发现或不能发现学校、家庭、社会中普遍存在着的各种规则。在班级内，经常有一些学生下楼跑闹、教室内乱扔废纸、说脏话、打扫卫生不积极等，这些都促使我们要进一步指导学生发现生活中的规则，提高自觉遵守规则的意识。

（二）教材课题分析

“规则在哪里”是小学三年级上册第四单元第一主题中的第一个教学内容，具体分析如下：

1. 教材中的“活动天地”以学生感兴趣的游戏为切入点，在学生生活经验的基础上，通过做游戏，让学生体验、了解规则，初步建立“规则概念”和“规则意识”。这一点正体现了《课程标准》中“道德存在于学生的生活中”这一理念。学生品德的形成源于他们对生活的体验、认识和感悟，只有源于学生实际生活的教育活动才能引发他们内心的而非表面的道德情感、真实的而非虚假的道德体验和道德认知。

2. 教材中的“小记者在行动”为学生提供了寻找规则的几种方法。既可以到现实生活中看看，也可以查有关的资料，旨在让学生“用自己的眼睛观察社会，用自己的心灵感受社会，用自己的方式研究社会”。

3. 教材分别从家庭生活、学校生活和社会生活三个方面，呈现出不同的规则。旨在给学生提供一个思路，让他们结合本地区的实际，按不同的生活场所，找一找身边与自己关系密切的规则；体会生活中的各种规则对人们（尤其是学生）所提出的要求；让他们体会到“生活处处有规则”。

（三）教学目标

1. 情感态度与价值观。通过游戏，体验规则的重要性；明白生活处处有规则，人人要自觉遵守，初步形成规则意识。

2. 能力。能够积极用各种办法收集、整理生活中的规则；完成调查表；能够清楚地表达自己的感受和见解，能够倾听他人的意见，能够与他人平等地交流自己的调查报告。

3. 知识。了解与小学生相关的规则，如“课堂上要认真听讲，积极举手回答问题”等学校生活规则、“吃饭时不能大声喧哗”等家庭生活规则以及“在医院里要保持安静，不能打扰病人”等社会生活规则。

（四）教学要点

1. 重点。让学生在讨论、调查的基础上，学习发现学校、家庭、社会生活中的规则，感受生活中处处有规则，从而提高学生遵守规则的自觉性。

2. 难点。让学生懂得规则的意义，能自觉遵守规则，按规则办事。

(五）教学准备

1. 教师准备。

（1）游戏物品：气球、牌子、笑脸等。

（2）视频录像：《小记者在行动》。

（3）多媒体课件：《交流规则》，校园生活规则图片、资料等。

（4）课前调查表：含调查内容、地点、方法、找到的规则、调查结果。

2. 学生准备。

（1）学生小品：《课间活动》。

（2）填写调查表。

(六）教学过程主要环节设计

1. 游戏导入，感受规则的重要性。

（1）学生进行比赛。

要求：选择男女生各一名比赛吹气球，老师给男生 5 秒钟就叫停，给女生 15 秒钟才叫停。

（2）请没有参加游戏的同学认真观察游戏，看看能发现什么。

（3）引导学生思考怎样才能使游戏公平、合理地进行。

（4）按学生介绍的规则，再次比赛，给获得胜利的学生发笑脸。

（5）教师小结，揭示课题。（板书：规则在哪里）

2. 合作处理信息，感知规则的普遍性。

（1）看录像寻找规则。

课件出示：《小记者在行动》视频录像。

（2）将课前填写的调查表以小组的方式进行交流，教师巡视指导。

（3）小组汇报。（交流学校生活、家庭生活及社会生活的规则）

（4）学生汇报各个方面的规则。（教师课件出示各种规则；学生出示有关规则的资料）

（5）教师小结。（板书：生活处处有规则）

3. 规则考场，明辨是非。

师生共同进入规则考场，出示有关规则的图片，让学生通过抢答，加深理解规则的意义，明白学校、家庭、社会处处有规则。

4. 谈感受说打算，体验规则的必要性。

（1）在了解生活中规则的基础上，让学生畅谈感受及打算。

（2）教师小结。

板书设计：

规则在哪里
学校生活 家庭生活 社会生活 }生活处处有规则

二、教学实施

（一）游戏导入，感受规则的重要性

……

（二）合作处理信息，感知规则的普遍性

［教师］　同学们，看来规则确实很重要，那么在我们的生活中，哪里有规则呢？有一个小记者已经先行一步找到了，让我们一起去看看吧！

（课件出示：《小记者在行动》视频录像）

［教师］　课前，同学们已经分成六个行动小组去学校、家庭、社会中调查了，现在请拿出你们的调查报告，先在小组内互相交流，等一会派代表来汇报。

［教师］　别着急，交流也有规则，请同学们看大屏幕。

（课件出示交流规则：①认真倾听小组同学的调查结果，相互补充。②交流时，声音不要太大。③组长整理材料，汇报时内容尽量不重复）（小组交流，教师巡视指导）

［教师］　同学们刚才交流得真热烈，现在哪个小组汇报一下你们的调查结果？

［学生 1］　我们的调查地点在学校，我们小组想以表演小品的方式向大家展示规则。

（学生表演小品《课间活动》）

［学生 2］　我们想请同学们说一说我们刚才表演的小品中，谁做得对，谁做得不对？

［学生 3］　甲同学劝架做得对。

［学生 4］　乙同学打架不对。

［学生5］　丙同学不应该在课间疯闹。

……

［学生1］　这些同学说得对，同学之间不能打架，要和睦相处。如果看到打架的情况我们应该及时制止……

［教师］　第一小组的同学以表演的方式，明确地告诉我们课间活动的规则，可见第一小组下了不少工夫，让我们以热烈的掌声来感谢他们。关于课间活动的规则，其他小组的同学还有要补充的吗？

［学生5］　上下楼梯要靠右走，并且不能跑。

［教师］　为什么呢？

［学生5］　因为在楼梯上跑很危险。

［教师］　说得真不错！那么，平时同学们有没有上下楼梯乱跑的现象呢？如果有的话，以后一定要注意。在学校生活中，还有哪些规则呢？

［学生6］　不能在课桌椅上乱写乱画；不能随地乱扔垃圾，看见地上有垃圾要自觉捡起来；课堂上要认真听讲，积极举手回答问题；要按时到校，见了老师要问好，要团结同学。

（实物投影展示学生6的调查报告）

［教师］　你找到了这么多的规则，可真了不起！老师非常喜欢你的调查报告，我很想知道你是怎么完成它的。

［学生6］　我是用了问家长、问老师和查阅《小学生日常行为规范》的方法找到的。

［教师］　你能用问一问、查一查的方法找规则，说明你是一个生活上的有心人！

［学生7］　课后认真复习、按时做作业、书写工整、卷面洁净、独立完成、考试不作弊。

［教师］　你做得怎么样？

［学生7］　还可以。

［教师］　老师希望你能继续保持，争取更大的进步。你是用什么方法找到这条规则的？

［学生7］　我用了找一找的方法，在《小学生日常行为规范》里找到的。

［学生8］　上课要认真听讲，不做小动作。

［教师］　你做得怎么样？

［学生8］　我觉得自己做得非常好。

［教师］　你真是个遵守规则的好学生，相信你通过学习和自己的不断努力，你会更加优秀。

……

［教师］　同学们用问一问、查一查、找一找的方法找到了这么多的规则，老师同你们一样，课前也用问、查、找的方法，找到了一些规则。

（教师展示课件）

［教师］　看，这是校门口的小交警提示，是对家长接孩子的规定；这是课程表；这是《小学生日常行为规范》；这是值日老师在站岗；这是老师在签到，及时签到是学校对老师的规定；这儿还有一条标语，请大家齐读；咦，还有《校长职责》，校长要遵守哪些规则呢？……

［教师］　怎么样，我的调查报告也挺有意思吧。看来，在学校生活中除了我们小学生有规则，老师、校长也有规则。正是因为有了这些规则，我们的校园生活才生动有趣而又秩序井然。

（板书：学校生活）

［教师］　除了学校，你们还在哪里也找到规则了？哪个小组来汇报？

［学生1］　吃饭时不能说话。

［学生2］　随手关门。

［学生1］　要独立完成家庭作业。

［教师］　你做得怎么样呢？

［学生3］　我每次都是独立完成作业的。

［教师］　很好，希望你能再接再厉。看来，我们不仅在学校要做一个遵守规则的好学生，在家里同样也要做一个遵守规则的好孩子。

［学生4］　进门要换鞋。

［教师］　对。

［学生5］　吃饭时不能大声喧哗。

［教师］　你是这样做的吗？

［学生5］　是。

［教师］　你真是个守规则的好孩子。

……

［教师］　看来，家虽然是我们最快乐最放松的地方，但我们发现，我们的家庭生活中也有许多规则。（板书：家庭生活）刚才，我们在学校、

家庭中找到了这么多的规则，哪里还有规则呢？

[学生1]　我的调查地点是马路上，过马路要走人行横道；不能翻越护栏。

[学生2]　我的调查地点是公共汽车上，上车要排队；不要在汽车上乱跑乱跳。

[学生3]　我找到了一些交通标志的图片，想给大家看一看。

(实物投影展示交通标志图片)

[学生4]　我查到一首交通儿歌想和大家一起读一读。

(实物投影展示交通儿歌)

[教师]　你真是一个聪明的孩子，用这么特殊的方式让我们记住了交通规则。

[学生5]　我的调查地点在超市，超市交钱要排队。

[学生6]　足球场上不能踢人和手球。

[教师]　希望你将来能为中国足球的腾飞贡献力量！

[学生7]　在公园里要爱护花草树木。

[学生8]　在医院里要保持安静，不能打扰病人。

……

[教师]　同学们都有一双会发现的眼睛，找到了这么多规则。像超市、公园、球场、交通等的规则都属于社会生活规则。

(板书：社会生活)

[教师]　今天，我们在学校、家庭、社会中找到了这么多的规则，可见生活处处有规则。(板书：生活处处有规则) 这些规则又都与我们小学生的生活息息相关，因此我们要做个生活的有心人，多关注规则，了解规则，更重要的是我们都要自觉遵守规则！

(三) 规则考场，明辨是非

……

(四) 谈感受说打算，体验规则的必要性

……

三、问题与困惑

品德与社会课的教学过程，实质上是通过教育因素的有效影响，促进小学生将思想品德规范逐步内化为行为自觉性的过程。这一内化过程的核心是主体自主性、能动性和创造性的激发与发展。本节课我采用了游戏、表演、抢答比赛等多种学生乐于和适于接受的活动方式，让学生充分感受“生活处处有规则”，并力求培养学生具有良好的道德行为习惯。但随着下课铃声的响起，部分学生却又恢复了以往的状态：在教室里大喊大嚷，一路追着跑出教学楼……知道规则，却不能自觉遵守规则，课堂学习与实际生活行为习惯的双面性表现得非常明显。怎样使学生将课堂所学的知识内化为自身需求，将课堂上的教育效果有效地体现在学生的实际生活中，产生自觉性的行动，这是摆在我们面前的最大问题。如何有效地解决这个问题也便成了我们教育教学工作者的一大困惑。

四、教学反思

“规则在哪里”的教学活动顺利结束了，但课后部分学生一如既往的表现，却让我陷入了沉思：课堂虽然是教学的主渠道，但它并不是教学的终点，教学向课外延伸是非常重要的。品德与社会的课堂教学应做到理论与实践相统一，不然会造就一个个课堂上与生活中表现截然不同的“双面人”。要解决这个问题，单靠教师的课堂教学力量是不能完全解决的，这还需要家庭、社会教育力量的支持，要为学生创造一个良好的家庭生活环境和社会生活环境，要学校、家庭、社会三位一体，共同努力，帮助学生在真切的生活体验中潜移默化地形成正确的价值观，并能自觉地付诸行动。作为教师，我们所能做到也应做到的，就是尽量创造条件带领学生走入生活天地，解决生活中的实际问题，使学生在理解和感悟中将课堂所学知识内化为自身需求，进而养成良好的道德行为习惯。因此，在学完“规则在哪里”后，我针对学生所表现出来的课堂学习与行为习惯的双面性，结合班级情况，让学生找找自己班存在的问题。“一石激起千层浪”，这些可爱的孩子们争先恐后地把班级里存在的一些不良现象都列举出来了。我就趁热打铁：“那么，你们遇到这些问题应该怎么办呢?”孩子们七嘴八舌地说要给自己班定规则。于是课后，孩子们针对班里出现的问题，从改进自己班集体的角度出发，制订了一份份详细的班级规则。我把他们定的规则稍加整理后张贴在墙上，取名为“约定的力量”，每个星期一都要孩子们对自己一周的表现进行反思，而我更注重运用表扬与鼓励的方法，对他们的点滴进步给予肯定。孩子们大都能自觉地遵守自己的“诺言”，许多不良的现象也都及时得到改正。

五、教学评析

“规则”对于三年级学生来说是一个枯燥而又乏味的话题，但在这节课上，教师结合教学内容，设计了贴近学生生活的教学活动，吸引和组织学生参与课堂实践，真正实现了以学生为中心、以活动为中心，学生的主体性得到了充分的发挥，鲜明地体现了品德与社会课程的教学理念。突出表现在以下几个方面：

一是采用多种生动活泼的活动方式，寓教于乐，注重了教育的有效性。有效的教育必须采用学生乐于和适于接受的生动活泼的方式，帮助他们解决现实生活中的问题，为他们今后人格的和谐发展与完善奠定基础。这节课通过创设游戏、小品表演、抢答比赛等活动情境，培养学生快乐的情感，增强了学习的趣味性，让学生在活动中掌握知识。课堂上，学生始终保持了极高的参与热情，学生在调用生活经验，再现生活情景的过程中，对于许多事物的认识也表现出较明确的价值取向，这对学生形成积极的生活态度，养成良好的行为习惯，形成符合社会规范的价值观无疑有着很大的促进作用。

二是课堂上善于捕捉每一个教育机会来丰富学生的生活体验，力求让学生在体验中提高遵守规则的自觉性。“道德存在于学生的生活中”，学生品德的形成源于他们对生活的体验、认识和感悟，只有源于学生实际生活的教育活动才能引发他们内心的而非表面的道德情感、真实的而非虚假的道德体验和道德认知。孙老师在与学生进行交流时，能适时引导学生，充分调动并丰富他们的生活体验，如“平时同学们有没有上下楼梯乱跑的现象呢？以后一定要注意!”“你做得怎么样?”“为什么不能这样做?”……让学生在课堂这个开放、自主的环境中重新体验生活，检验自己的行为，从而引导他们在以后的学习生活中做一个遵守规则的好孩子。

三是注重学生能力的培养。教师能够充分发挥学生的自主性，放手让学生去做，让他们立足于课题，依赖于团队，亲力亲为。通过查、找、问等方法获取第一手资料，收集整理，最后形成材料，统一交流。教师在活动中适时充当指导者、参与者和帮助者，而不大包大揽。不但使学生学到了许多书本上没有的知识，而且还锻炼了他们的意志，培养了他们查阅资料、整理资料等自我学习能力、与人合作能力、社会交往能力，提高了学生的综合素质。这同时也体现了让学生“用自己的眼睛观察社会，用自己的心灵感受社会，用自己的方式研究社会”的课程理念。

（课例作者：孙丽莉，招远市西苑学校。课例设计指导：赵升梅）

我们的生命

一、教学设计

（一）学情分析

“我们的生命”以探寻生命的历程为线索。其中婴儿出生前后这一段时间，是学生记忆和认知的盲区。那么，如何让学生在与自身生活相隔甚远的领域深刻体验母亲怀胎十月、一朝分娩的艰辛与幸福，家人细致呵护小生命的苦心与快乐，这给教师提出了很大的挑战。另外，优越的生活环境使大多数学生养成了安逸享乐的习惯，他们中间普遍存在着心理承受能力比较差的现象，当遇到挫折的时候，往往会采取逃避甚至轻生的态度。如何引领九岁、十岁的学生在感悟生命不易的同时，又能感受到生命的美好，懂得珍爱生命，善待生命，心怀感恩，值得教师深刻思考。

（二）教材课题分析

“我们的生命”是小学三年级下册第一单元第二个主题。本单元内容从珍爱自然界的各种生命宏观引入（“美丽的生命”），以珍爱我们自己的生命为重点（“我们的生命”和“安全的生活”），并将为他人的生命献出自己的爱心（“我们的生命”中“献出爱心，延续生命”）作为延展，这三个内容的教学，旨在唤起学生对生命的热爱和珍惜。其中，主题二包含三个话题：“生命仅仅属于自己吗”“我们的生命只有一次”“献出爱心，延续生命”，重点话题是“生命仅仅属于自己吗”。本话题一方面让学生通过探寻生命的历程，感受孕育生命的不易，体会到是家人给予的爱让自己健康快乐地成长，懂得生命不仅仅属于自己，强调了对生命的责任感；另一方面，让学生通过观看视频“生活中学生自杀、犯罪、车祸”等一些真实事例，懂得生命是宝贵的、有限的，从而感悟生命的意义，去珍爱生命，热爱生活。生命的话题很大，需要不断地思考与探究，教材在这里只是播下一粒种子，让学生获得一些意识，有所感悟。

（三）教学目标

1. 情感态度与价值观。让学生懂得生命的可贵，学会珍爱生命，善待生命，心怀感恩。

2. 能力。培养学生掌握自主学习、合作交流、实践收集、调查访问的方法。

3. 知识。通过探寻生命的历程，让学生懂得生命只有一次，是不能失而复得的。

（四）教学要点

1. 重点。在探寻生命的过程中，让学生了解生命成长的不易，感受生命成长的快乐。

2. 难点。让学生认识到生命是美好也是脆弱的，自己的生命承载着家人的爱与期待，更关系着家人的欢乐与幸福，深刻领会“生命不仅仅属于自己”，懂得要珍爱生命。

（五）教学准备

1. 教师准备。多媒体课件（内容包括：受精卵形成过程的视频，胎儿形成过程的视频，生命诞生的视频，关于小学生溺水、车祸、自杀、犯罪的视频，“今天我是准妈妈”的游戏规则，歌曲《在我生命中的每一天》）；关于妈妈怀孕时期和自己出生记录的调查表；若干鸡蛋。

2. 学生准备。课前开展调查、访问、收集的活动（内容包括：调查妈妈怀孕时身体的变化和反应，以及家人在这个时期又是怎样做的；调查自己的出生时间、身高、体重；收集成长过程中的物品，例如玩具、小衣服、书、照片等，并调查、访问这些物品背后的故事）；背包；一个生鸡蛋；准备与自己出生体重重量相同的书。

（六）教学过程主要环节设计

1. 导入新课，让学生回忆到目前为止最高兴的一件事。

让学生寻找记忆最深处的“空白地”，追忆婴儿时期、出生当天、在妈妈肚子里发生的事，揭示课题“我们的生命”。

2. 生命的历程。

[活动一：生命的孕育]

(1) 看视频：生命的开始——受精卵形成过程。

(2) 看视频：胎儿的形成过程。

(3) 交流课前调查情况：妈妈怀孕时身体有什么变化和反应？家人在这个时期又是怎样做的？

(4) 体验游戏——今天我是准妈妈。

[活动二：生命降临]

观看录像：小生命的降临。

[活动三：成长的快乐]

(1) 交流：我的出生小记录。

(2) 说变化：比比刚出生时，现在的我们有哪些变化？

(3) 课堂展示见证成长过程的物品（玩具、小衣服、书、照片等），并讲述这些物品背后的故事。

(4) 学生讲述日常生活中和家人之间难忘的故事。

(5) 教师讲述自己女儿生病打点滴的情景。

3. 生命的意义。

[活动四：生命属于谁]

(1) 探讨生命属于谁。

(2) 探讨生命的脆弱与坚强（观看视频：小学生溺水、车祸、自杀、犯罪等真实事例）。

(3) 探讨生命只有一次，我们要怎么做。

[活动五：珍爱生命]

探讨应该怎样珍爱生命，为什么要珍爱生命。

4. 畅谈收获，课堂延伸。

板书设计：

我们的生命
生命不仅仅属于自己　　珍爱生命

二、教学实施

片段一：生命的孕育

[教师]　同学们，课前我布置让你们回家调查妈妈怀孕时有什么反

应和感受，以及家人在这个时期又是怎样做的，都调查好了吗？

(课堂交流)

[学生1]　我妈妈说怀孕时，她小腿浮肿，晚上睡觉腿经常抽筋。

[学生2]　我爸爸说，我在妈妈肚子里长到七八个月大时，妈妈变得很胖，小腿浮肿，就连坐下、站立、上厕所都不方便。

[教师]　其实，妈妈怀孕时不光身体上有变化，还有许许多多难受的妊娠反应。

[学生3]　我知道，我妈妈说，她怀孕的时候，什么都吃不下，对气味特别敏感。

[学生4]　我妈妈也是这样，我妈妈怀着我的时候总是恶心反胃，吃什么吐什么。

[教师]　你们有没有生病呕吐的经历？（许多学生举起手）那是什么滋味？

[学生5]　呕吐的滋味很难受，有一次，我连黄胆汁都吐出来了，哎呀，太难受了。

[教师]　同学们，你们知道吗？妈妈怀孕初期，这样难受的状况有的要持续两三个月，甚至更长的时间。（学生的表情仿佛体验到了那种难受）说到妈妈的吃，你还了解到什么？

[学生1]　我妈妈原来不喜欢吃水产品，可怀了我以后吃了特别多的水产品，因为妈妈听别人说，多吃水产品会让自己的宝宝很聪明。

[教师]　瞧，只要是能给宝宝带来营养的食物，妈妈即使不喜欢吃也要坚持吃；只要是对宝宝不好的食物，妈妈即使特别喜欢吃也要少吃或是不吃。

[教师]　为了给妈妈加强营养，家里人又是怎么照顾妈妈的？

[学生2]　我爸爸做各种好吃的东西给妈妈吃，妈妈吐了，爸爸又重新做其他的东西给她吃。

[学生3]　那时候，我奶奶每天煲汤给妈妈吃。

[学生4]　我爷爷专门跑到柞村镇尚家山去买山鸡蛋，爷爷说，这样的鸡蛋无污染，有营养。

[教师]　同学们，为了让妈妈肚子里的宝宝健康、聪明，家里人想得多么周到，照顾得多么细心啊！

……

[教师]　人难免有生病的时候，那妈妈在怀孕时，生病了怎么办？

[学生1]　听妈妈说，她感冒了不敢吃药，奶奶用姜煮红糖水给妈妈喝，几天才好。

[学生2]　我妈妈怀着我的时候，病得很严重，医生要她打针、吃药，妈妈用的都是中药。

[教师]　是的，很多药对小生命都有伤害，为了把风险降到最低，妈妈会选择副作用小但疗效慢一点的中药，这样一来，妈妈就要多忍受几天病痛。

[教师]　记得我怀宝宝时也生过病，医生建议用一种叫“双黄连”的药，当时，我非常不放心，去好几家大医院咨询，医生都说对胎儿没有影响，我才放心治疗。

[教师]　你们还向家人了解了其他方面的情况吗？

[学生1]　我听妈妈说她最怕摔跤，走路特别小心，从不穿高跟鞋。

[学生2]　爸爸说，为了避开每天上班的高峰，他专门向别人借了车子，每天开车送妈妈上下班。

[学生3]　妈妈说她那时候不去人多的地方，怕别人撞到肚子里的我。人多的地方空气也不好，容易传染一些疾病。

[学生4]　妈妈怀我时，常常听音乐，她说这是在给我做胎教。

[教师]　胎教能促使小生命的大脑健康发育，妈妈期望小生命不仅健康、平安，还希望生下来后格外聪明。另外，当小宝宝听到音乐的时候会很兴奋的，你们有没有问过妈妈，你踢过她吗？

[学生5]　问过，我问妈妈：“妈妈，我踢过你吗？”妈妈说：“踢过，不过妈妈只要轻轻一摸就不踢了。”

[教师]　呵呵，多有意思呀！你和妈妈初次打交道就这么默契。你是在用这样的方式告诉妈妈“我会动了”。

[教师]　我们了解了自己出生前的很多情况，此时此刻，你想说点什么？

[学生1]　我要感谢妈妈给了我生命。

[学生2]　妈妈怀我多辛苦呀，我们的生命来得真不容易。

[学生3]　我要感谢一家人，他们为了我的健康付出了太多太多。

[教师]　是啊！孕育一个小生命需要十个月，这么长的时间，为了小生命能健康平安地来到这个世界上，一家人都在精心呵护着，一刻也不敢

疏忽。

片段二：游戏体验

[教师]　现在我们一起来亲自体验、感受妈妈怀孕时的情景，让我们来做一个小游戏。

（多媒体：游戏“今天我是准妈妈”）

[教师]　请同学们全体起立，将凳子轻轻地放在桌子下，把书包挂在胸前，拿好一个生鸡蛋。

（老师示范动作，宣读游戏规则）

（学生分组游戏，胸前挂着书包，手中拿着鸡蛋，模拟生活场景做游戏：系鞋带、擦桌凳、拖地、提水桶）

……

[教师]　游戏结束，请同学们回到自己的座位上，站好。告诉我你现在的感受。

[学生1]　很累，很辛苦！

[学生2]　我肩膀疼。

[学生3]　腰酸背疼，浑身不得劲儿。

……

[教师]　（发现一位学生，将鸡蛋碰破了，老师询问）这位同学，你怎么把鸡蛋碰破了？

[学生4]　我系鞋带的时候，不小心挤破了。

[教师]　这么不小心，一个鸡蛋一条生命，如果真是一个小宝宝的话，那就意味着生命的流失，这对于任何一位妈妈来说都是不能接受的。

[教师]　（学生脸上出现了愧疚的表情）同学们，想象一下，你的妈妈在怀着你的时候，是怎样做的？

[学生1]　悉心呵护。

[学生2]　小心翼翼。

[教师]　同学们，再想一想，老师为什么要让你们带着鸡蛋做游戏？

[学生1]　我拿着鸡蛋做游戏，得好好地保护鸡蛋，就像妈妈怀孕时保护肚子里的小宝宝一样。

[教师]　你是个懂事的好女孩，你的体验很深刻。

[学生2]　书包就好比是妈妈肚子里的小宝宝。

[学生3]　我们拿着鸡蛋做游戏，得小心点儿，妈妈怀着我的时候更

得小心点。

[学生4]　老师，我提水桶绕教室转了两圈，水桶实际上并不沉，可胸前挂着书包，手里拿着一个鸡蛋，就觉得整个身体好沉，腰酸背疼，很累。我想妈妈当年怀孕的时候，肯定很不容易。

[教师]　说得太好了！同学们，现在你们该明白我为什么让你们背着书包，拿着鸡蛋来做这个游戏了吧？

……

片段三：生命的降临

[教师]　小生命经过漫长的十个月等待、孕育，终于发育成熟了。小生命要降临了，一家人都在热切地期盼着，你们想不想看看当时宝宝出生时的情形？请看视频。

（多媒体：生命诞生的视频）

[教师]　从刚才的视频中，你看到了什么？

[学生1]　我看到妈妈很疼，很难受。

[学生2]　我看到了妈妈生孩子时痛苦的样子。

[学生3]　我看到了家里人很高兴。

[教师]　你是怎样看出来的？

[学生3]　我看到奶奶流泪了。

[教师]　你观察得很仔细，你通过奶奶的眼泪看出了高兴，还看出了什么？

[学生3]　担心，焦虑。

[教师]　录像中除了妈妈和奶奶，还有谁呢？

[学生4]　还有爸爸，爸爸在祈求老天保佑他的小宝宝平平安安。

[教师]　你是通过什么看出来的？

[学生4]　爸爸在做双手合十的动作，这个动作就是在祈祷他的宝贝快点儿出来，平安、健康地出来。

[学生5]　还有医生和护士。

[教师]　那他们又在做什么？

[学生5]　他们在帮妈妈生孩子。

[教师]　哦，那他们的表情怎么样？

[学生5]　他们很忙，很紧张。

[教师]　你看得很认真，体会也很深刻。是啊，生命的诞生对于母

亲和孩子来说是一个生与死的关口，有时甚至危及大人和孩子的生命，咱们中间有这样的情况吗？

［学生1］　我出生的时候，妈妈大出血，当时医生要爸爸签字动手术，我爸爸至今还记得当时他签字的手不停地发抖！

……

［教师］　同学们，一个生命的诞生，不仅是对母亲的一次生死挑战，同时也牵动着许多人的心，家人、护士、医生等，你们一定要记住了，你的出生日就是妈妈的受难日。

片段四：生命属于谁

［教师］　同学们，想想你们的生命属于谁，谁来说说？

［学生1］　属于爸爸妈妈。

［学生2］　属于家人。

［学生3］　我们的生命属于亲人。

……

［教师］　是的，你们的生命不仅属于你的家人，属于所有关心爱护你们的人，也属于我们的国家。你们刚出生时，医护人员为你们忙碌；成长过程中，家人为你们无私地付出；上学了，老师为你们辛勤操劳；我们的国家为了你们的健康成长更是付出了很多很多。可见，生命是美好的，但是生命也是脆弱的，在我们的身边经常有一个个美好的生命在瞬间迷失了，消失了。请看大屏幕。

（多媒体：小学生溺水、车祸、自杀、犯罪等真实事例的视频）

［教师］　同学们，看到这些场景，此时此刻你不想对这些同学说点儿什么？

［学生1］　我们要珍惜生命，爱护生命。

［学生2］　生活中，我们要学会坚强。

［学生3］　我们要乐观。

［学生4］　生命是脆弱的，只有一次，我们要珍惜生命。

……

［教师］　同学们，生命只有一次，为了自己，为了家人，为了所有爱我们的人，我们应该怎样做？

（学生齐答：珍爱生命）

（教师板书：珍爱生命）

三、问题与困惑

伴着悠扬的歌声《在我生命中的每一天》，我结束了本节课的教学。回顾整堂课的教学过程，总觉教学效果并不完美，有些许遗憾。我设计的意图是把“成长的快乐”这一环节分成三个层次，通过三个层次的教学，一步步触动学生的情感，激发他们对家人的爱。可实际状况是：让学生在课堂上展示成长物品，和小组同学讲述成长物品背后的故事后，再让他们回忆讲述日常生活中和家人间的难忘故事，学生很茫然。他们继续重复讲述着成长物品背后的故事，看到学生的思维偏离了我预定的轨道，我很着急，千方百计地强行把学生拉到自己预设的教学“正轨”上来。可谁知现场的教学秩序有些混乱，刚刚焕发出来的课堂活力也大打折扣。我一直在思考，为什么环节分得越细，反而显得多而凌乱，达不到预期的教学效果；当学生回答的问题超出了我的教学预设时，该怎样处理好预设与生成的关系。另外，关于本节课的延展“得到爱，奉献爱，就是延续生命”，我只是在课的最后做了一下“蜻蜓点水”式的讲述，没让这份爱延伸下去，使本节课生命教育的内涵不够深刻。

四、教学反思

对于“成长快乐”中出现的教学问题，我觉得是因为我备课时预设得太多，生怕学生的思维与我备课的思路有偏差，所以就提前给他们定了几个框框，总希望学生回答出自己想要的答案，总以为这样做就完成了所谓的“教学任务”。课后，我进行了深刻的反思，觉得应该根据学生的学习情况，灵活地调整教学思路，生成新的教学流程，使课堂处在动态和不断生成的过程中,以满足学生自主学习的要求。仔细琢磨后，决定把这一环节中的“（3）课堂展示见证成长过程的物品（玩具、小衣服、书、照片等），并回忆讲述这些物品背后的故事”和“（4）学生讲述日常生活中和家人之间难忘的故事”这两个板块的内容，合而为一，课堂先展示见证成长过程的物品（玩具、小衣服、书、照片等），再回忆讲述和家人之间难忘的故事（“难忘的故事”可以是成长物品背后的故事，也可以是现在生活中的故事），课堂教学中，我要给予学生适时引导，让他们放开地讲述。同样，我可以把本节课的延展“得到爱，奉献爱，就是延续生命”和“成长快乐”这一环节结合起来，让学生在感受父母和家人无私、温暖而又深沉的爱的同时，激发他们回报父母和家人的愿望，从而启发学生在今后的生活中时刻珍爱自己的生命，要为家人做力所能及的事情，为所有关心爱护自己的人，奉献自己的一片爱心。这样才是真正做到了品德教学的大环节要“清”，小环节要“精”，从而加强了本节课的教育深度。

五、教学评析

赵老师整堂课设计独具匠心，教学效果明显，教学中她始终以“情”为纽带，从直观感知，到亲自体验，再到思想升华，最后深化主题——生命不仅仅属于自己，要珍爱生命，学会感恩。真正做到了用生活课堂去打动学生的心灵，引导学生更有意义地生活。我认为本节课成功之处体现在：一是走进孩子生活，开发课程资源。在“生命孕育”环节，课前让学生回家调查妈妈怀孕时的反应和感受，学生了解的情况很多，赵老师在学生感兴趣的问题中突出抓住“小生命的营养”“小生命的呵护”两个生成点，深入地挖掘、拓展，从而帮助学生感受生命孕育的不易，达到“未成曲调先有情”的效果。与此同时，赵老师也获取了不少可用的课程资源。二是紧扣学生生活，设计有效活动。整堂课赵老师让每个学生都成为参与者而不是看客。在生命孕育环节，学生对于妈妈怀孕时的艰难一无所知，为了让他们体会妈妈怀孕时的不容易，赵老师设计了游戏“今天我是准妈妈”，让学生当一回准妈妈，模拟生活场景做家务。这样的教学活动，让学生在做中学，在活动中获得情感体验，起到了“随风潜入夜，润物细无声”的教学效果。三是捕捉孩子生活细节，开展教学过程。新课程提倡“生活即教育”的理念。课前赵老师指导学生收集儿时的物品、与家人在一起的照片，开展访问父母、家人的活动，在和家人交流中回顾、感受自己生命成长的过程；通过课堂上心灵的交流和碰撞，体会家人付出的心血和给予的爱。在这以后，赵老师又将发生在身边的一个个真实事例作为课程资源加以引用，引发学生深层次的思考，使学生在强烈的情感落差中深刻感悟生命的可贵，萌发珍爱生命的共鸣。这是课堂与生活的融合，是促进学生认知、情感和行为实践融合的教学过程。

（课例作者：赵伟伟，莱州市虎头崖镇中心小学。课例设计指导与评析：王俊舫）

马路不是游戏场

一、教学设计

（一）学情分析

学生由于年龄与生活范围的局限，对于交通规则的认识仅限于电视、书报等大众传媒中获得的零散知识，而对于交通事故的频频发生给人们生活带来的不幸，对于生命的宝贵与脆弱，学生在平常的生活中虽然有一些认识与体会，但很不够。由于见得少而感受与体会不够深刻，在日常生活中，许多学生常出现：在马路与街道中心玩耍打闹；过马路不走人行横道而任意横冲直撞；未满十二周岁就独自骑自行车上路；随意翻越马路栏杆去拿滚到马路中间的皮球等现象。所有的这些都是因为学生对交通规则缺乏基本的认识，没有深刻地认识到生命的脆弱与遵守交通规则的必要性和重要性，自觉遵守交通规则的意识淡薄。

（二）教材课题分析

“马路不是游戏场”是小学三年级下册第三单元第四个主题。随着现代社会的发展，人们的出行与交往越来越频繁，掌握识路、行路的基本技能，并了解行路安全常识和一些交通规则，可以说是一个现代人应当具备的基本生活技能。“出行的学问”这一单元是以学生所熟悉的生活为基本内容，培养学生识路、行路基本技能，并了解行路安全常识和一些交通规则。学看平面图和校外探路两个主题重在让学生掌握识路和寻路的基本知识；主题三寻路和行路，重在掌握行路技能；本主题重在行路安全。学生通过对交通事故原因的调查、讨论、交流等探究活动，认识交通事故的起因并理解交通事故的严重性，树立安全意识，形成珍爱生命的态度，懂得对自己的交通安全负责；举行交通安全知识擂台赛，孩子们深入了解和熟悉交通规则和交通安全知识，提升了原有的生活经验，懂得生活中基本的交通规则，形成自觉遵守交通规则的意识；通过调查、体验、讨论等活动探究安全出行的行为方式，大家一起制订遵守交通规则公约；认识常见的交通标志和设施。

（三）教学目标

1. 情感态度与价值观。引导学生认识到交通事故给方方面面带来的严重后果和给人们带来的伤害；增强学生的生命意识和安全意识，珍爱生命，充分认识生命只有一次和遵守交通规则的重要意义；树立生命是宝贵的，既是自己的，也是亲人的，还是关心你的人们的生命价值观。

2. 能力。培养学生自觉遵守交通规则的能力，自我约束能力；学生通过上网、读报、问卷调查等多种途径查找交通安全资料，收集安全信息并对信息进行初步的整理与加工；学会制订安全计划和能够履行计划，培养学生总结归纳的能力，把分散的、个人的情感体验上升为统一的、集体的具有一定效力的道德认同。同时，学生在实践活动中进行人际沟通，培养师生合作，生生合作的能力。

3. 知识。明白交通安全重在预防，初步了解一些基本的交通安全知识，小学生在乘车、行路中应该注意的问题：要走人行道，横穿马路要走人行横道，未满十二周岁不允许骑自行车上马路，做文明乘客……认识常见的交通标志（交通标线、前方有学校、减速慢行、人行横道、礼让行人……）和设施。

（四）教学要点

1. 重点。培养学生交通安全意识，了解和学习与小学生有关的交通安全知识。

2. 难点。培养学生自觉遵守交通法规，注意安全的现代交通意识。

（五）教学准备

1. 教师准备。

（1）根据本课教学要点，制作多媒体课件（内容包括：交通事故现场及交通事故的相关数据；根据教材“身边的事故”制作 FLASE 动画；小学生走路、乘车应注意的问题；常见的交通标志卡片）

（2）课前指导小组活动，提出建设性意见。

2. 学生准备。

（1）以小组为单位，运用观察、访问、上网等方法收集多起交通事故案例，并在小组内对收集到的信息进行分析、讨论，得出结论。

（2）了解与小学生关系密切的交通安全知识和交通标志设施。

（六）教学过程主要环节设计

1. 创设情境，导入新课。

2．交通事故原因面面观。

（1）群体探究：学生分小组交流收集到的交通安全方面的信息，谈自己的理解和收获。在班组中共享资源。

（2）深入引导：整合教师、学生收集到的资料，使学生的情感体验进一步升华为道德认同。

（3）教师小结。

3．交通规则知多少。

在本环节，师生共同了解、学习小学生走路、乘车时应该注意的交通安全。

4．联系实际，辨析导行。

［活动一：我做小交警］

［活动二：小交警找朋友，认识交通标志］

5．畅谈收获，争做交通安全小宣传员。

（1）学生谈本节课的收获。

（2）教师总结。

板书设计：

马路不是游戏场
珍爱生命　　　平安出行
自觉遵守交通规则

二、教学实施

（一）创设情境，导入新课

［教师］　同学们，还记得这首儿歌吗？大马路，宽又宽，警察叔叔站中间，红灯停，绿灯行，黄灯亮了，等一等。请同学们看大屏幕，那宽宽的马路上还缺少什么？

［学生］　行人，车辆，交警叔叔，红绿灯，交通标志。

（学生活动：将小汽车，行人，自行车，红绿灯，点到大屏幕相应的位置）

[教师]　马路上车辆川流不息，平安，顺畅。可是，马路上时时也有不和谐的音符，交通事故时有发生。这节课就让我们起来关注马路上的交通安全。

（二）交通事故原因面面观

[教师]　课前我们小组合作收集、整理了交通事故的有关资料，同学们先在小组内整理发言稿，一会儿老师要向你们学习。

（学生整理材料，准备发言）

[教师]　哪个小组先来向全班亮出自己收集的资料，说得有道理的，我们将给予掌声鼓励。

[学生1]　同学们，我们小组收集的是交通事故的图片。这一张是客车飙车抢客冲进深水沟。同学们看这张图片：客车已经被撞得支离破碎，前轮被撞断，车顶盖也被撞落在水中，地面上到处是客车的零散部件。

[学生2]　事故原因是两辆客车抢客源，你追我赶，超速行驶，其中一辆车为躲对面驶来的大货车，急打方向冲进路边的水沟。事故的伤亡情况请我们组的××给同学们介绍。

[学生3]　这辆车本来就已超员，但为了多拉客，多挣钱，还是一路上客。20多名乘客不是手骨折，就是脸被撞伤，幸好没有造成重大伤亡。我们小组的发言结束了，谢谢大家。

[教师]　同学们，这样的车你敢坐吗？谈谈你的观点。

[学生1]　这个司机真缺德！

[学生2]　为了多挣钱，拿乘客的生命当儿戏。

[教师]　你为乘客的安全担心，老师为你感动，送你一枚交通标志。

[学生]　这样的车哪有人敢坐啊。

[教师]　这位同学说出了我们大家的心里话。

[教师]　这一组合作完成了老师布置的作业，让我们明白超员、抢客、拿命去搏，真是害人害己，我们掌声送给他们。掌声同样呼唤敢于接下去发言的小组。

[学生]　我们小组收集了一组交通事故的数据：据世界卫生组织统计，每年有18万以上的学生死于道路交通事故，数十万学生致残，交通事故已成为学生意外伤亡的第一杀手。交通事故每天都在伤人、吃人，比战争

还可怕。

［教师］　这组数据真是触目惊心。其他同学有什么感想？起来说一说。

［学生］　健康平安地成长是我们最大的幸福。

［教师］　谢谢你善良的提醒，送你一枚奖章！

［学生］　这些数据真是太可怕了。

［教师］　你说的也正是我想的。

［学生］　交通事故让我们失去了多少好朋友，好伙伴！

［教师］　请牢牢记住亲人的叮咛：高高兴兴上学，平平安安回家。我们再来听听下一组同学的汇报。

［学生1］　我们小组成员进行的是实地考察。在学校大门外的斑马线附近，统计了一百个行人过马路的情况。结果是一百个人中，只有五十三个人走人行横道，大多数人是看看没有车就横穿马路。

［学生2］　我采访了一名二年级的小同学，问他为什么不走人行横道，他说以前就是这样走的，没出什么事。采访了一位叔叔，他说我是小孩子，多管闲事。总之给我的感觉，很多人都不在乎。

［学生3］　有很多被采访的同学都认为走不走人行横道，没什么大不了的。

［教师］　这是个问题！小记者，你现场采访两位听课老师。听听他们是怎么说的？哪位同学愿意和这个小组一同进行采访？

(学生进行现场采访)

［教师］　我们来听听小记者采访的结果。

……

［教师］　对，机动车在遇有人行横道的路段，都会减速慢行，礼让行人。只有各行其道，平安才有靠。这一组同学创造性地完成了任务，老师真想成为你们组中的一员。下面哪个小组接着交流？

［学生1］　老师，我们组××经历过这样一件事，引起了我们的讨论。

［学生2］　有一次，爸爸带我去参加姑姑的婚礼，在婚礼上爸爸喝了三杯啤酒，后来，我坐着爸爸的车回家了。老师，酒后驾车不是不对吗？可爸爸为什么要这样做？我本来不想坐爸爸的车回家，可是爸爸说只喝了三杯啤酒，没事，照样可以开车。

［教师］　我们小组讨论一下，这样做可以吗？说说你的理由。

［学生1］　酒后驾车，凶多吉少。

［学生2］　这样做不对。不能光想着自己。

［学生3］　不对，如果司机都这样想，那还不乱套了？

［学生4］　司机一滴酒，亲人两行泪。

［教师］　听了同学们的意见，你知道该怎么做了吗？

［学生］　这是违反交通规则，酒后不能驾车。我应该劝说爸爸。

［教师］　课前，老师也收集了一些资料，看后，再谈谈自己的感受。

（播放课件：交通事故现场及数据）

［教师］　看完这段视频，你们想说什么？

［学生1］　生命太脆弱了。

［学生2］　我们一定要遵守交通规则。

［学生3］　要珍惜自己的生命，注意交通安全。

［教师］　我们来设想一下，如果时光可以倒流，如果可以重新选择。他们还会违反交通法规吗？结果又会怎样？

［学生1］　这些人就不会离开人世。

［学生2］　他们的家庭依然会充满欢声笑语。

［学生3］　他们不会酒后驾车。

［学生4］　我相信，他们一定不会超速开车。

［教师］　没有比生命更宝贵的财富，没有比安全更重要的幸福。每一个交通参与者都应该珍爱生命，平安出行。

（板书：珍爱生命，平安出行）

［教师］　可是，老师发现有些同学在马路上的表现真让人担心。请同学们边看边思考，这起交通事故是由什么引起的？

（播放课件）

［教师］　你找到这起事故的原因了吗？

［学生］　两个同学在马路上玩耍。

［教师］　我们来看一看这起事故带来的灾难：货车因刹车不及，将骑车人当场撞死。这场事故中，一人死亡，车上有人因急刹车受伤，并造成交通堵塞近40分钟。同学们再想一想，这起交通事故除了给当事人带来灾难，还会带来哪些恶果？

［学生1］　死者的母亲听到消息后会痛哭甚至晕死过去。

［学生2］　堵车了，耽误了大家办事。

［学生3］　没妈的孩子真可怜。离开了妈妈的怀抱，幸福哪里找？

［教师］　如果你是司机，你会对两个孩子说点什么？

［学生1］　马路不是游戏场。

［学生2］　谁让你们在马路上玩？

……

［教师］　如果你是这位阿姨的孩子，你想对这两位同学说什么？

［学生1］　你还我妈妈！

［学生2］　你们是坏蛋！

［教师］　同学们说出了失去母爱的孩子的心声。同学们，在我国，平均每年有3万多名孩子因为道路交通事故受伤甚至死亡，在这其中，有66%的交通事故是因为孩子违章引起的。老师请同学们记住：马路不是游戏场。为了自己和他人的幸福，请自觉遵守交通规则。

（板书：自觉遵守交通规则）

（三）交通规则知多少

［教师］　告诉老师，你在走路、乘车时是怎样注意交通安全的？

［学生1］　走路靠右边走。

［学生2］　红灯停，绿灯行。

［学生3］　不在马路上玩耍。

……

［教师］　老师把我们小学生走路、乘车要注意的问题总结出来，想一想自己做到了吗？请看大屏幕。

（播放课件：小学生走路，乘车应注意的问题）

［教师］　通过学习，你以后还要注意哪方面的交通安全？

［学生］　我再也不在马路上玩了。

［教师］　好孩子，你做得对。老师送你一枚交通标志奖章。

［学生］　老师，我以后再看到有同学跨护栏，就告诉他这样做是不对的。

［教师］　我很欣赏你的做法。同学们可以互相提醒要注意安全。

（适时发出交通标志卡片）

（四）联系实际，辨析导行

［教师］　老师请你来当小交警，看看图中谁遵守了交通规则，谁违反了交通规则，为什么？

（播放课件，辨析图中的交通行为是否正确，并请学生说明理由）

……

[教师]　小交警，你想对违反交通规则的小朋友说什么呢？

[学生 1]　小朋友，你这样做是不对的。我国交通法规定十二岁以下的学生禁止骑自行车上马路。

[学生 2]　这位同学，请你不要在马路上玩耍，要注意安全。

[学生 3]　我觉得这位小同学做得对。过马路时有地下通道应该走地下通道。

……

[教师]　优秀小交警真诚、善良的语言，化解了一次次可能发生的交通危险。我要向你致敬。小交警，你们辛苦了。

[教师]　同学们，你们是老师心中最棒的学生，看看每个人胸前的这些交通标志，它们被人们亲切地称为“永不休息的交通警察”，提醒着人们注意交通规则，远离交通事故。小交警，你能找到几个好朋友呢？

（学生互相指认胸前的交通标志，也可谈自己课外认识到的）

（五）畅谈收获，争做交通安全小宣传员

[教师]　通过本节课的学习，你能用一句话来谈这节课的收获吗？

[学生 1]　没有比生命更宝贵的财富，没有比安全更重要的幸福。

[学生 2]　我们一定要养成自觉遵守交通规则的好习惯。

[学生 3]　最大的幸福是平安。

……

[教师]　人在路上，平安是福。美好的人生从安全开始（将交通事故的图片取下）。通过这节课的学习，老师希望同学们不但自己能自觉遵守交通规则，同时也做一个交通安全宣传员，把这节课学到的知识讲给身边的人听，为创造一个安全、通畅、文明、和谐的交通环境，尽自己的一份努力。愿每一位交通参与者都能珍爱生命，平安出行！

三、问题与困惑

“马路不是游戏场”这一主题涉及的交通法规既多又杂，在短暂的一堂课上，引导学生了解有关的交通规则和常识，树立安全意识，形成珍爱生命的态度，完成本节课的教学目标，无论对教师还是对学生而言，都是一个挑

战。反观现实生活中对于交通事故的频频发生给人们生活带来的不幸，对于生命的宝贵与脆弱，学生在平常的生活中虽然有一些认识与体会，但由于见得少而感受与体会得不够深刻。课堂上，总觉得学生在谈到交通事故的危害性时，认识得不够深，情感没有激发出来，学生面对自己收集的资料，提到的都是枯燥的数字，活动中只是教师一个人表演，有的学生根本就没有参与到课堂中来。

本节课学生自主学习探究的环节比较多，主要表现在学生课前收集信息的活动。认真的学生收集了一大堆自己都来不及了解的信息，有的学生收集的则是众所周知的信息，不够深入。还有的学生收集到的信息往往出乎意料，是教师备课中没有预想到的。有些学生的思想甚至更为深刻，也有的学生收集的资料远离本课的主题，教师在课堂上如何引导这部分学生，是一一地为之解答，还是草草地应付一两句？也有很多生成性问题，例如讨论到家长喝酒了，我们可不可以坐家长驾驶的车？这也是生活中我们每个人经常遇到的问题。由于时间的限制，对这些课程资源不能挖得太深太广，但如果就这样不了了之，不解决实际问题，那我们的课堂教学又缺乏实效性。在和谐高效课堂上，学生敢想，敢问，敢说，随机产生新问题、新矛盾，这些生成性问题十分宝贵。教师如何利用好这些宝贵的生成性资源，解决问题，关注学生个性的发展，使我们的教育达到“润物细无声”的境界，这也是新课改背景下教师面临的新问题与新考验。

四、教学反思

在本节课的教学中，我大胆地整合教材，让学生从现实生活出发，自己去创新教材，让学生到生活中去观察，体验。我布置学生开展课前调查，告诉学生收集的可以是与生活密切相关的交通法规，可以是有关交通事故的图片、文字资料，也可以是交通标志的图片等。在资料收集时可以是采访录音，也可以拍摄照片进行解说、图片展示等。给学生指明具体的路径，会让学生少走弯路，比较顺利地获取有用的材料，体验成功的喜悦，这一点对于小学生来说尤为重要。

在教学中，我鼓励学生把得来的信息进行加工，整理，得出自己的结论。一是要了解学生收集到什么信息，与课程主题无关或错误的信息要剔除，学生忽略的重要信息，我再进行补充，保证信息的正确全面；二是要根据已有的信息，确定激发学生情感体验的切入口。在教学中采用动态式讨论，小组合作形式，使学生参与的积极性得到充分的发挥，自主解疑的意识增强，师生、生生之间形成信息的多向交流和反馈，学生的“活动”得到时间上的保证，培养他们的兴趣与注意力，使所学的知识内化。

从课堂上看，学生汇报信息的形式活泼多样，不死板，让其他学生在生动的课堂中受到了教育。同时，由于每一小组都只重点研究了其中一个方面，因此，课堂上其他小组在汇报时又会让学生有新的收获，可谓是一举两得。案例中的汇报形式全部出自于学生的创造。学生能有那么多的汇报形式，这也正说明人的头脑不是有待填满的容器，而是期望点燃的火把。只要教师点燃了火把，创造之火将照亮学生的整个世界，从而带给我们无限的惊喜。在案例最后一个环节，鼓励学生用一句话来谈本节课的收获，释放了学生的自主性和创造性，学生在心与心的交流中，在走进生活的体验中，主动参与了品德的熏陶，增进了道德的自我修养，提高了品德素养，也有了现代交通意识和行为习惯。

五、教学评析

新课程需要的是一堂具有生命力的生成性的课，这样的课不完全是预设的结果，并不是教师把学生硬生生地拉入自己备好的教案中，缺乏学生思维、情感的“留白”，而是应该尊重学生的个人感受、体验和价值观，关注个人经验，把学生看成是道德的建构者和知识与文化的创造者。在本课例中，授课教师紧扣学生可以触摸到的现实，鼓励学生自己收集有关交通安全方面的信息，这样得来的信息，不仅真实，而且更有意义，学生更愿意交流分享。这样做，同时也开阔了学生的思路，为学生观察、体验社会生活提供了契机。

正思与反思就像分析的一对翅膀，不可或缺。习惯于正向思维的人一旦得到了逆向思维的帮助，就像战争的统帅得到了一支奇兵！这正好符合三年级学生的思维特点。在这个课例中“交通事故原因面面观”这个环节，面对学生和教师收集到的信息，授课教师提出设想：设想一下，如果时间可以倒流，如果他们遵守了交通规则，结果又会怎么样？这一问题的提出，恰如“一石激起千层浪”，大大提高了学生思辨的密度和效度，促成孩子自由思考，寻找意义，明白遵守交通规则的必要性和重要性，交通安全重在预防。

品德教学中，授课教师不再是道德的传授者，而是将自己定位于一个引导者，努力做一个“平等中的首席”。授课教师要做的就是将课堂建构成一个交流反馈的平台，让学生在这种交流和融合中，进行自主建构，生成一个新的内心世界，这个新的内心世界不是教材所呈现出来的翻版，而是学生品德的升华与行为的养成。

（课例作者：杨恕荣、刘艳艳，烟台市莱山区东轸格庄小学、孙家滩小学。课例设计指导与评析：孔玲）

美丽的宝岛台湾

一、教学设计

（一）学情分析

台湾问题虽然在当前是一个热门话题，但对于一群纯洁质朴的农村孩子来说还是比较沉重的，学生的现实生活与文本存在着一定的距离。随着两岸交往日益密切，许多台商纷纷来大陆发展，他们和大陆同胞一起为祖国的发展做贡献，对此学生还是有所耳闻。可台湾问题既尖锐又蕴涵着复杂的历史背景与因素，对于四年级的小学生来说，还无法真正明白其内涵。由于许多历史原因，不少在台同胞虽然身处台湾，但是却日日夜夜都在思念着大陆以及大陆的亲人，这种骨肉分离的痛苦和期盼统一的迫切心情对从小生活在父母幸福怀抱中的学生来说，理解起来还是有一定的难度。

（二）教材课题分析

“美丽的宝岛台湾”是小学四年级上册第一单元主题二中的教学内容。本单元包括“我的祖国多辽阔”“江山多娇”“祖国的宝岛台湾”“祖国江山的保卫者”四个主题，旨在让学生了解我国的地理概况与现实的统一问题，形成爱国情怀和强烈的国防意识。本课是在了解我国的地理概况基础上引出台湾问题，旨在让学生知道台湾自古以来就是祖国不可分割的一部分，两岸人民热切期盼台湾的回归。为实现这一教学目标，教材安排了“美丽的宝岛”“根脉相连”“祖国一定要统一”三个话题。话题间层层递进，使学生对台湾有一个比较全面的认识，培养学生热爱台湾同胞、热爱宝岛台湾的思想感情。

（三）教学目标

1. 情感态度与价值观。通过系列活动，使学生明确台湾自古以来一直是祖国不可分割的神圣领土，我国政府一直致力于台湾问题的解决，对学生进行爱国主义及国情教育。

2. 能力。能向同伴介绍有关台湾的知识，培养学生获取信息、自主探究、合作学习等方面的能力。

3. 知识。了解台湾的地理概况，台湾问题的由来；知道台湾的美丽与富饶是千百年来人们辛勤劳动的结果；知道台湾与祖国大陆同祖同源，台湾是祖国不可分割的一部分。

（四）教学要点

1. 重点。让学生了解台湾的地理概况，知道台湾的美丽与富饶是千百年来人们辛勤开发、经营的结果；让学生知道台湾与祖国大陆同祖同源，台湾是祖国不可分割的一部分；让学生了解台湾问题的由来，知道我国政府一直致力于台湾问题的解决，两岸人民渴望统一。

2. 难点。知道台湾是祖国不可分割的一部分，感受两岸人民渴望统一的心情，激发学生对台湾的热爱及对祖国统一的盼望之情。

（五）教学准备

1. 教师准备。《阿里山的姑娘》歌曲；中国地图和台湾全貌图；有关台湾的风景名胜及物产方面的影视资料；有关陈水扁的影视资料；一张一位台湾老人与失散了57年的亲人相拥的照片；余光中老先生的诗歌《乡愁》；两岸交流与合作的影视资料；心愿卡。

2. 学生准备。学生课前收集有关台湾的资料或图片。

（六）教学过程主要环节设计

1. 歌曲导入，引出课题。

播放《阿里山的姑娘》，引导学生思考歌曲描绘的地方。（板书：台湾）

2. 走进台湾，了解台湾。

（1）了解地理，感知台湾。

观察地图，大胆想象，初步感知台湾的地理位置及样子。

（2）畅游台湾，感受美丽。

播放课件，欣赏台湾的美景，激发学生对台湾的向往之情。

（3）了解物产，喜爱台湾。

播放配乐课件、小组交流，感知台湾丰富的物产，进一步激发学生对台湾的热爱与赞美。

3．根脉相连，批驳台独。

（1）同根同祖。

（2）同文同俗。

4．两岸情深，期盼回归。

5．交流合作，友好往来。

6．课外延伸，情感升华。

结合自己的感受写一段对台湾同胞的“寄语”，可以是一段小诗、一句深情的话、一篇日记、一封信或一幅画，下节课在班上交流。

板书设计：

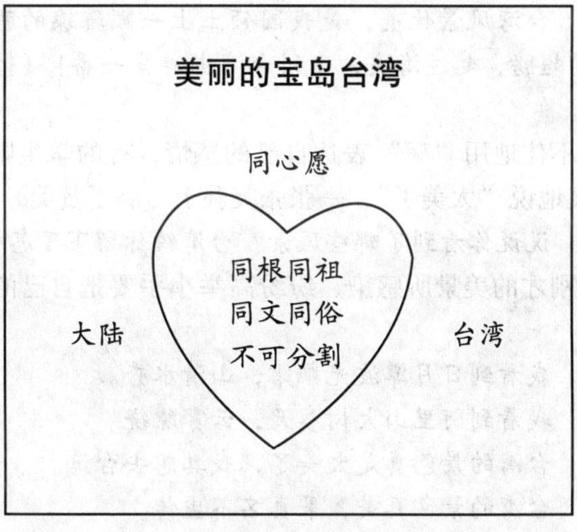

二、教学实施

片段一：

［教师］　大家知道台湾在哪里吗？老师这有一幅中国地图，谁能从地图上找出台湾岛。

（高举着小手希望我能点到他）

［学生1］　我可以肯定地告诉大家，这就是台湾岛。

［教师］　为什么这么肯定呢？

［学生1］　因为我课前已经预习过了。

[教师]　老师要为你树起大拇指，你真是个会学习的孩子。其他同学也要学习他这种好的学习方法。

[教师]　大家来看，远远望去台湾岛像什么？（引导学生进行大胆地想象）

[学生1]　我觉得很像一根弯弯的香蕉。

[学生2]　我觉得更像一个芒果。

[学生3]　我觉得像一片芭蕉叶。

……

[教师]　说得太好了！在祖国东南辽阔的大地上，有一座形状似芭蕉叶的岛屿，显得格外翠绿，这就是台湾。（出示台湾全貌图）

[教师]　台湾风景优美，是我国领土上一颗璀璨的明珠。就让我们一起乘着歌声的翅膀，越过海峡，飞到台湾去游览一番！（播放课件：台湾美景）

（有的学生不住地用“啊”表达自己的感情，有的学生则已抑制不住自己的感情，由衷地说“太美了”，一张张笑脸上写满了赞美）

[教师]　说说你看到了哪些风景？台湾给你留下了怎样的印象？

（学生已被刚才的美景所感染，纷纷高举小手要把自己的感受与大家共同分享）

[学生1]　我看到日月潭波光粼粼，山清水秀。

[学生2]　我看到阿里山大树参天，云雾缭绕。

[学生3]　台湾的景色真是太美了，我真想去台湾。

[学生4]　台湾的景色真美，果真名不虚传。

……

[教师]　同学们都有一双善于发现的眼睛，老师也同大家一样，感受到了台湾的美丽。（板书：美丽的宝岛台湾）其实台湾不但景色美丽，那里的水果也是很有名的。台湾一年12个月，每个月都有好吃的水果，你们知道我们吃的水果里，哪些是从海峡的彼岸运送过来的？

[学生1]　浑身长满软刺的火龙果。

[学生2]　有独特果味的芒果。

[学生3]　肉质甜美营养价值极高的木瓜。

[学生4]　果味清甜富含水分的杨桃。

……

［教师］　大家知道的还真不少。今天老师也带来了一些台湾的水果，想不想看?

［学生］　（高声齐答）想。

（播放介绍台湾水果的影视资料）

［教师］　台湾除了水果资源丰富以外，其他物产资源也特别丰富，请把收集到的这方面资料在小组内交流。

（小组合作交流描绘台湾的富饶后，小组代表对本组的资料进行汇总。请小组代表上台用投影仪展示）

［学生1］　我们小组交流的是有关台湾的农产。台湾的水稻、甘蔗和茶叶，在农副产品中名列前三名，或叫“台湾三宝”。特别是颗粒粗大、口感比较好的“蓬莱稻”，颇享盛名。甘蔗年产量1000多万吨。茶叶年产量3万吨左右。水果品种多，质量好，有香蕉、菠萝、柑橘等80多个品种。有“水果之王”之称的香蕉，产量每年都在200万吨左右。

［学生2］　我们小组交流的是台湾的林产。台湾的森林面积占全岛总面积的一半以上。树木类型多达4000多种，相当于整个欧洲大陆木本植物种数的三分之二。木材蓄积量约有2亿立方米。

［学生3］　我们小组交流的是台湾的水产。在台湾四周的浅海中，大约有500多种鱼。鲨鱼的鱼翅，更是著名的海味食品。鳗鱼也是一种名贵的海味食品，畅销许多国家。远洋渔业也较发达。除此，还有珍珠、珊瑚和海盐等；台湾有“东南盐库”之称，年产海盐四五十万吨。

［学生4］　我们小组交流的是台湾的矿产。除了石油和铁矿不足外，其他资源都比较丰富，已发现的有110多种，如金、银、铜、煤、硫磺、金刚石、铂、铀、锶、石英砂、金红石、独居石，以及锆、钛、钍等稀有金属元素。金矿也很出名，是我国产量最多的省份之一。

［教师］　老师也收集了一些台湾特产方面的资料制成了小短片，一起来欣赏。（教师播放影视资料，介绍台湾物产及别称的由来。如田间的水稻、甘蔗、海滨树林、渔场等让学生观赏）

［教师］　从这些别称中想象台湾是一个怎样的地方?

［学生1］　台湾是个富饶的地方。

［学生2］　台湾的特产真丰富。

［学生3］　台湾不愧是一座宝岛。

……

[教师]　是啊，台湾风景优美，物产丰富，自古就有鱼仓、米仓、东方糖库、东南盐库之称，是当之无愧的宝岛。(板书：台湾)

片段二：

[教师]　通过刚才对宝岛台湾的介绍，你有什么想法，有什么打算？

[学生1]　我真想亲自去看看那里的风光。

[学生2]　我想到台湾品尝那里特有的水果。

[学生3]　我想成为一名台湾人，这样就可以饱览美丽的风景，品尝美味的水果。

……

[教师]　是啊，祖国的宝岛台湾虽然风景优美，资源丰富，令人心驰神往。可就在这美丽富饶的宝岛上，却有这样一些人发出了不和谐的声音，请看（播放课件：有关陈水扁的影视资料）

[教师]　他们能成功吗？（学生愤愤地异口同声、铿锵有力地说不能）

[教师]　请同学们从书中找出台独必败的理由。

(学生小组活动后进行交流)

[学生1]　通过不同历史时期，人们开发台湾的故事，我们体会到台湾与大陆是同根同祖的。

[教师]　是啊，台湾人民与大陆人民都是炎黄子孙、龙的传人。我们都是中国人（师生齐答），我们的根在中国（师生齐答）。(板书：同根同祖)

[学生2]　相同的饮食文化，共有的传统节日，大街小巷看到的都是熟悉的汉字，这足以说明台湾与大陆同文同俗。

[教师]　祖国大陆和台湾同胞心相系，共有中华传统习俗，共享中华灿烂文明。(板书：同文同俗）这一切足以证明台湾和祖国是不可分割的。以陈水扁为首的台独分子的阴谋是不能得逞的。(板书：不可分割)

片段三：

[教师]　台湾与大陆虽然只有一水之隔，可由于历史的原因，两岸人民只能隔着海峡远远地眺望。这骨肉分离是人世间最令人心痛的事情。同学们，你们有过与亲人分别的经历吗？(学生低头沉思，打开回忆的大门)

[学生1]　我是跟着妈妈出来打工的，为了省钱，每个星期只能和爸爸通一次电话，每次听到爸爸的声音，我都会有种想哭的感觉，爸爸总是安

慰我再坚持坚持，年底我们就能团聚了。

[学生2]　爷爷被远在新疆的姑姑接走了，爷爷从小就特别疼爱我，一下子与爷爷分别了一个月，我心里很不舒服，吵着要爷爷回来，爷爷也放心不下。后来爷爷实在想念家里，就又回来了。到火车站去接爷爷时，我们互相看了又看，笑了又笑，手紧紧握着不愿松开。

[学生3]　从我记事起就从没跟妈妈分开过，前不久妈妈出差3天。晚上没有妈妈陪着睡觉，总觉得空落落的睡不踏实。等待妈妈归来的日子真是度日如年。

……

[教师]　是啊，分别是痛苦。当年许多大陆同胞与家人匆匆分别去了台湾，一别就是四十年。由于台湾当局处处阻挠，他们不准两岸人民书信往来，无法使用现代通讯工具。亲人生死未卜，无数的两岸同胞，饱受了亲人分离的痛苦。他们中的很多人，几十年后，就再也找不到自己的亲人了，即使找到了，相见的时候，都成了白发苍苍的老人。

[教师]　（出示课件，播放音乐营造氛围）这是一张真实的照片，这位年过70的台湾老人，在大陆终于找到了整整失散了57年的亲人，57年了，这57年来的思念之情化作了满脸的泪水，这57年的等待是何等的痛苦啊。看着感人的画面，想象一下，他们拥抱在一起，会说什么呢？

[学生1]　57年了，我终于看到了我的亲人，我死而无憾了。

[学生2]　不容易啊，我们用满头的沧桑，换来了难得的相会，我们一定要珍惜这来之不易的幸福。

[学生3]　感谢祖国，感谢祖国人民。

[学生4]　我们一定要好好活着，让岁月见证我们的心愿。

[学生5]　相信不久的将来，祖国一定能统一。那时，我们就是真正意义上的一家人了。

……

[教师]　多么感人的画面，在场的每一个人无不为之动容。台湾海峡割断了两岸人民的密切往来，但始终割断不了两岸人民血浓于水的同胞之情。一位久居台湾的老人余光中曾写过一首诗《乡愁》，让我们用心去聆听，去感受这位饱经沧桑的老人那浓浓的乡愁。

（音乐响起，课件展示《乡愁》，教师进行有感情地朗读，把学生带入一种淡淡的愁思中）

［教师］ 同学们，在余老先生如诉如泣的阐述中，你看到了什么？听到了什么呢？

［学生1］ 我仿佛看到一位白发苍苍的老爷爷站在大海边眺望着大陆，眼睛里充满了泪水。

［学生2］ 我仿佛听到了他正在呼喊着自己朝思暮想的母亲。

［学生3］ 我仿佛听到老人发自内心的呼喊：盼望大陆和台湾早日统一，能够在有生之年回到自己的祖国看一看。

……

［教师］ “乡愁是一湾浅浅的海峡，我在这头，大陆在那头。”台湾人民与我们的亲情难道是这一湾浅浅的海峡能分割的吗？（不能）因为我们一样都是黑眼睛、黑头发、黄皮肤的中国人，因为我们的心是相通的，因为在我们身上流淌的是我们中华民族的血脉，两岸同胞间那种血浓于水的感情是永远也割舍不断的。

三、问题与困惑

品德与社会是一门以学生社会生活为基础，促进学生良好品德形成和社会发展的综合课程。回顾整堂课的教学过程，我在展示大量的图片、影视资料基础上让学生了解台湾的优美风景、丰富的特产，学生的学习兴趣浓厚，参与课堂的积极性高，自然地拉近了学生与文本之间的距离。学生在“玩中学，学中玩”快乐地掌握了本节课的知识。但课堂中也留下了些许遗憾。由于频繁地使用多媒体课件，学生面对缤纷的画面很容易就被吸引住了，在一定程度上分散了学生听课的精力。往往在教师提出下一个问题时，学生还停留在上一环节的思维回味中，没有充足的思考时间，只能草草回答老师提出的问题，直接影响了课堂的教学效果。如为了让学生进一步感受台湾人民热切盼望回归的心情，我在让学生想象与父母分别经历的基础上出示一张旧照片。学生在老师引导下想象两位老人在相拥时可能会说些什么时，只是停留在“我终于能见到我的亲人了”“我们等了57年了，我们终于团圆了”等表面的情感体验中。其实只要在前面小组交流材料的基础上稍加思考，学生还是应该能感受到“祖国”在台湾人民心中的地位。怎样才能让多媒体课件在品德课中发挥它的作用呢？

四、教学反思

多媒体课件在品德教学中的广泛应用已是一种普遍现象。课堂中，恰当使用多媒体手段可以拓展学生的视野，将一些抽象的、历史的、静止的、遥远的材料化为具体的、生动的、现实的、亲近的、可感知的课程资源，能增强教学效果。

反思自己的教学，学生在课件的渲染下很快走进了文本，课堂因课件的加入而更加精彩。但我也看到了课堂中观看课件占去了将近一半的时间，学生过足了视觉瘾，却忽视了生生、师生间最原始的情感交流与有深度、有层次的思考。我想如果这节课中能把一些图片进行整合，如在感受台湾的美丽与富饶时，可在学生交流自己课前收集的一些资料（文字介绍、图片展示）的基础上，整体出示教师准备的有价值的资料（美丽的风景，丰富的特产）加以补充说明，一方面节省了课堂时间，另一方面也防止学生视觉过度疲劳。学生在欣赏精美的画面时自然而然地会从心理、情感上对台湾产生喜爱与赞美之情，而不是教师强加给学生的“美丽”。另外在课堂授课中教师与学生收集的资料有重复的现象。如台湾的美景介绍、物产资源。我想在今后的课堂中我们心中一定要装下学生，对学生的学情做到了如指掌。在制作课件时也应摒弃那些学生通过自己的学习就能掌握的知识，教师出示的资料应起到一个补充、强调的作用，以此来突破教学重点和难点。

五、教学评析

在讲课之前，我总是在想：授课教师会选择一种怎样的方式打开这扇若隐若现的门呢？让我感到眼前一亮的是授课教师紧紧地抓住了课题会说话的眼睛——“美丽的宝岛”，用学生熟悉的旋律《阿里山的姑娘》叩开了历史沉重的大门。虽然文本与学生之间存在着一定的距离，但授课教师在学生与教材之间，选择了这样一种和谐的对话方式，使学生在悦耳的音乐、向往的画面中以一种轻松的心态亲近文本。学生乘着歌声的翅膀，越过海峡，飞到台湾，看到一幕幕赏心悦目的台湾风光时，发出了心底由衷的感叹：“啊!”只简简单单的一个字，却最能抒发他们对宝岛台湾的向往、赞美与热爱，用视觉拨动他们心里最真实的情感之弦。由于学生生活环境及年龄的限制，他们对台湾尚未回归祖国的史实不太了解，很难体会到台湾同胞思念祖国及大陆亲人的心情。教师在突破这一难点时巧妙地在历史与现实之间，借用一首余光中的《乡愁》，创设了哀怨、思念亲人的氛围。学生通过想象，深切感受到台湾同胞和我们一样，都是黑眼睛、黑头发、黄皮肤的中国人，两岸人民盼望统一。在这里，讲述当年的历史并不是最重要的，最重要的是能让学生明确台湾自古就是中国的领土，体会到思念亲人、盼望团聚的深切情感。学生在不知不觉中受到了爱国主义教育，产生了热盼台湾回归的强烈愿望，教学也产生了“润物细无声”的良好效果。整堂课，学生在爱与思的情感体验中，感受到两岸人民渴望统一的心情，更激发学生对台湾的热爱及对祖国统一的盼望之情。从他们坚信的眼神中我们分明读出了课堂的魅力，读出了课堂的生命力。学生在一片和谐的课堂氛围中进入文本，走近了台湾。我想，这就是品德这门学科的魅力所在。

（课例作者：徐彩虹、王顺明，海阳市榆山街小学、凤城街道中心小学。课例指导与评析：张敏、姜苹）

诚信要靠行动来打造

一、教学设计

（一）学情分析

诚信是中华民族的传统美德，是为人处世的基本道德准则。做一个诚实守信的人，是学生从小就应树立的观念，但由于小学生主要生活在校园内和家庭中，对诚信的认识比较浅显，虽然当前社会生活中存在的失诚失信不道德现象已经影响到了小学生，他们也感受到不诚信给人们的生活和身心带来了影响和伤害，如三鹿奶粉事件、市场上的假冒伪劣商品的存在，但是在他们的观念中仍感觉这些事是发生在成人世界中，与他们现在的言行关系不大、联系也不是很紧密，诚实守信的要求距离他们还是比较遥远的。其实四年级的学生随着阅历的增多、经验的增长，已经从自我中心转向开始考虑周边的环境及生活环境中的其他人，如如何与朋友相处等。他们对社会所关注的焦点热点问题也已经有了一定的分析辨别能力，而且能够从多角度、多侧面进行探究和思考。所以在这一时期通过“诚信相伴”这一话题来提高学生的社会认知能力，唤起学生对诚信的认识和需求，并自觉付诸行动是非常必要的。做一个诚信的人尤其是从我做起，既是四年级孩子所能接受的，也是他们能做到的。

（二）教材课题分析

“诚信要靠行动来打造”是小学四年级下册第一单元主题三中的教学内容。本单元的教学目的在于让学生了解诚信含义、诚信在人际交往和社会生活中的重要意义及怎样做一个诚信的人，这三方面是环环相扣、层层递进、缺一不可的。主题三就是注重对学生进行诚信付诸行动的引导，其学习内容共分为三部分：社会生活中的信誉、诚信要靠行动来打造、诚信回归大行动。本节课是主题三中的第二部分内容，是在承接前一部分内容基础上的进一步深化，“社会生活中的信誉”让学生明白了大到国家间的交往，小到我们的日常生活甚至朋友间、师生间、亲人间的相处都需要讲诚信、获信誉。在此基础上教材又通过“海尔砸冰箱”和“温州鞋业的兴衰”两个事例，进一步说明一件小事就可以毁掉人们对一个人、一个企业、一个国家的信任，而赢得别人、别国乃至世界各国的信任需要多年持之以恒的努力，所以诚实守信的信念应时刻牢记心中，并落实在每一个实际行动上。尤其是中国已经加入了WTO，能否诚实有信，遵守国际商业规则，直接关系到中国在国际竞争中的地位。诚信重要，更重要的是要付诸行动，只有人人诚信、事事诚信，才能创建出一个诚信社会，打造一个有信誉的国家。

（三）教学目标

1．情感态度与价值观。明确“人无信不立”，激发学生树立诚信意识，从我做起，从小事做起，从现在做起。

2．能力。通过收集与诚信相关事例的活动，培养学生收集信息、整理信息的能力；引导学生分析自己身边不诚信的现象，有针对性地提出主张或建议。

3．知识。知道诚信是中华民族的传统美德；懂得诚信品牌毁之容易建之难。

（四）教学要点

1．重点。引导学生了解社会生活中有关诚信的事例，感受社会各种主体对诚信的期待，培养学生用实际行动参与诚信社会的打造。

2．难点。通过对社会生活中诚信与不诚信事例的剖析和对比，懂得诚信是现代社会的基本要求。通过活动参与，引导学生在生活中践行诚信。

（五）教学准备

1. 教师准备。准备“海尔砸冰箱”的有关资料；准备“三鹿奶粉事件”有关新闻报道；准备“温州鞋业”有关材料；视频《海尔的辉煌》。

2. 学生准备。观察本地区人们生活中一些不讲诚信的现象，并想出好的建议与主张；收集自己生活中遇到的讲诚信与不讲诚信的事例。

（六）教学过程主要环节设计

1. 轻松谈话，感受诚信。

师生通过谈话轻松进入课题，在交流中加深学生对诚信重要性的认识。

2. 互动学习，感悟诚信。

[活动一：联系实际，阐明观点——失信失掉市场]

学生交流遇到的不守诚信的事例。

[活动二：辨析导行，深化观点——诚信塑造品牌]

（1）课件播放海尔砸冰箱的视频。

（2）小小辩论会：砸冰箱可惜吗？

（3）课件播放温州烧鞋的视频。

3. 总结升华，打造诚信。

[活动三：争当社会诚信监督员]

（1）小组讨论：我们生活的城市和社区还存在哪些问题？

（2）全班交流提出的诚信主张和措施。

[活动四：诚实守信大比拼]

（1）进行自我诚信剖析。

（2）诚信感言交流。

4. 课外拓展，践行诚信。

学校正在开展“创建诚信校园”的活动，请同学们制订计划或方案。

板书设计：

诚信要靠行动来打造

海尔砸冰箱——提高诚信度　创立品牌形象

温州烧鞋——用行动创建高信誉　发挥品牌效应

二、教学实施

（一）轻松谈话，感受诚信

［教师］　上节课，我们一起了解了社会生活中的各种承诺形式，感知了社会各方面对诚信的期待，知道了人无信不立，国无信不存，诚信非常重要。老师现在有一个问题想请同学们帮忙，马上就要放“十一”长假了，我想买一双皮鞋，请同学们帮忙给我出个主意到哪去买？

［学生1］　到振华商厦。

［学生2］　南大街购物城。

［学生3］　到三站市场。

［教师］　谢谢你们，能说说你们的理由吗？

［学生1］　振华的鞋品种齐全都是大品牌，质量有保证。

［学生2］　南大街购物城物美价廉，我妈妈经常在那里买东西。

［学生3］　三站市场的鞋便宜。（声音有些小）

［教师］　你们说得都很有道理。老师到底该去哪买呢？（一个学生再次举手）

［学生］　老师千万不能贪便宜，前些日子我和妈妈一起在三站给我买了一双鞋，当时老板说保证穿一年没问题，结果没穿几天就开胶了，去找她还不承认，她说不是她卖的鞋。

［教师］　哎呀，这个卖鞋人太不讲诚信了，大家还敢再去买她的鞋吗？

［学生］　不敢。

［教师］　是的，一个人的诚信度如何，正是从他的行为上体现的，哪怕是一件小事，这就是我们今天要探讨的问题。（板书：诚信要靠行动来打造）

（二）互动学习，感悟诚信

［活动一：联系实际，阐明观点——失信失掉市场］

［教师］　其他同学是否遇到过类似事情？（学生纷纷举手）

［教师］　看来大家都遇到过这样的事例，小组内交流自己生活中遇到的不讲诚信的事例。（学生相互交流）

［教师］　老师刚才看大家交流得热火朝天，许多同学非常气愤，看

来怨恨不浅哪。每个小组选一个有代表性的例子说一下好吗?

［学生 1］　我爸爸有些胖，有一天，他看了卖减肥药的电视广告，于是也去买了几瓶，花了 600 多元钱，用了几个月，只瘦了一斤，根本没广告中吹嘘的那么神奇，我爸爸现在已经不相信电视广告了。

［学生 2］　前几天，我妈妈在海鲜批发市场买了三斤螃蟹，回到家一称，缺了八两，我妈妈说再也不去买他的东西了。

［学生 3］　有一天，我在家门口的一个小店买了一袋小食品，回家一吃，发现变味了。再仔细看包装袋，发现已经过了保质期。我现在再也不到这家商店买东西了。

［教师］　这些不法的商家太可恶了。他们的行为实际是在损坏自己的形象、砸自己的招牌，因为信用既是无形的力量，也是无形的财富。一个单位、企业的生命力不仅在于质量，也在于信誉，看来老师要吸取大家的教训，一定得到大商场去买品牌鞋了，因为品牌企业比较讲信用，生产的东西质量比较有保证。那么我们来看看品牌企业是如何用诚信来创立其品牌的。

［活动二：辨析导行，深化观点——诚信塑造品牌］

(课件出示海尔砸冰箱的有关材料)

［教师］　厂长砸冰箱，技术员认为可降价处理。你是什么意见？赞成砸的坐右边，赞成降价处理的坐左边，拿不定主意的坐中间。（学生按不同意见分成三个大组坐下)

［教师］　现在我宣布，关于“砸冰箱可惜吗?”小小辩论会开始。请正反双方各选出三名主要的辩手，并做好分工，这三位同学坐到队伍的最前面。(课件出示：“辩论会：砸冰箱可惜吗?”)

［教师］　首先，双方各派一选手陈述本队的观点。(学生推荐)

［学生］　正方学生：我认为冰箱砸得不可惜，因为质量有问题影响了品牌的形象，从而影响了企业的信誉。

［学生］　反方学生：我认为冰箱砸得可惜，因为损失了一大笔钱。

［教师］　第二步：攻辩双方互相提问、答辩。

［学生 1］　正方生：既然知道冰箱质量有问题，就应该砸毁，不然消费者买回去就得坏，坏了还得来找厂家。

［学生 2］　反方生：冰箱质量有问题，不必砸毁，可以贱价处理嘛。

［学生 3］　正方生：消费者发现冰箱有了质量问题，就会觉得这个品牌形象有问题，不会再买这个品牌的东西了。

［学生 4］　反方生：只是冰箱有问题，没必要想那么多。

……

［教师］　第三步：双方总结陈词。

［学生 1］　正方生：我方认为冰箱质量不好就得砸毁，不然的话影响了品牌的形象，影响了企业的信誉，要知道一个企业的生命力不仅在于质量，也在于信誉。

［学生 2］　反方生：我方认为冰箱不必砸毁，质量有问题可以维修解决。

［教师］　辩论即将结束，现在你赞成哪种意见就站到哪边的队伍中去，咱们看看哪个队赢得了今天的辩论。（获胜方欢呼雀跃）

［教师］　这个真实的故事就发生在海尔集团。（课件演示海尔集团今日的辉煌成就）

［教师］　从海尔今天在世界成就的业绩、占据的地位，你认为砸得对还是不对？

［学生］　对。

［教师］　所以海尔前任 CEO 张瑞敏说："只要我们对社会和人类的爱'真诚到永远'，社会也会承认我们到永远。"信用既是无形的力量，也是无形的财富。的确，一个单位、企业的生命力不仅在于质量，也在于信誉。让我们共同创立品牌，打造社会诚信。（板书：海尔砸冰箱——提高诚信度　创立品牌形象）

［教师］　现在，我国已加入了 WTO，社会各行各业中流行这样一个说法："诚信是金"。然而社会中却有一些行业在诚信方面存在问题。（课件出示有关三鹿奶粉的视频报道）看完后请同学们谈谈自己的看法。

［学生 1］　这个企业不讲信用，也就是砸自己品牌，也影响了整个的乳业。（学生纷纷举手）

［学生 2］　太可怕了，喝奶粉会得病，我现在什么奶也不喝了。我还知道许多奶农开始倒奶了。

［学生 3］　这些人太没有良心了，竟然拿婴儿的生命开玩笑，简直就是谋杀。

［学生 4］　不讲诚信就是自毁前程，好端端的一个企业就这么毁掉了，太可惜了。

……

［教师］　是啊，一个已经得到社会认可的企业就因为不信守承诺导致人民健康受损、企业破产、工人失业。然而有些企业却认识到诚信的重要，并用实际行动打造自己的良好形象，我们来看温州鞋业兴与衰。（课件出示："温州鞋业兴与衰"）请大家思考两个问题：1. 温州人为什么要烧鞋？2. 为什么一时一事就能毁掉温州的信誉，而重新建立信誉要花二十年的时间？

［学生1］　因为温州人生产的鞋质量不好别人不相信它了。

［学生2］　以前提到温州鞋大家就想到假冒伪劣产品，所以没人去买，他们就赚不到钱了。

［学生3］　他们烧鞋是为了让大家知道他们要重新生产质量好的鞋。

［学生4］　他们烧鞋是为了烧掉过去大家不信任的鞋，表明决心要制造让大家信得过的好鞋。

［学生5］　因为一个品牌的创立需要经过大家长时间的检验才能信任它。

［学生6］　因为你一次不讲信用，别人就会再也不相信你了，只有长时间守信用别人才会相信你，所以毁掉一个品牌很容易，创立一个品牌却要花很长的时间。

［学生7］　我认为企业一定要讲究诚信，我看过报纸报道过有的出口产品不合格，既要打官司，又要赔偿损失的。

［教师］　同学们很有见解，也很有正义感。许许多多的事例都证明了一点——"诚信是企业的生命线"。一件不讲诚信的事可能毁掉一个企业。而良好信誉的建立不是一时一刻就能完成的，需要长期坚持不懈，始终如一，才能得到大多数消费者的认可。（板书：温州烧鞋——用行动创建高信誉　发挥品牌效应）

（三）总结升华，打造诚信

［教师］　社会的诚信需要每个人共同努力，我们是社会的一员，也应该为打造社会诚信出力献策。现在我们以小组为单位通过两个活动来开展"打造社会诚信"的行动。

［活动三：争当社会诚信监督员］

（课件出示活动规则：1. 先议一议：我们生活的城市和社区还存在哪些问题？2. 每组针对一个问题，提出我们的诚信主张和措施。3. 用你们喜欢的或最恰当的表达方式向大家宣读你们的诚信主张和措施）

（分小组商量讨论，写建议，并在全班展示交流）

［学生 1］　许多学校周围的小商贩卖三无产品，我们建议工商局不定期检查，如果发现就没收或罚款。

［学生 2］　现在我们有许多人养狗，但遛狗时间很随意，而且小狗也随地大小便，我们烟台是全国文明城市，作为文明市民，这就是不讲诚信的表现。我们小组建议城管和社区配合检查，如果发现给予一定处罚。

［教师］　大家的建议非常好，有你们这样的小公民我们社会就有希望。我知道我们班级同学家里就有养狗的，请咱们同学在管好自己的同时也督促咱们的家长，做一个信守承诺的文明市民。同学们，现代社会呼唤诚信，那我们小学生又该如何做到诚信呢？

［活动四：诚实守信大比拼］

［教师］　诚信的人，会得到别人的信任和尊重；诚信的人会获得别人的友谊；诚信的人自己也会感到轻松快乐。那么，我们同学在平日的学习生活中有没有失诚失信的行为呢？今天我们就好好地回忆一下，把不诚信的言行和你对这些事的认识写在准备好的纸条上，折好交给老师。（为了保护学生的自尊心）

［学生 1］　我上课不专心，课后作业抄袭应付是不讲究诚信的表现，我对不起教育我的老师。

［学生 2］　讲假话，以学校为由，曾骗取家长钱物，用于上网吧，吃零食，我很后悔。

［学生 3］　我有一次晚上没写作业，我怕老师批评，就说谎，说作业落家里了，隐瞒真相，这真是错上加错。

［学生 4］　我有一次在路上捡到 10 元钱，没有主动交给老师或寻找失主，却据为己有……

……

［教师］　听到同学们的内心独白，老师为你们勇于承认自己的错误深深感动，我从中也看到了你们改正错误的决心，希望同学们能够严格自律，争做一个诚实守信的小公民。据我所知，我们班有很多诚实守信的好同学，今天我们就来夸夸我们班级的诚信之星，你准备夸谁？说说你为什么夸他？

［学生 1］　我想夸的是学生甲。有一次我和她约好去公园玩，由于我坐的汽车半路坏了，晚了半个多小时。来到公园门口，我远远望见学生甲向

我招手，原来她一直在等我。我非常感动，我觉得她是真正的朋友。

[学生2]　　我想夸的是学生乙。上个星期六，我参加校园集体舞比赛，我跟他借一双黑皮鞋，他答应借给我，但周五忘记带来。而星期六早晨六点到学校化妆时，在学校门口我看见学生乙和他妈妈一起在等我，手里还提着一双黑皮鞋，我当时感动得眼泪快要流出来了。

[学生3]　　我夸的是学生丙，有一次，她在东花园拾到一个钱包，里面有好多钱，她想都没想就交给了老师，她这么诚实，应该是班级的诚信之星。

……

（四）课外拓展，践行诚信

[教师]　　我们班有这么多的“诚信之星”，侯老师已经被咱们这个和谐诚信的大家庭感染了，我为你们感到骄傲。同学们，在当今社会，诚实守信既是做人应当具有的基本品质，同时也是一个企业稳步发展的根基，更是一个国家或民族立于不败之地的保障。胡锦涛爷爷提出“以诚实守信为荣、以见利忘义为耻”，作为新时代的少年学生，我们应从身边的每件小事做起，让诚信伴着我们一路前行，一生同行，让我们用实际行动共同来打造一个诚信的社会。现在我们学校正在开展“创建诚信校园”的活动，你肯定有很多的设想和建议吧！课后你们以小组为单位，把你们的计划和建议写下来，交给你们的辅导员老师，来争创“诚信小队”！

三、问题与困惑

我在执教本课时遇到的问题与困惑是：

1. 本课的课堂教学着重激发学生将诚实守信的道德情感愿望付诸行动。但是面对社会诸多不守诚信现象的存在，有的同学不能够做出明确抉择。例如：质量不好的冰箱可以贱价处理，买假冒伪劣的鞋子可以便宜很多钱。如何让学生真正认识到砸冰箱、烧鞋子是正确明智的抉择，仅靠辩论还不可能从根本上解决问题，如何更好地引导学生正确认识这一做法，这是备课、上课过程中一直让我困惑的问题。

2. 培养学生做一个诚信的人，在诚信机制不够健全的社会环境中，事事恪守诚信确实有一定的难度。课堂教学活动中同学们能够从理论上明辨是非，但实际生活中诚信吃亏的现象时有发生，如何解决好有时出现的诚信吃亏这一矛盾，我认为这是仅靠课堂教学无法完成的。

四、教学反思

当今社会是市场经济社会，讲诚守信是个人立身、企业生存、国家发展的重要根基之一。最大限度地追求利润和效益是市场经济体制下商品经济发展的规律，学生对砸冰箱、烧鞋子的做法存在疑虑是不可避免的。鉴于学生缺少经济发展的规律及市场经济运行的相关常识，导致辩论中正方阐述观点有时底气不足，因此课前应该充分准备，引导学生从企业的长远利益、社会公德、法律法规要求的角度看待这种行为，从而明确其正确性和必要性。让学生明白诚信既是企业魅力，又是社会公德和法律准则的要求。教师应该参加辩论，加入正方的队伍，在关键处、细微处进行指导和点拨，根据课堂生成的实际内容加以引导，如贱卖冰箱、鞋子获得的是小利，失掉信誉、失掉市场，失掉长远，失掉的是大利，从而引领学生的思维不断向纵深发展，这样可以使正方的观点更有力量，进一步提升辩论的实效性。同时教学中也不能忽视社会中不讲诚信的现象，尤其是践行诚信这一问题，还是应落实到行动上，因此要从学生生活实际出发，结合具体事例激发学生主动养成诚实守信的习惯。但教师也应当在适当时机提醒学生现实生活是复杂多变的，诚信中也要讲智慧、讲方法。课前应准备适当的案例加以引导，尽量引导学生学会既正直真诚、信守承诺又避免因诚信而吃亏现象发生的方法。

五、教学评析

诚信教育是一个非常典型的基础道德教育主题，授课教师运用活动化教学使品德教育“充满生命的活力”。在本课教学中，首先，教师以帮忙为线索采用叙事、讨论、调查、活动等教学方法，营造一个以道德体验为基础、融事理与法理为一体的“道德场”，有助于提高学生的社会认知能力，也有助于学生感受诚信在市场经济中的地位和作用，从而自觉地把诚信作为自己的生活准则。其次，授课教师在教学中还注重精选资源并加以应用，一方面应用现实生活中的真实事例作为教学中谈论的话题，如将全民关注的焦点事件三鹿奶粉伤人破产案例与在社会上发生的典型海尔砸冰箱、温州烧鞋子案例进行对比，通过正反方辩论，力求达到析事明理的目的；另一方面还注重从学生实际生活中选材，如让学生发现身边不讲诚信的现象，并针对这些现象出主意、想办法，来为诚信社会的打造献计献策。这些有关诚信案例的运用，在学生的生活经历中相对充满情与理的“冲击”，能够充分调动学生参与的积极性，在师生间、生生间产生思维碰撞的火花，充分发挥了教育的智慧，达到了课堂的高效。另外，授课教师的德育切入点十分自然，对教材的重组把握灵活、恰当，从学生身边的小事入手，让学生在充分体验诚信重要的同时，更多地感悟到诚信社会的打造，要从自我做起，要从身边的每一点、每一件小事做起，可谓润物无声。课堂上或讨论、或辩论、或竞答，对社会不诚信事例进行了透视和声讨，对诚信的人和事给予了肯定和赞扬，使学生真正领悟到诚信不仅重要，而且必须落实到行动上。

（课例作者：侯淑娜、董雪梅，烟台市芝罘区潇翔小学、通伸小学。课例设计指导与评析：路观芝）

军民鱼水情

一、教学设计

（一）学情分析

通过前两课的学习，学生已初步体会到人民解放军是祖国江山的保卫者，了解到解放军的革命斗志和奉献精神。由于我们现在处在和平年代，如电影所述解放军为了保家卫国、抗击侵略而抛头颅、洒热血的事迹已基本不再显现，生活在校园中的孩子们对和平时期军人的生活和职能没有更深入的了解，更多局限在交警、民警进校进行的安全报告上，所以对军民之间的鱼水情深感受是不够深刻的。由于四年级的学生已经具备了有目的地收集整理资料的能力，而2008年我国南方雪灾、汶川地震中子弟兵的英雄事迹俯拾即是，我们学校也组织学生观看过这方面的新闻、影视资料，所以学生已经在一定程度上具备了这种情感体验。课前布置学生有目的地收集与整理资料，课堂上教师刻意地渲染并创设相关情境，应该能帮助他们更深刻体验到和平年代军民之间的鱼水深情，从而产生拥军、爱军的情感。

（二）教材课题分析

“军民鱼水情”是小学四年级下册第三单元主题四中的内容。本单元是以祖国的山水、民族为主线，讲述了我国辽阔的疆域、壮丽秀美的山河、团结融洽的民族、犹如一家的军民关系，将疆域、领土面积、行政区划、名山大川、台湾、各民族风情与习俗及热爱解放军等方面的内容整合为一个单元，意在引导学生通过观察社会生活现象，培养学生热爱祖国山河的情感，并学会综合看问题的方法。这几部分内容是紧密相连、相承相接、不可分割的一个整体。“祖国江山的保卫者”是本单元第四主题中的第二部分内容，主题四的学习重点是让学生在前面学习感悟热爱祖国的基础上，树立国防意识，知道保卫祖国人人有责，感受到我们伟大的祖国因为有了坚强的保卫者，才有祖国儿女的幸福生活。本节课主要引导学生从军民关系的角度感受解放军保卫边疆、保卫人民、服务人民的英雄事迹，激发孩子们拥军爱军的情感。课本用三幅图文展示了解放军作为人民子弟兵的形象，意在提示学生从保家为民的角度来了解解放军。同时用三幅图文介绍了一些学校开展的“拥军爱军行动”，意在提示学生，我们也应该继承这种光荣的传统，向解放军叔叔表达我们的心意，创建和谐的新型军民关系。

（三）教学目标

1. 情感态度与价值观。通过体验军队保民爱民的事例，感受军民之间的鱼水之情，从内心产生拥军、爱军的情感。

2. 能力。通过学生观察、收集、了解和平年代人民解放军与老百姓之间鱼水深情的事迹，既提高学生收集整理资料的能力，又培养他们学会综合看问题的能力。

3. 知识。知道解放军是祖国坚强的保卫者，在和平年代仍然发挥着重要的作用，要热爱解放军。

（四）教学要点

1. 重点。感受军民深情，产生拥军、爱军的情感。

2. 难点。如何创建新型的军民关系。

（五）教学准备

1. 教师准备。多媒体课件（内容包括：抗震救灾中子弟兵帮助老百姓在废墟中挖掘亲人、在马路上睡觉、十五壮士跳伞；雪灾中战士吃雪等图片；《为了谁》《直到永远》的视频和《拥军花鼓》《我爱雪莲花》的音频；魏巍的小诗）；根据小组数量制作心形卡片若干。

2. 学生准备。收集地震中、冰冻灾害中、身边发生的军民情深的事迹或图片。

（六）教学过程主要环节设计

1. 情境导入，感受鱼水情。

师生通过观看视频《为了谁》进入课题，在交流中初步感受军民鱼水情。

2. 互动学习，感悟鱼水情。

［活动一：体会军爱民］

（1）观看子弟兵抗震视频，初步感受人民子弟兵对百姓的爱护。

（2）交流课前收集的图片、文字等资料，深入体会人民子弟兵对百姓的无私奉献与热爱。

［活动二：体会民爱军］

（1）欣赏《拥军花鼓》，齐唱《我爱雪莲花》，推荐观看电影《红嫂》等，感受老百姓对人民子弟兵的热爱。

（2）交流课前收集的我们身边老百姓热爱子弟兵的事迹，体会军民之间的深厚感情。

（3）观看子弟兵撤离抗洪、抗雨雪、抗震地区视频，深入体会军民之间的鱼水情深。

［活动三：表达鱼水情］

（1）明理导行，表达鱼水情。

（2）观看视频，升华情感。

3. 课外拓展。

开展活动，拥军爱军。

让学生课下准备一台节目，与烟台驻军搞一次联欢，在实践中感受、加深军民情。

板书设计：

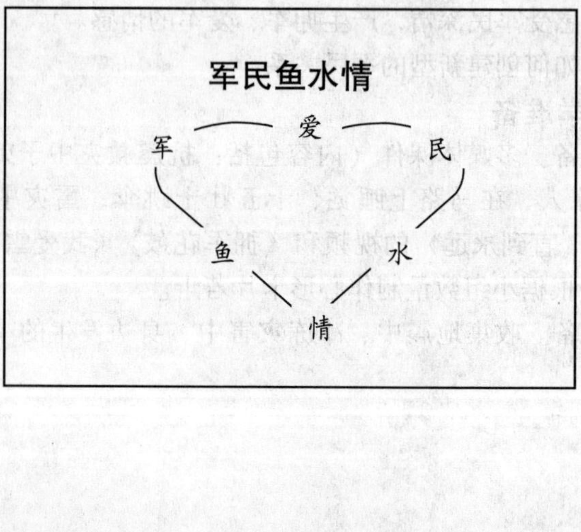

二、教学实施

片段一：情境导入，感受鱼水情

[教师]　有这样一首歌你们听过吗？这是一首赞扬1998年百万军民齐心协力抗洪救灾的歌曲，会唱的同学跟着唱一唱。大家边听边想，歌曲中的“你是谁，为了谁”是指什么？

（多媒体：视频《为了谁》）

[教师]　听出来了吗？歌曲中的“你”是指谁？为了谁的“谁”又是指谁？

[学生]　“你”是人民子弟兵，为了谁是指为了“老百姓”。

（板书：军民）

[教师]　课前同学们已经收集了地震、雪灾及身边的各种资料，这节课我们就是要通过这些资料了解和平年代的子弟兵与人民之间的鱼水深情。

（贴课题，齐读：军民鱼水情）

片段二：互动学习，感悟鱼水情

[活动一：体会军爱民]

[教师]　首先请大家看一组图片。

（多媒体：人民子弟兵抗震救灾图片，配以《士兵突击》的音乐）

[教师]　知道这是发生在哪里的事情吗？哪幅图片给你留下的印象最深，你有什么感受想说说吗？

[学生1]　那位背着老百姓的解放军给我的印象最深。老百姓长得比解放军还要高，一定很沉。这里到处是石头，余震随时可能发生，可他却不怕危险救老百姓，我非常敬佩他。

[学生2]　躺在路边睡觉的战士们让我感动。我想他们一定非常劳累。

[教师]　他们的帐篷哪里去了？

[学生3]　给老百姓了。

[教师]　地震中这样的镜头很多很多，请同学们先在小组内交流收集的资料，并谈谈你的感受。一会儿，我们选取最感动的资料全班交流。

（小组交流，教师参与其中）

[教师]　哪个小组愿意交流你们的资料？

[学生]　　老师，我在网上看到这样一段文字。（读战士救小女孩的故事）

[教师]　　看，这就是那位战士。他为什么让你们感动？你们体会到了什么？

（多媒体：战士图片）

[学生]　　这位战士不怕牺牲的精神让我们感动。废墟马上就要坍塌，他刚刚从这样的废墟中救出了一个孩子，还要再去救一个。并且是跪着求其他的战士让他再去救一个，根本不把自己的安危放在心上。

[教师]　　放在他心上的是什么？

[学生]　　孩子们的安危。

[教师]　　是什么力量让他这样做？

[学生]　　对孩子的爱。

[教师]　　还有吗？

[学生]　　老师，我在爸爸的手机报上看到这样一条消息。（读武汉特警在四川重灾区什邡市担负巡逻救灾任务时发生的故事）

[教师]　　他们没有粮食吗？没有水吗？都到哪里去了？是什么力量让他们这样做？

[学生]　　有！都给老百姓了。是爱的力量让他们这样做。

（板书：爱）

[学生]　　老师，这是我从报纸上收集到的图片（展示图片《爱，托起希望》），因为有爱，这两个宝宝诞生了；因为有爱，这些人都被救出来了。报纸上说，活着就有希望，希望是解放军对人民的爱托起来的。

[教师]　　又是爱，是人民子弟兵对老百姓爱的力量托起了老百姓生的希望。

（多媒体：子弟兵救灾图片，低声配乐《为了谁》）

[教师]　　（随画面介绍）在党中央、国务院的直接领导下，十几万官兵日夜奋战在抗震救灾的最前线，这样的画面每时每刻都在发生，这样的感动每分每秒都在上演，其中有一个镜头深深印在老师的脑海里，知道这幅图片的有关消息吗？

（多媒体：空降兵跳伞图片）

[学生]　　因为没有路，解放军通过跳伞到灾区。

[教师]　　是的，地震已经发生两天了，可是重灾区茂县没有一点消

息。14 日 11 时 48 分，空降兵某军决定在四川茂县实施空降。在云层低、风力强、余震不断的天气条件下，本不可能进行空降，而在 5000 米没有氧气的高空中更不允许空降；但解放军伞兵部队的子弟兵们硬是在写好了遗书之后，毅然跳向灾区大地。同学们，当 15 位勇士从 5000 米的无氧高空跳下去的时候，可能会发生怎样的情况？

[学生 1]　因为缺氧而死。

[学生 2]　可能会被摔死。

[学生 3]　他们落下来的时候可能会被泥石流掩埋。

[教师]　对，可能有摔伤的危险，可能有牺牲的危险，这些，他们都想到了吗？你从哪里知道的？

[学生]　想到的！因为他们都写了遗书。

[教师]　“写遗书”这个举动让你读出了什么？

[学生 1]　战士们是抱着必死的决心去的。

[学生 2]　他们是不怕死的。

[教师]　风萧萧兮易水寒，壮士一去兮不复还。明明知道这一跳可能再也见不到自己的亲人，明明知道这一跳可能再也站不起来，可是对祖国对人民的爱让他们毅然决然地跃出了机舱。壮士们用自己的行动在深邃的天空中刻下了一个大大的“爱”字。15 名“盲跳”的勇士在灾区中心着陆，并及时传回了宝贵的资料，为后续部队和装备大规模进入灾区赢得了宝贵的时间。此时此刻，你的心情怎样？

[学生 1]　非常激动！

[学生 2]　自豪！

[学生 3]　高兴！

[教师]　是的，有了他们，再大的灾难我们都不怕。孩子们，你的身边有子弟兵的身影吗？

[学生 1]　老师，我们每天上学、放学过马路时，都有警察叔叔在学校旁边指挥交通，让我们安全过马路。

[学生 2]　每当下雪的时候，海军航空学院的战士们都会出来扫雪，我们走路就不会摔跤了。

[学生 3]　我听爸爸说，2003 年塔山起了一场大火，是解放军不顾生命危险和当地的群众一起扑灭了大火，保护了塔山的草木等。而他们一天的时间只吃了一顿包子。

[学生4]　（出示夹河绿树照片）2002年前这儿还是一片荒滩，到处尘土飞扬。是解放军战士在这17．8公里的河岸上栽下了无数幼小的树苗，现在这里已经成了风景胜地，我们也喝上了更干净的水。

[学生5]　一天晚上我们这儿发生了一起严重的车祸，汽车着火了，消防战士们冒着爆炸的危险，从车里把司机救了出来。

[学生6]　去年市区一家饭店厨房着火，也是消防队员冒着生命危险，一次次进去把液化气罐背出来的。

[教师]　原来子弟兵离我们这样近，原来没有硝烟的战场也处处都能看到那抹军绿，只要是人民需要！谁想交流雪灾中收集到的资料？

[学生1]　在广州火车站，武警官兵用自己的身躯组成八道人墙，保护24万旅客的安全。

[学生2]　（出示图片）为了让旅客早日回家过年，战士们连续与暴风雪搏斗八天，在京珠高速公路通车的那一刻就坐在车厢睡着了。你看他们睡得多香啊，一定非常劳累，也一定非常开心。

[教师]　八天的搏斗耗尽了他们的体力，写满了他们的爱心。所以书上说，解放军是——

[学生]　祖国坚强的保卫者。

[教师]　也是——

[学生]　人民的子弟兵。

[教师]　不论是——

[学生]　地震灾害，

[教师]　还是——

[学生]　抗洪前线，

[教师]　每当人民遇到危险和困难——

[学生]　冲在最前面的就是解放军。

[活动二：体会民爱军]

[教师]　子弟兵这样热爱老百姓，老百姓又是怎样对待子弟兵的呢？

（多媒体：音频《拥军花鼓》）

[教师]　你从歌曲中听出了什么？

[学生]　听出了人民对解放军的爱。

[教师]　这首《拥军花鼓》唱出了战争年代人民对八路军的爱。你还知道这样的故事和歌曲吗？

［学生］　我们学过一首表达新疆小朋友对解放军的爱的歌曲《我爱雪莲花》。(学生拍手齐唱)

(多媒体：音频《我爱雪莲花》及歌词)

［教师］　唱得真好。老师给大家推荐一部电影《红嫂》，这部电影讲的是解放战争时期，山东沂蒙山区的一位大嫂，用奶水救活了一名负伤严重的解放军战士，并冒着生命危险帮助我们的子弟兵疗伤。这种爱不仅战争时期有，今天我们身边也有，你知道的有哪些？

［学生］　我这里有一幅图片，3 月 14 日是国际警察日，在芝罘区魁星楼隧道路口，少年宫的孩子们正在为执勤的一大队交警献上节日的祝福。

［教师］　芬芳的爱。

［学生］　我家邻居的儿子参军了，阿姨每年都要到部队上送一卡车苹果给战士们吃。

［教师］　甜甜的爱。

［学生］　去年建军节，我们学校的文艺代表队还到部队上为战士们表演节目呢。

［教师］　快乐的爱。

［学生］　我爸爸在区政府工作，每年领导都带着他们给部队送猪肉、大米、花生油等很多生活用品。

［教师］　政府的关怀。

［学生］　每年的冬天，总是有很多人去当兵。走的时候，人们还敲锣打鼓欢送他们。

［教师］　心动不如行动！

(多媒体：子弟兵撤离抗洪、抗雨雪、抗震地区视频)

［教师］　孩子们，你们看到了什么，想说什么？

［学生 1］　看到老百姓对子弟兵依依不舍。

［学生 2］　我看到很多人都哭了，我体会到老百姓和解放军之间的感情。

［学生 3］　我看到一个大嫂硬要把鸡蛋塞给火车上的战士们。我想说，解放军叔叔你们收下吧，那是大嫂对你们的感激之情啊！

［学生 4］　我看到那么多标语和彩旗，我要说解放军是好样的，长大我也要去参军！

[活动三：表达鱼水情]

[教师]　是的，孩子们，你也是人民中的一员，也许10年后，你也会成为一名人民子弟兵。面对人民子弟兵，我们该怎么办？请同学们参照书上图片，把你最想说的话，最想为子弟兵做的事写在小组的卡片上。

（小组活动，多媒体出示本节课一系列图片，配乐《为了谁》）

（学生交流，随机把学生的卡片贴到黑板上）

[学生]　老师，我们想用课前收集到的两句话表达对子弟兵的爱：军爱民民拥军，军民团结一家亲。民拥军意比泰山重，军爱民情似东海深。

[教师]　多么有文采的爱。

[学生]　我们要好好学习，天天向上，将来接过你们手中的枪，保家卫国，做一名忠诚的人民子弟兵。

[教师]　多么勇敢的爱。

[学生]　谢谢你们栽下的树，让我们喝到这么甜的水。我们一定会做保护环境的小卫士。

[教师]　说出了老师的心声。

[学生]　15位勇士，你们是我们的骄傲，是我们心中的大英雄。我们小组全体同学向你们敬礼！

[教师]　孩子们，你们也愿意这样做吗？好，让我们全体起立，向伟大的人民子弟兵敬礼！

[教师]　你们纯真的爱一定能消除解放军战士的疲劳。著名的战地作家魏巍也为解放军写过一首诗，想读读吗？

[学生]　他们的品质　是那样的纯洁和高尚
他们的意志　是那样的坚韧和刚强
他们的气质　是那样的淳朴和谦逊
他们的胸怀　是那样的美丽和宽广

（多媒体：魏巍的小诗）

[教师]　是啊，解放军是党领导下的人民的军队，军从民中来，民由军保卫。军爱民，民爱军，解放军和老百姓之间就像鱼和水一样，谁也离不开谁。在军民团结的钢铁长城面前，洪水，冲不走我们的希望；雪灾，阻不断我们的道路；地震，震不垮我们的家园。最后，让我们伴随着《直到永远》的旋律，重温那感人的一幕一幕。

（多媒体：播放视频，教师补充板书）

片段三：课外拓展

[教师]　孩子们，想与人民子弟兵零距离接触吗？八一建军节我校将与烟台驻地某军搞一次联欢，请大家课下为战士们准备一台节目好吗？

三、问题与困惑

我在执教本课时遇到的问题与困惑是：从课堂实际来看，学生对大灾大难中军民鱼水情的体会是比较深刻的，准备的材料很充分，这与今年我国突发性灾难中救助情况的大力宣传有关。但是学生对身边军爱民、民爱军的事例知之较少，这种没有实际体验的军民鱼水情感在孩子心目中能保持多久？

四、教学反思

和平年代，军爱民、民爱军的感情表现有所淡化，学生对这种感情的体会不够深，所以想达到预期的教学目的有一定的困难。这主要是源于现在的小学生与人民解放军接触的机会很少，对他们的了解只停留在电视或报刊的报道上。虽然南方的冰雪灾害和5·12汶川地震中，人民子弟兵展现出了其保卫人民、服务人民的作用，但和平年代这样的事情不是经常发生，所以还应更多地从现实生活中挖掘子弟兵不平凡的表现，如课前组织学生开展一定的实践活动，带领学生到驻军部队去参观解放军战士的生活，或请他们到学校讲述自己的故事，那么学生对和平年代军民之间的鱼水情深的理解一定会更深入，学生拥军的自觉性也会有一定的提高。

五、教学评析

这节课的教学设计体现了《课程标准》的基本理念，教学目标的制订体现了“三维”要求的有机结合。从教学实施来看，一是能够围绕目标对教材进行选择调整、加工提炼，能根据学生的生活实际和接受程度加以补充和拓展，注意生成。课文中抗洪救灾图片描述的是1998年的事情，今天四年级的孩子那时刚一两岁，对此并没有什么印象。而2008年春天我国南方牵动全世界人民的雪灾刚刚过去，5·12大地震接踵而来，孩子们通过报纸、电视、网络对昨天的伤痛与感动依然清晰。教师通过创设与教学内容紧密相关的情景，引导学生从雪灾、地震、身边寻找感受军民鱼水深情，体现了以生活为本的教学理念。二是精心设计问题，引导学生主动参与，积极讨论与探究，从而实现从明理到导行的顺利过渡，实现知情意行的有机结合。如在全班同学都为解放军的英雄事迹所感动的时候，教师反问学生：面对人民子弟兵，我们该怎么办？孩子们在前面情感铺垫下，对解放军的爱与崇敬自然而然流淌在教师课前准备的卡片上。这个环节使学生的真挚情感得以外显，让课堂教学与学生生活达到和谐统一，从而完成品德与社会教学“导行”目标。而最后的作业则使学生的学习由课内延伸到课外，由感悟上升为行动，再次强化“导行”目的。三是做到以人为本，在和谐中追求高效。教师能够充分挖掘、演绎教材内蕴的情感，用富有激情的教态、语言激发学生内潜的情趣，使学生情绪始终处于主动积极、兴奋活跃、稳定持久的状态之中。在学习活动中，随时征求学生的意见，能用商量式的语气向学生提出学习建议和要求，使学生从心底里体验到学习的愉快。学生是学习的主体，在整堂课中得到充分的体现，课堂因和谐而高效。

（课例作者：曹朝霞、姜玉宝，烟台市芝罘区只楚小学、航天小学。课例设计指导与评析：路观芝）

汉字的创造与发展

一、教学设计

（一）学情分析

四年级是小学高年级阶段，经过三年的学习，他们已掌握了3000多个汉字的读法和写法。虽然此时他们已掌握了大量汉字，但是在书写上经常会出现错别字现象，也对汉字的书写及其欣赏失去兴趣，甚至把课堂上的练字当成负担，出现马虎潦草应付了事的现象，对作业、作文中批改出的错别字也不以为然。汉字是我们祖先创造的优秀文化，汉语是我们的母语，每个中华儿女都应该会读并准确书写自己的语言，并担负着传播发展的责任，但学生对此没有正确的认识。从年龄和生理发展阶段看，四年级的学生正处在认知水平迅速发展期，他们有着广泛的兴趣和主动探索所需要的知识或技能的需求，学习汉字的创造与发展史，将使学生对汉字有新的认识，提高他们学习、研究祖国文字的兴趣。四年级也是小学生爱国情感、创新能力形成的关键期，了解汉字的产生及演变史，尤其是在实践中的发明和演变，有助于增强他们的创新意识，激发他们的民族自豪感。

（二）教材课题分析

“汉字的创造与发展”是小学四年级下册第四单元第三主题中的内容。本单元的三个主题分别是“吃穿住话古今”“火焰中的文化：陶瓷·青铜”和“汉字和书的故事”，这三部分是从不同的侧面展现我们祖先创造出的灿烂文化，让学生从多角度感受中华民族的聪明智慧和创造力。三部分内容紧密相连、一脉相承、主旨一致。“汉字的创造与发展”是第三主题中第一部分内容。汉字是人类文字史上最古老的文字之一，几千年来，它虽历经长期的演变、发展，却始终精髓永驻、魅力四射，不仅成为我国历史文化信息的载体，而且形成独具特色的艺术。本课旨在通过讲述汉字的产生、演变以及特点，让学生从多角度、多层面领略汉字文化的魅力和生命力，从而增强民族自豪感。

（三）教学目标

1．情感态度与价值观。感受汉字文化的无穷魅力和中国人在文字上的创造力，提高学生对汉字的学习和欣赏兴趣，激发学生的民族自豪感。

2．能力。通过汉字的产生及演变，使学生认识到实践是创新的前提，增强学生创新意识，提高学生创新能力。

3．知识。知道汉字是我们的祖先在实践中发明和创造的；简单了解汉字的造字规律。

（四）教学要点

1．重点。了解汉字的起源、演变、特点及规律，增强学好用好汉字的信心。

2．难点。感受汉字的无穷魅力，增强民族自豪感。

（五）教学准备

1．教师准备。查阅相关文献，了解汉字的产生、演变和造字特点并制作课件；查阅准备几个日本、越南、朝鲜等国家的文字。

2．学生准备。了解汉字造字的传说；收集汉字造字方法的相关资料；准备绳子、小木棒、沙子。

（六）教学过程主要环节设计

1．导入部分：初探汉字之美。

2. 互动学习部分：挖掘汉字之源、寻迹汉字之路。

[活动一：设置远古情境，体会汉字的重要性]

[活动二：寻迹汉字之路]

(1) 以《仓颉造字》的故事为引导，探索汉字的创造之路。

(2) 以观察“甲骨文”为例，引导学生了解、发现造字法。

(3) 在“马”字的动画演示中，观察总结出汉字的优势和演变规律。

3. 总结升华部分：体味汉字之甘。

(1) 师生互动，在“造字”“组字”游戏中感受汉字的趣味。

(2) 欣赏书法作品，激发学生对汉字艺术的热爱和内心的民族自豪感。

(3) 设计富有个性的签名，激发学生对汉字文化的热爱。

板书设计：

汉字的创造与发展

起源——劳动

创造——象形　形声　会意

发展——繁到简　多到少

二、教学实施

(一) 导入部分：初探汉字之美

[教师]　课前同学们初探汉字王国，收集到很多汉字珍宝，你想向大家展示吗？

(学生交流拍摄到的照片、收集到的文章等)

[学生1]　老师，这是我拍摄到的大厦墙面上的汉字广告标语。

(红掌礼品欢迎您)

[学生2]　这是我到饭店吃饭时记下的有趣菜名和房间名，如“火山下大雪”“绝代双骄”“母子相会”“黄山厅”“华山厅”“泰山厅”……

[学生3]　这是我收集下载的美文，有诸葛亮的《后出师表》、戴望舒的《雨巷》、朱自清的《匆匆》，我觉得这些文章写得非常好。

[学生4]　老师这是我收集到的千古绝帖，有王羲之的《兰亭序》，颜

真卿的《多宝塔》，柳公权的《金刚经》，这些字写得非常漂亮。

……

[教师]　同学们收集到的资料都非常好，通过展示我们可以看出汉字就是这样具有形态之美、意蕴之美、音韵之美。汉字不仅美，而且还有非常重要的作用，假如我们的生活中没有汉字，你会碰到哪些困难？

[学生1]　假如没有汉字，人们除了说话，不能用书写的方法来表达意思了。

[学生2]　假如没有汉字，人们就没有书籍了，没法读书了。

[学生3]　假如没有汉字，人们就不能记录历史了，我们也学不到很多的知识了。

[教师]　你们说得很对，我还想问一下去旅游过的同学？能听懂外地的方言吗？

[学生1]　我去过四川，听不懂那里的话。

[学生2]　去年，我去过广州，那里的人说话像讲外语。

[教师]　那用什么方法能快速准确解决这个问题？

[学生]　打手语。

[教师]　手语不好懂且有些意思表达不出来。

[学生]　说普通话。

[教师]　有的人不会说普通话，或普通话不标准有时别人也听不懂，那还有什么更好的办法？

[学生]　用汉字写出来。

[教师]　对，汉语的方言之多，差异之大，远远超过了许多国家的语言。在中国，不同地区的人们用方言交谈，可能会遇到障碍，但用汉字书写交流却基本能使人们毫无障碍地沟通。看来，咱们的生活的确缺不了汉字，汉字与我们的生活、学习息息相关。这汉字可是祖先留给我们的宝贵财富啊。

（二）互动学习部分

1. 挖掘汉字之源。

[教师]　同学们，汉字并不是随着人类的出现就产生的，你们想知道在没有汉字以前，古人是怎样记事的吗？就让我们通过时空隧道来到远古时代。（课件：古人生活的图片）今天部落猎取三头野猪，发挥你的想象和才干，设法记录下来吧。

(学生小组交流、汇报)

［学生1］　我们小组是用结绳的方法，我们在绳子的开头连续打三个结，代表三头野猪。

［学生2］　我们小组是用刻木的方法，我们在木头上，刻了我们的部落和三头野猪。

［学生3］　我们小组是用画图的方法，我们用小木棒，在混了水的沙土上画，干了以后，就能记下来了。

［教师］　如果千年前万年前的那天，猎取的是三百头野猪，甚至是特大丰收，再加上八十只高山岩羚羊，你还这样记录吗？

［学生1］　不能这样记录了，数量太多了，绳上的结太多，古人就分不出来是什么了。

［学生2］　刻完的木头太多，也容易丢了找不到。

［学生3］　在沙土上画画容易丢，在岩石上画画太费劲了，也不容易保护。

［教师］　那怎么办呢？

［学生］　用一个固定的东西表示才行。

［教师］　那是什么呢？

(学生思考)

［教师］　随着社会的发展，人们发明了一种统一的符号——演化为今天的“汉字”用来记事。可见汉字是在人们的劳动能力日渐提高，劳动的收获日益增多的情况下产生的。同学们，你们有什么感想呢？

［学生1］文字的产生真是太有必要了！

［学生2］我们的祖先真有智慧！

2. 寻迹汉字之路。

(1) 探索汉字的创造之路。

［教师］　汉字到底是怎样造出来的呢？请同学来讲讲《仓颉造字》的传说。

(课件:《仓颉造字》)

(一个学生，声情并茂地讲述)

［教师］　从这个传说中，你发现了什么？

［学生1］　我发现，仓颉是在日常的劳动中创造出了汉字。

［学生2］　我发现他创造的汉字，一开始就是模仿看到的事物，把它

形象地描画出来。

［学生3］　我认为是后来人们苦苦思索，把这些画简化成了符号，才成了最初的字。

［教师］　是啊，同学们，正像你们所发现的那样，汉字是在人们长期的劳动中，模仿事物来画图，再把图画用简化的符号表达，由此创造出来的。

［教师］　在这里，你想对祖先说些什么呢？

［学生1］　我们的祖先太有智慧了。

［学生2］　我们的祖先太有创造力了。

［教师］　你像祖先一样聪明吗？来猜猜这些图片吧！（出示甲骨文的图片）

（学生猜字）

［教师］　你有什么发现呢？

［学生1］　我发现这些字都刻在动物的骨头上。

［学生2］　我发现这些字像图画。

［教师］　这些刻在动物甲骨上的图画，就是“甲骨文”，是中国最早的汉字；甲骨文是一些事物的图画演变而来，所以有些很容易辨认出来。同学们，像这种模拟事物的外部形态而造字的方法，就是象形造字法；甲骨文就是一种象形字。

［教师］　是不是所有的汉字都是通过这种方法造出来的呢？请你仔细观察黑板上的字，说说你的发现吧！

（黑板上出示妈、骑、驾、木、林、森）

（学生思考，然后交流）

［学生1］　“妈”的读音像“马”。“骑”的读音像“奇”。“驾”的读音像“加”。

［学生2］　这三个字的意思，和它们的部首有关系。像“妈”，妈妈都是女的。“驾”的是“马”。

［学生3］　“木、林、森”，从字的样子就可以知道意思了。比如，一棵树，是“木”；两棵树，是“林”；很多树就是“森”了。

［教师］　同学分析得很有道理。像“妈、骑、驾”这些字，是由形旁和声旁拼合而成的，这种造字法就是形声法。汉字中有80%的字都是形声字，不仅表意还能表音，太奇妙啦。掌握了汉字这个规律，学习汉字就容易

多了。而“木、林、森”这些字，是把两个或两个以上的字，按意义合起来表示一个新的意义的字，这种造字法就是会意法。

[教师] 你能写出用这两种造字法造出的汉字吗？

（学生动脑思考，认真书写着汉字，教师巡视后，请学生进行板书）

[教师] （利用课件，进行知识拓展总结）东汉学者许慎曾在《说文解字》里分析归纳得出汉字的构造规律：“六书”，包括四种造字方法（象形、指事、会意、形声）和两种用字方法（转注、假借），大家在语文课上已经学过了，平时学习生字词时可以注意观察一下。

[教师] 其实，我国是最早出现文字的国家之一，汉字的出现对周边国家也产生了深刻的影响。（课件展示：日本、越南、朝鲜等国家的文字）同学们看这是日本、越南、朝鲜等国家的文字，他们都是在汉字的基础上创造的。

[教师] 现在，学习汉语早已成为世界的热潮，你能说说你的了解吗？

[学生1] 我知道现在很多大学里，都有各个国家的人来学习汉语。

[学生2] 我家的邻居就是韩国人，他也在学习汉语。

[学生3] 我看电视上，有组织外国人专门进行的汉语比赛。

[学生4] 我也看过外国人说相声、说快板的，有个叫大山的人汉语说得比较好。

[教师] 现在外国人纷纷学说汉语、写汉字，你有什么感受？

[学生1] 我觉得我们中国人了不起。

[学生2] 我觉得做一个中国人很自豪。

[教师] 同学们说得好，汉语是我们的母语，外国人都在学汉语，那我们更不应该落后。

（学生争先交流了解到的情况，在发言中感受到了作为华夏儿女的骄傲和自豪）

（2）发现汉字的演变。

[教师] 随着历史的发展和民族文化水平的提高，我们的汉字也在不断地发展和变化着，请大家猜猜这是什么字？

（课件：甲骨文、金文、小篆、隶书、楷书中的“马”字，展示“马”由繁到简的演变过程）

（学生观察，思考）

[教师]　通过不同的“马”字变化，你发现了什么？

[学生1]　从图画演变而来的，比如“马”字的“甲骨文”，就是画了一匹马。

[学生2]　从这个字上我就能看出来意思，字的上面是马头，下面的像马腿。

[学生3]　我发现“马”的笔画越来越少了，写起来越来越简单了。

[教师]　是啊，同学们，你们发现的是汉字的发展规律。

(出示课件：汉字是由图画演变来的、笔画由繁到简、写起来由难到易)

[教师]　同学们想知道世界其他民族文字中的“马”字怎么写吗？让我们来看看吧！

(出示课件：英文、德文、日文中的“马”字)

(学生观察，思考)

[教师]　和世界其他民族的文字相比，你有什么感触呢？

[学生1]　别的文字，看不出是一匹马。

[学生2]　我们的汉字，很生动，很漂亮。

[教师]　是啊，汉字既可以表示形态、意思，又可以表示读音。对此你有什么感受呢？

[学生1]　我们的祖先真聪明，真了不起。

[学生2]　我们中华民族真是一个充满智慧和创造力的民族！

(三) 总结升华部分：体味汉字之甘

[教师]　在日常生活中，我们时时处处都能见到汉字的身影。让我们一起和汉字做两个游戏，感受一下它的魅力吧！

(学生参与游戏)

(出示课件：造字游戏)

[教师]　这是一个“日”字，我们看看，如果在这个字的基础上添加一笔，又可以组成哪些新的字？(旧、由、旦、申、甲)

(学生进行游戏)

[教师]　游戏有趣吗？你有什么发现呢？

[学生1]　很有趣，我发现用相同的笔画，可以组成不同的字。

[学生2]　我发现，字的笔画位置不一样，就是另外一个字了。

[教师]　一个简单的独体字，加上一笔，就创造出了那么多的新字。我们的祖先真是聪明，富有创造力。

（出示课件：组字游戏）

［教师］　接下来，我们一起来做个组句的游戏。

羊山上吃小草

羊上山吃小草

山上羊吃小草

小羊上山吃草……

（学生进行游戏）

［教师］　从这个游戏中，你又体会到了汉字有什么神奇之处？

［学生］　汉字太神奇了，把这些字按不同的顺序读，意思太不一样了，真奇特。

［教师］　对！只有汉字才能有这样多灵活多变的组合，这也是汉字的神奇之处。我们再来欣赏一下不同字体的书法名帖。

（课件：书法名帖，学生欣赏）

［教师］　了解了这么多汉字知识和变化，此时你最想说什么？

［学生1］　书法太美了！我喜欢我们国家的汉字。

［学生2］　作为中华民族的子孙我感到骄傲！

［教师］　说得真好。同学们，汉字的出现、发展、演变经过了漫长的过程，我们的祖先和先辈们发挥着自己的聪明才智，推动着汉字由繁到简、由难到易的转化，从而有了今天我们使用的简单漂亮的文字，造就了中华民族灿烂的文化，我们平时应怎样对待我们民族的这种精华呢？

［学生1］　我们应把汉字学好，不能出现错别字，这样就对不起祖先了。

［学生2］　我们还应使用好汉字，写出更好的小说或其他好文章，让汉字发挥的作用更大。

［学生3］　我们还应把我们国家的文字传到国外，让外国人也了解我们文化，扩大我们的影响。

［教师］　说得真深刻，同学们，我们应该继承我们民族优秀的宝贵的文化，学习我们先辈大胆创新、勇于实践的创新精神，发挥自己的聪明才智，为祖国建设、为中华民族的兴旺发达作出贡献。同学们，我们自己都有动听的名字，并且都是用汉字写的，下面的时间来挑选你喜欢的字体，设计自己独特的签名，让你的名字闪耀出你的智慧吧！

（学生挑选喜欢的字体，兴致勃勃地设计自己的签名。教师巡视，指导

设计）

［教师］　短短的一节课就要结束了，同学们，课后请你继续设计你的个性签名，下节课咱们展示一下，看谁设计得最漂亮。

三、问题与困惑

在执教“探索汉字的创造之路”这一环节中，对四年级的学生介绍汉字的造字法——“象形”“指事”“会意”“形声”的知识，在深度和语言表达上有这样的困惑：当教师提出问题：“是不是所有的汉字都是通过象形方法造出来的呢？请你再来观察这些字（妈、骑、驾；木、林、森），说说你的发现吧！”学生认真观察，思考，你一言我一语地交流，得出结论：“妈、骑、驾”的读音是字的一部分，像这样由一个表示读音的部分和一个表示意思的部分组合而成的字就是形声字。“休、林、森”这些字，是把两个或两个以上的字，按照它们本来的意思合起来，再来表示一个新的意思，这样创造出来的字就是会意字。教师这样对造字法概念的讲授，及语言表达上的准确度是否合理准确？

四、教学反思

本节课的内容与语文、历史课中的知识存在很多联系，尤其是汉字的产生、演变、发展方面，过简容易让学生感到枯燥无味，过细会讲成语文或历史课，为避免出现这些问题首先备课时要准备充分，教师要对教学目标理解更透彻，在具体操作的过程中，应该注意度的把握。通过使用生动的图片、动画等资源，让学生在具体欣赏中发现汉字的特点，这样更符合学生具体、形象化的思维特点；在学生实践中、在小组合作活动中、在游戏欣赏中体验感悟汉字的造字规律，使难理解的知识点具体形象化，这样既便于学生的理解，又能激发学生的学习兴趣。教师在造字法讲解前应进一步学习和研究相关知识，以便在教学中更好地引领学生寻找学习汉字的巧妙方法和适宜的途径。

五、教学评析

《课程标准》指出：“儿童期是品德与社会性发展的启蒙阶段，教育必须从他们发展的现实和可能出发。同时，有效的教育必须采用儿童乐于和适于接受的生动活泼的方式，帮助他们解决现实生活中的问题。”本节课，“让学生在活动中探究，在探究中发现和解决问题”充分体现了这一教学理念。一是教学目标准确，设计思路清晰，活动层次缜密，通过“初探汉字之美”“挖掘汉字之源”“寻迹汉字之路”“体味汉字之甘”四个环节，引领学生体会到汉字的重要性，了解了汉字的起源、演变、特点，以及与现实事物之间的联系；让学生感受汉字文化的无穷魅力和中国人在文字上的创造力，提高了学生学习、欣赏汉字的兴趣，充分激发着学生的民族自豪感。二是践行了《课程标准》自主探究、“和谐高效思维对话”的课堂教学理念，组织学生通过亲身参与实践，如拍摄各种文字照片，体验远古记事，观赏动画演示，参与汉字游戏，设计独特个性签名等有趣活动，让学生边体验边收获，一路走来，处处见花开，时时闻花香，在轻松愉快的氛围里汲取了知识，锻炼了能力，提升了情感，收获了知识。

（课例作者：毛春燕、马少惠，烟台市芝罘区工人子女小学、养正小学。课例指导与评析：路观芝）

起来，不愿做奴隶的人们

一、教学设计

（一）学情分析

热爱祖国是人世间最博大最纯洁的情感。五年级的学生在这方面已经具有了比较丰富的生活积累和情感体验，但学生对为什么要热爱祖国了解得并不是十分透彻。通过观察与了解本班学生，我发现：现在的学生根本没有兴趣去了解中国的过去和现状，更不想去深入地了解与关注现实生活中能够真实地反映中国历史与现状的丰富的课程资源，他们觉得这些都与自己相隔遥远，所以不需要也不想知道。这就要求教师必须找到最佳的切入点和最合适的方式，最大限度地激发学生的探究兴趣。因此，我认为教学中应该以学生的社会生活为主线，激发学生探索与了解中国历史的兴趣，并通过深入挖掘生活中真实而丰富的课程资源，激发学生的爱国主义情感，培养学生的民族意识和历史责任感。让学生知道中国人民尤其是在中国共产党的领导下救亡图存的抗争精神，从而激发学生敬佩爱戴革命先辈的情感，帮助学生树立奋发图强的爱国志向。

（二）教材课题分析

“起来，不愿做奴隶的人们”是小学五年级上册第二单元第二主题。本单元的教学内容有“不能忘记的屈辱”“起来，不愿做奴隶的人们”“为了中华民族的崛起”。本单元以时间为线索，按照遭受欺侮——奋起反抗——寻求救国之路的思路设计单元教学内容，目的在于让学生初步了解近代中国经历的屈辱和苦难，了解中国人民不屈不挠的抗争精神，激发学生的民族自尊心和爱国情感。可以说，这三方面的内容是环环相扣、层层递进、缺一不可的。教材主要选取了中国近现代史上发生的真实的重大历史事件，通过文字、图片、图表等多样的形式将这些事件清晰地呈现给学生，通过设置提示语引导学生去关注、去感悟事件体现的中国人民的民族抗争精神。教材的第36～37页主要借助统计表、图画和文字等形式介绍鸦片的危害；第38～39页分别借助故事、图片、诗歌和名言等形式介绍三元里抗英和黄海海战两个历史事件；第40～41页介绍了抗日战争时期的三次著名战役：即平型关大捷、台儿庄战役和百团大战。这些事件都反映了中国人民英勇抗击外国侵略者的英雄事迹，目的是让学生在了解历史事实的基础上，感受和了解中华民族反抗列强入侵的斗争精神。

（三）教学目标

1．情感态度与价值观。让学生体会中华民族顽强不屈的抗争精神，培养学生的民族意识和历史责任感；激发学生敬佩和爱戴民族英雄、革命先辈的情感，帮助学生树立奋发图强的爱国志向。

2．能力。培养学生收集、整理、分析历史信息的能力，能够清楚地表达自己的感受和见解；让学生学会通过调查访问、探究、活动体验和交流合作等方法了解历史、认识历史。

3．知识。了解林则徐、邓世昌等民族英雄反抗外来侵略者的故事；探究并了解中国遭受外国列强欺凌的原因，知道落后就要挨打的道理。

（四）教学要点

1．重点。让学生知道面对外来侵略，中国人民曾经进行了不屈不挠的斗争，体会中华民族顽强不屈的抗争精神；让学生通过不同的方式了解林则徐、邓世昌等民族英雄反抗外来侵略者的事迹；探究并了解中国遭受外国列强欺凌的原因，知道落后就要挨打的道理。

2. 难点。探究并了解中国遭受外国列强欺凌的原因，知道落后就要挨打的道理。

（五）教学准备

1. 教师准备。歌曲《义勇军进行曲》；反映近现代史上中华民族抗击外敌入侵的影片《林则徐》、经典抗日电影《血战台儿庄》和《地道战》等片段录像。

2. 学生准备。课前阅读、收集、整理近现代史上中华儿女反抗外国侵略的历史资料。

（六）教学过程主要环节设计

1. 创设情境，导入新课。

（1）展现影片《林则徐》片段，再现近现代史上中国人民反抗外敌入侵的情景，播放国歌。

（2）学生交流感受与体会。

2. 探究活动，寻英雄足迹。

（1）自主阅读课文第36～41页，思考：①外国列强是怎样侵略我国的？②中国人民是怎样反抗外国列强侵略的？

（2）小组交流讨论自学的成果。

（3）出示列强向中国走私鸦片的文字和统计表。

引导学生想象：如果中国人都吸食鸦片，整个中国会是一种怎样的情景？以帮助学生了解鸦片给中国带来的危害。

（4）出示林则徐上书和虎门销烟资料。（板书：林则徐　虎门销烟）

引导学生思考：①林则徐为什么要销毁流入中国的鸦片、开展禁烟运动？②从“虎门销烟”这个故事中你体会到林则徐是个什么样的人？

（5）阅读“三元里抗英”和“黄海海战”两个故事。（板书：三元里人民 抗英斗争　邓世昌 黄海捐躯）

引导学生了解：①三元里人民抗英斗争的事迹。②黄海海战中邓世昌等中国将士的英雄壮举。③感受中国人民为捍卫国家领土完整，将生死置之度外的大无畏斗争精神。

（6）播放抗日影片《地道战》，让学生根据教材范例，交流所知道的平型关大捷、台儿庄战役、百团大战有关故事。（板书：中国人民 抗击日寇）

引导学生体会：中国人民万众一心、共同抗击日本侵略者的民族气概，激发学生的民族自尊心和历史责任感。

3. 交流资料，拓展知识。

组织学生分组交流课前收集、整理的有关资料。

4. 归纳总结，提升情感。

引导学生巩固掌握的知识和技能，提升学生爱国主义情感和历史责任感。（板书：顽强不屈 爱我中华）

板书设计：

起来，不愿做奴隶的人们			
	林则徐	虎门销烟	
顽强不屈	三元里人民	抗英斗争	爱我中华
	邓世昌	黄海捐躯	
	中国人民	抗击日寇	

二、教学实施

（一）创设情境，导入新课

（展现影片《林则徐》《血战台儿庄》片段，再现中国人民近现代为争取民族独立、国家富强而浴血奋战的影片场景，播放国歌）

［教师］ 同学们，当你目睹着一百多年来中国人民不怕牺牲、英勇反抗外来侵略者的壮举，听着这雄壮、亲切而又催人奋进的国歌时，你心里想到了什么？

［学生 1］ 中国人民面对外来的侵略，进行了不屈不挠的斗争。

［学生 2］ 我们今天的幸福生活是无数革命先烈用他们的生命和鲜血换来的。

［学生 3］ 我想到了我们今天的幸福生活是来之不易的，我们要倍加珍惜。

［教师］ 今天我们就一起学习第二单元的第二课。（板书：起来，不愿做奴隶的人们）

（二）探究活动，寻英雄足迹

［教师］　请同学们自主阅读课文第 36～41 页。思考：外国列强是怎样侵略我国的？中国人民是怎样反抗外国列强侵略的？

（小组讨论交流自学的成果；出示列强向中国走私鸦片的文字和统计表）

［教师］　同学们，你们知道鸦片是什么，对人体有什么危害？鸦片给中国带来了什么后果？

（学生在自主阅读教材和以小组交流讨论的基础上回答）

［学生 1］　鸦片是一种有强烈麻醉性的毒品，如果吸食上瘾，就不易戒除。

［学生 2］　长期吸食鸦片，人就会变得面黄肌瘦、委靡不振。

［学生 3］　购买鸦片需要花很多钱，很多人为了吸食鸦片倾家荡产。

［教师］　是啊，鸦片不仅会摧残人的健康，还会侵蚀人的意志。它不仅严重摧残着中国人的身心健康，还是外国列强从中国掠夺大量白银的帮凶，造成中国财政空虚、国力下降。据统计，从 1800 年至 1840 年 40 年中，光英国走私到中国的鸦片就有四十多万箱。到 1835 年时，中国已有 200 万人吸食鸦片。请同学们想象一下，如果中国人都吸食鸦片，整个中国会是一种怎样的情景？

［学生 1］　鸦片会使吸食者丧失劳动能力，如果中国人都吸食鸦片，那么中国会有大片的土地荒芜，人们会没有粮食吃。

［学生 2］　吸食鸦片会大大削弱军队的战斗力，中国人只能眼睁睁地看着外国列强入侵中国而无力抗敌。

［学生 3］　吸食鸦片会使人上瘾，长期购买会使中国的白银大量流入外国人的口袋里，中国就会变得越来越穷。

（通过了解、想象和交流，学生能充分感受到鸦片的危害和林则徐禁烟的伟大历史意义）

［教师］“绝不能让鸦片再危害中国”是许多爱国正直的中国官员的心声，林则徐就是其中的一个代表。（板书：林则徐）他不仅给皇帝上书强烈要求禁止鸦片进口，并且带头禁止外国鸦片贩子向中国贩卖鸦片，领导中国人民进行了轰轰烈烈的禁烟运动——虎门销烟。（板书：虎门销烟）请同学们认真阅读上书的内容和虎门销烟的故事，仔细观察虎门销烟的图片，说说自己的理解和感受。

（课件播放书上的内容和虎门销烟的故事与图片，预设学生思考问题：

①林则徐为什么要销毁流入中国的鸦片、开展禁烟运动？②从虎门销烟这个故事中你体会到林则徐是个什么样的人？）

［学生1］　因为鸦片的危害太大了，严重摧残着中国人的身心健康，所以要禁烟。

［学生2］　外国列强利用鸦片大量地掠夺中国的钱财，致使中国的白银大量外流。

［学生3］　虎门销烟使我认识到林则徐是一个正直爱国的人。

［教师］　面对外国列强的野蛮入侵，中国人民奋起反抗，广州三元里人民抗英斗争和邓世昌参与指挥的黄海海战就是其中著名的两个历史事件。（板书：三元里人民 抗英斗争　邓世昌 黄海海战）

（课件出示介绍黄海海战的历史故事、图片和邓世昌的话，教师提问：①从历史故事和邓世昌的话中你能体会到什么？②引导学生想象：当邓世昌指挥战舰冲向敌人的时候，他可能会想到什么？他为什么要这样做？学生以小组为单位进行讨论，然后交流）

［学生1］　邓世昌心里可能会想只要能保卫国家，就是牺牲自己的生命也值得。

［学生2］　侵略者真是太猖狂了，竟敢侵略中国。作为一名军人，我要竭尽自己所能捍卫祖国领土的完整，即使与敌人同归于尽。

（课件出示三元里人民抗英斗争的画面和缴获的战利品）

［教师］　看着这些画面和战利品，你有什么感受？

［学生1］　广州三元里人民太勇敢了，我体会到他们对国家的热爱。

［学生2］　广州三元里人民太厉害了，把英国侵略者打得落花流水，为中国人出了一口气。

［教师］　是啊，近现代的中国在经济、军事、科技等方面都远远落后于当时发达的西方列强，因此倍受外国列强的欺凌和侮辱，落后就要挨打，令人倍感振奋的是中国人民反抗外国侵略的斗争从未停止。

［教师］　1931年日本侵略军入侵中国领土，在祖国万分危难的时刻，中国人民万众一心，与日本侵略者进行了顽强的斗争，抗击日寇的烈火燃遍神州大地。（板书：中国人民　抗击日寇）

（教师播放抗日影片《血战台儿庄》《地道战》片段，请同学们根据教材，了解中国人民是怎样反抗日本侵略者侵略的。学生在阅读教材的基础上交流自己对三大战役的了解）

［学生1］　我了解到平型关大捷、台儿庄战役和百团大战是中国军队痛击日本侵略者的著名的大战役。

［学生2］　我知道了平型关大捷是八路军在平型关同日本侵略者展开的一场战斗。

［学生3］　平型关大捷沉重打击了日军的疯狂气焰，振奋了全国军民的抗战信心，提高了共产党和八路军的威望。它是中国军队对日作战取得的第一个重大的胜利。

［学生4］　台儿庄战役是一次大规模的会战，消灭日军一万多人，是抗战以来中国军队取得的重大胜利，真令人振奋啊！

［教师］　同学们，通过了解中国军民不屈不挠、奋勇抗战的英雄事迹，你有什么体会和感受呢？

［学生1］　我体会到中国共产党领导的八路军非常勇敢，把日本侵略者打得很惨。

［学生2］　我仿佛又看到了中国人民在战场上冒着枪林弹雨、勇往直前、奋勇杀敌的动人情景。

［学生3］　我感受到中国人民能够打败一切外国侵略者。

［学生4］　我们要好好学习科学文化知识，不辜负先辈对我们的期望，把我们的国家建设得更加繁荣富强，谁敢来侵略我们就把他们消灭。

［教师］　是啊，谁敢来侵略咱们的祖国，我们就坚决消灭他！我们有勇气，更有信心保卫我们的祖国，因为我们每个人心目中都有一种巨大的力量，那就是爱我中华。（板书：顽强不屈　爱我中华）

（三）交流资料，拓展知识

［教师］　同学们，你还知道哪些中国人民反抗外来侵略的人物和故事？

（学生根据收集的图片、资料进行交流）

［学生1］　通过读书，我了解到抗日英雄赵一曼面对敌人的严刑拷打宁死不屈。

［学生2］　读了抗日英雄杨靖宇的故事，我非常感动，他是中国人的骄傲。

［学生3］　我了解到了抗日小英雄雨来、王二小和嘎子的故事，他们是我心目中的榜样。

［教师］　同学们，这些小英雄多了不起呀，我相信此刻，他们已经

成为了我们每一个人心中的榜样。

（四）归纳总结，升华情感

［教师］　同学们，通过本节课学习，我们掌握了很多的知识和技能，明白了许多道理，增强了民族自尊心和历史责任感，下面交流一下我们的收获和体会。

［学生1］　我们知道了爱国政治家林则徐领导了虎门销烟。

［学生2］　我们知道了三元里一带乡民自发组织抗击英国侵略者，并取得重大胜利。

［学生3］　我们知道了伟大的抗日战争中著名的战役有平型关大捷、台儿庄战役、百团大战。

［学生4］　我们明白了落后就要挨打的道理。

［学生5］　我们要好好学习，把我们的祖国建设强大，不让任何人欺负我们。

……

［教师］　小结：同学们都说得非常好，表达出了自己的心声。是啊，虽然屈辱的历史已经成为过去，但在祖国飞速发展、日益腾飞的今天，我们依然不能忘记落后就要挨打的道理，要继承和发扬先辈们顽强不屈、奋发图强和自强不息的民族精神，把我们的祖国建设强大，不让任何人欺负我们！

三、问题与困惑

引导学生了解中国人民面对外来侵略所进行的不屈不挠的斗争，体会中华民族顽强的抗争精神是本节课的重点。但由于学生距离历史比较遥远，对历史和国情的认知很少或者只停留在表面上，缺乏更深刻的本质性的理解。现实生活中的爱国主义课程资源很丰富，发掘爱国主义素材的途径很多，翻阅书籍、进入互联网、观看革命影视片、参观革命遗址等都是挖掘爱国主义课程资源的有效方式。所以在教学本课时，我采用了挖掘丰富的课程资源的教学方法对学生实施爱国主义教育，以培养学生的民族意识和历史责任感，使学生对爱国主义的理解从简单粗浅的感性认识上升到理性的高度。尽管通过各种方法挖掘出不少的课程资源，但我发现有些学生对挖掘出来的课程资源尤其是身边的课程资源都没有最大限度地利用起来。课外收集的资料只是课堂上交流的时候使用，交流完了就被随手丢掉了，至于这些资料还可以怎样运用，对本节课的学习能不能发挥更大的作用，都没有去做周全的考虑。更不用说把它们充分用到对知识的融会贯通中去，或运用到其他学科的学习中去，达到真正意义上拓宽自己知识视野的目的。所以如何实现课程资源最大限度的利用和学科教学的最优化组合是我遇到的最大问题和困惑。

四、教学反思

五年级品德与社会具有开放性，主要是引导学生去参与活动，在活动中去感受、体验个人与他人、个人与社会、个人与自我（即发展的“我”与现实的“我”）的关系，从而建构和生成课程的意义。教材已不能只限于显性的道德说教，而是采用隐性的、渗透的方式实施对学生的价值引导。因此，教师要想借助教材成功地引领教学，就要创造性地开发、利用本地区、本校以及家庭和学生本人的资源，从传统的传授知识的角色转变为能结合本地区的实际情况，联系学生的生活经验和认知水平，对教材内容进行整合、重组，使教学呈现出动态的、富有弹性的流程。由于五年级学生对于爱国主义已经有了比较丰富的生活积累和情感体验，因此在教学本课之前，我根据教材内容的特点引导学生对中华民族顽强的抗争精神进行探究性学习，要求学生通过各种途径收集材料，尤其要注意收集身边就有的具体感人的历史事件，让学生在收集的过程中不断地感受中国人民反抗侵略的精神，丰富自己对民族精神的感性认识。为了达到理想的教学效果，我在课前也深入钻研教材，挖掘教材中有价值的课程资源，并根据学生的认知规律对这些资源进行重新组合。这节课使我深切体会到：要想实现对课程资源最大限度的利用和学科教学的最优化组合，我必须在上课之前充分调动起学生的学习兴趣和热情，就本节课而言，我可以在上课之前利用班级黑板报宣传近现代爱国历史知识，营造出一种浓厚的学习氛围，或在课前或课后拿出一部分时间组织有效的近现代史爱国知识竞赛活动，激发学生收集探究相关知识的兴趣和热情，在上完本课之后还可以办一期同一主题的手抄报。这种有条不紊的组织与引导可以使学生对爱国主义的理解从简单粗浅的感性认识上升到理性的高度。

五、教学评析

执教教师在整个教学过程中起到了较好的组织者、引导者的作用，实现了由单纯的知识传授者向学生学习活动的引导者、组织者的转变。教师的教学活动既依据教材，又不拘泥于教材。借助教材成功地引领教学，创造性地开发、利用本地区、本校以及家庭和学生本人的隐性课程资源，并能结合本地区的实际情况，联系学生的生活经验和认知水平，对教材内容进行整合、重组，使教学呈现出动态的、富有弹性的流程。在课堂教学中能采用各种手段创设出学生乐于接受的学习环境，灵活多样地选用教学方式，为学生的自主学习和生动活泼的发展提供了充分的空间。学生的主动性得到了最大程度的发挥，在活动中探究，在探究中发现和解决问题，最后得出有价值的观点和结论。由于教师采用了各种有效的教学策略，调动和保持学生的学习积极性，所以学生都能够积极地参与到学习过程中来，积极地参与到每一个教学环节（收集、整理、分析资料、课堂讨论交流、自主学习探究）中来，并且能从不同的角度去深入理解中国人民在民族危难之际所表现出来的顽强不屈的民族精神，形成了健康向上的民族意识和历史责任感，较好地完成了本节课的教学目标。

（课例作者：王坤、孔庆宏，烟台市牟平区海德小学。课例设计指导与评析：孔庆宏）

站起来的中国人

一、教学设计

（一）学情分析

小学生大多认识问题比较感性，对奥运会的关注只停留在谁得了金牌，哪个项目比较吸引人，哪个运动员长得有特点等诸多的表象上，兴趣只保持在一些运动项目比赛的过程、规则和相关的竞技知识上。还有很多孩子喜欢谈论一些奥运小插曲与花絮新闻。极少有学生去探究我国奥运发展与变化的历程，更没有思考体育发展与综合国力之间的关系。这种现象与当前学校及家庭教育功利性有很大关系。家长注重学生主课成绩，教师关注学生学习方法与习惯，小学阶段国情与历史教育在不同程度上有所放松。另一方面五年级的学生，他们已经有一定的独立意识，对周围的环境和接触的事物能发表一些初步的见解。这个时期是形成人生观、价值观的关键时期，通过正确的引导，能帮助他们迅速建立积极向上的人生态度，使学生能从小心系祖国，关心国运。由于上述现象与因素综合，本课我以关注奥运为切入点，让学生从一个新的角度，一个较高的起点认识到体育事业的发展体现了中国的崛起和日益提高的国际声望。

（二）教材课题分析

“站起来的中国人”是小学五年级上册第三单元第一个主题。本单元由四个学习主题构成：“站起来的中国人”“日益富强的祖国”“告别贫困奔小康”“打开国门 走向世界”。本单元的学习目标是引导学生了解新中国成立和改革开放以来我国在各个方面取得的成就；为祖国的进步和发展感到骄傲，加深对中国共产党的热爱；引导学生关注祖国的变化和发展，成为具有责任感、使命感的公民。主题一“站起来的中国人”从中国人被人讥笑为“东亚病夫”到申奥成功，以及中国在国际事务中日益发挥重要作用，引导学生感受中国的国力和国际地位正在不断提高。它分为三个活动：从“东亚病夫”到“相约2008”“两张照片的对话”“体会中国国际地位的提高”。本课例我选取的是第一个活动。本活动承接了上一单元“不屈的中国人”，在学生了解旧中国屈辱史的基础上，感受新中国的发展，尤其是体育事业的崛起，为后面的学习活动做了很好的铺垫。

（三）教学目标

1. 情感态度与价值观。让学生感受中华人民共和国成立后，在共产党的领导下，祖国发生的翻天覆地的变化，体会到只有新中国才能摘掉“东亚病夫”的帽子，只有中国共产党的正确领导，中国人民才能真正站起来；激发学生的民族自豪感，为祖国的繁荣强盛而骄傲。

2. 能力。引导学生遵从国家的整体发展，以综合的、历史的、比较的、发展的、联系的眼光来分析和深入思考社会现象；从小心系祖国命运，不断提高分析问题与辨别是非的能力。

3. 知识。让学生了解中国申奥成功的前因后果和运动员在运动场上取得的辉煌成绩，以及在国际上日益提高的国际声望。

（四）教学要点

1. 重点。让学生感受中华人民共和国成立后，在中国共产党的领导下，中国体育事业发生的翻天覆地的变化，体会到中国人真正站起来了。

2. 难点。让学生认识到国家的自尊、自信和自强关系着每个中国人的荣辱；认识到体育事业的发展与国力强盛的关系。

（五）教学准备内容

1. 教师准备。多媒体（内容包括：中国申奥成功、奥运会开幕式、许海峰夺得第一枚奥运金牌的视频；申办奥运会的条件与要求、奖牌统计表、奥运会图片、五星红旗飘扬的画面等课件；歌曲《北京欢迎你》《五星红旗》《我的中国心》的录音）。

2. 学生准备。用采访、调查等手段，了解祖国近年来体育事业的发展与变化；通过多种渠道收集申奥成功和奥运会方面的图片、视频、文字等资料。

（六）教学过程主要环节设计

1. 回顾奥运，引入课题。

从歌曲入手，畅谈 2008 奥运会；总结谈话，引入课题。

2. 注重体验，走进申奥活动。

[活动一：走进申奥]

（1）小组交流课前收集的申奥资料和感受。

（2）播放申奥成功的影像资料，重温历史，获得共鸣。

[活动二：透过申奥看国力]

（1）演示申奥的条件与要求。

（2）小组讨论、交流：中国为什么申奥成功？

（3）教师小结。

3. 再现体育历程，感受祖国变化。

[活动三：感受旧中国的体育]

（1）了解“解放前”中国参加奥运会情况。

（2）阅读 1932 年刘长春参加奥运会的相关资料，体会旧中国运动员的心情。

[活动四：感受新中国的体育]

（1）阅读 1984 年许海峰参加奥运会夺得首金的资料，体会新中国运动员的感受。

(2) 出示图片、资料、统计表等，引领学生回顾新中国奥运会的发展历程。

[活动五：做奥运解说员]

(1) 小组互相交流展示课前收集的各届奥运冠军资料。

(2) 学生图片配乐进行奥运解说。

(3) 教师小结。

4. 抒发感言，升华爱国情感

[活动六：国旗下抒发感言]

[活动七：歌曲中升华情感，结束本课]

板书设计：

站起来的中国人
东亚病夫→体育强国 国力盛则体育昌

二、教学实施

片段一：回顾奥运，引入课题

[教师]　同学们，今天我为大家带来一首旋律优美、节奏欢快的歌曲，让我们看着歌词，认真听，会唱的可以跟着唱。（播放《北京欢迎你》）

[教师]　你知道这首歌曲出于什么原因而创作？

[学生]　为迎接2008年北京奥运会而创作。

[教师]　关于2008北京奥运会你都了解些什么？

[学生1]　我观看了奥运会开幕式的整个过程，构思新颖，场面壮观，充分展现了中国的传统文化。

[教师]　你很会归纳自己的见解，令人佩服。

[学生2]　我知道中国专门为奥运会建立的两个体育场馆：鸟巢和水立方，开幕式就是在鸟巢举行的。

[教师]　如今，鸟巢和水立方已成为影响世界的体育建筑，它是我们中国人的骄傲。

[学生3]　我知道本届奥运会中国金牌总数位于世界第一。

[学生4]　我知道很多金牌运动员的名字和他们参赛的项目。

……

（说起本届奥运会金牌很多同学都举起自己的手，争先恐后地发言）

[教师]　看得出，在座的每个同学对今年的奥运会非常关注。2008年第二十九届奥运会在北京成功举办，中国体育健儿奋勇拼博，使金牌总数位于世界第一。当这些喜讯传到你的耳朵里，作为一个中国人，你有何感受？

[学生1]　我感到高兴、光荣。

[学生2]　作为中国人我感到扬眉吐气。

[学生3]　我感到骄傲、自豪。

[学生4]　我觉得中国人现在可以挺起腰板和外国人说话，再也不会让外国人瞧不起。

……

[教师]　你知道解放前外国人怎样称呼我们中国人吗？

[学生]　他们叫我们"东亚病夫"。

[教师]　是啊！旧中国，国力衰弱，体育落后，被外国人瞧不起。可是今天中国人以他的顽强与不屈，昂起头、挺起脊梁，用事实向世界证明了自己。（板书：东亚病夫→体育强国）今天，我们就来学习这一课。

（学生齐读课题：站起来的中国人）

[教师]　同学们，今天我们为奥运会加油、喝彩，你们可知道取得奥运会的举办权，凝聚了中国几代人的追求和梦想，让我们再一次来感受2001年那个激动人心的时刻吧！

片段二：注重体验，走进申奥活动

（学生以小组为单位交流课前收集的有关申奥成功的资料，把自己认为最激动人心的地方讲给同学们听）

[教师]　2001年，当国际奥委会主席萨马兰奇先生宣布2008年奥运会在北京举行的时候，全国上下一片沸腾，让我们一起去重温那振奋人心的时刻吧！

（播放中国申奥成功现场视频，学生观看）

［教师］　当北京申办奥运会成功的喜讯传来时，北京沸腾了，全国沸腾了！每个中国人的脸上都充满着自豪和骄傲。一个运动会的举办怎么会让整个国家沸腾起来呢？

［教师］　让我们先看看，举办奥运会有什么难度？

（课件演示申奥的条件与要求，学生阅读；学生以小组为单位讨论：请你结合前一单元中国人的屈辱史进行思考，在激烈的国际竞争中，为什么世界会选择中国？中国申奥成功说明什么？全班交流）

［学生1］　中国正在走向富强，有实力举办奥运会。

［教师］　谁能具体说一说中国的实力表现在哪些方面？

［学生2］　中国拥有美丽的现代化都市：北京、上海、天津、青岛……

［学生3］　中国经济开始腾飞，GDP增长快，位于世界第四，有实力举办奥运会。

［教师］　看得出你平时关注国家大事，这样做很好。

［学生4］　中国越来越多地参与国际事务，在国际社会中的地位越来越高。

［教师］　是的，人们如此欢呼，那是因为中国人民一个世纪的梦想得以实现。申奥成功，不仅向世界证明了中国的体育实力和世界影响力，同时也反映了我们祖国的经济实力大大增强和国际地位的提高，你们说，作为一个中国人，能不自豪与骄傲吗？

（学生齐读课题：站起来的中国人）

［教师］　但是谁又能忘记过去的那一幕幕呢？在漫漫奥运之路上，中国体育健儿们都经历了什么？金牌的取得有什么意义？

片段三：再现体育历程，感受祖国变化

（出示旧中国参加奥运会的相关资料，学生阅读）

［教师］　作为世界性的体育盛会——奥运会从1896年开始，解放前已经举办了14届，而偌大的中国仅参加过3次，均因国力衰败而留下了“零的纪录”，中国队被讥笑为鸭蛋队，中国人被讥笑为“东亚病夫”。在奥运会上，中国得到的不是荣誉，而是令人痛苦的屈辱和讥讽。

（出示1932年刘长春参加奥运会的图片和资料，学生阅读：1932年洛杉矶奥运会，当时中国第一飞人刘长春作为第一名中国选手参加了。可是由于当时中国正遭受日本帝国主义的侵略，使他根本无法正常训练，再加上在海上漂泊了21天，使他疲惫不堪，中国第一飞人在两项比赛中，预赛即被淘汰）

[教师]　政府的腐败无能，国家的贫穷落后，使得第一个中国选手就这样告别了奥运会。大家想想，刘长春面对失败，他心里可能在想些什么？

[学生1]　如果祖国强大，日本帝国主义就不会侵略我们中国，我就可以正常训练提高水平。

[学生2]　如果我们国家富足，我就不会在海上漂泊那么多天，就能以良好的状态参加比赛，为祖国争光，为我们中国人争光。

[学生3]　真希望中国强盛起来，中国运动员就可以向世界证明，我们中国人不是“东亚病夫”。

……

[教师]　是啊，刘长春是多么盼望我们的祖国富强起来，我们中国人能站起来，站在世界人民的面前，向他们展示我们中国体育健儿的风采啊！

[教师]　52年后，刘长春的梦想终于变成了现实。

（播放视频：许海峰夺得第一枚奥运金牌的场景）

[教师]　在此次奥运会上，许海峰一声清脆的枪响，实现了中国金牌“零”的突破。站在高高的领奖台上，看到五星红旗冉冉升起，此时此刻，许海峰心里可能在想着什么，他最想说的又是什么呢？

[学生1]　看吧，这就是中国人。

[学生2]　中国强大，体育崛起。

[学生3]　五星红旗，我爱你，你是我的骄傲！

[学生4]　刘长春，你的梦想我实现了！

[教师]　这次奥运会上，中国运动健儿们共赢得了15枚金牌，位居金牌榜第4位。从解放前的“零的纪录”，到1984年的金牌榜第4名，今天的中国，已经不再是被人歧视、任人欺凌的弱国了，我们祖国的体育事业强大起来了。

[教师]　日渐富强的祖国，在奥运会上一路走来，留下许多辉煌的

印迹，请同学们看一看。

（出示1984—2004年奥运会中国奖牌统计表，学生阅读）

［教师］　你们还知道哪些中国运动员夺冠的事情，赶紧把你们课前收集的奥运会上精彩瞬间的图片、文字、纪念物品在小组交流交流吧。

（小组互相交流展示：有的讲故事；有的出示图片讲解；有的讲纪念品的意义……）

（活动：我是奥运解说员：逐幅出示奥运会上精彩瞬间，配上《五星红旗》的歌曲，学生当解说员）

［教师］　当国际体育运动会上一次次奏响中华人民共和国国歌，升起五星红旗的时候，世界人民看到的不仅仅是赛场上运动员们矫健的身影，他们看到的更是一个充满生机和活力的中华民族。（板书：国力盛则体育昌）

（学生齐读课题：站起来的中国人）

［教师］　中国用自己的实力感动了世界，我们每一个中国人都为之感到骄傲。让我们用一首小诗，一两句歌曲或一句句深情的话语来表达我们对祖国母亲的热爱吧。

片段四：抒发感言，升华爱国情感

（出示五星红旗迎风飘扬的画面）

［教师］　现在就让我们在国旗下抒发感言，表达自己对祖国的热爱吧！

（活动：国旗下的感言）

［学生1］　祖国我爱你，我为你骄傲，为你自豪。

［学生2］　祖国放心吧，我会加强锻炼，长大像奥运冠军那样为国争光。

［教师］　除了强身健体，我们还可以做哪些准备？

［学生3］　我的体育不是很好，但我会好好学习，发挥自己的特长，长大报效祖国。

……

［教师］　有一位香港的歌手像大家一样深深热爱着我们伟大的祖国，他用歌声表达了他的这份深情，让我们随着音乐再来抒发一下这份爱国之情吧。

（播放《我的中国心》，学生跟唱，歌声中结束本课）

三、问题与困惑

在本课教学中我遇到的主要问题是：虽然通过各种方法挖掘出不少的课程资源，也借助多媒体手段，对学生的关注点和兴趣点进行全方位地引导与延伸，但是，想在短时间内让学生从感性的认识发展到理性的思考，确实存在难度。我费了很大力气整理的课堂资料，学生能记住多少，能理解多少，能运用多少，也很难掌握，更不用说让学生将课堂上学到的相对抽象的历史与国情知识融汇到他们的日常学习生活中去，真正达到引导并塑造学生人生观、价值观的目的。因此，怎样有效利用课堂时间，充分挖掘现有的教学资源，达到最优化的课堂教学效果是最让我感到困惑的。

四、教学反思

执教“站起来的中国人”一课，我深刻地感受到课堂是充满生命气息的磁场，学生是一个个有生命涌动和心灵追求的存在。合理的引导、问题的巧设会激发学生已有的生活体验，触动他们的思维。我执教这一课时，把自己作为指导者、支持者和合作者，通过采取各种切实有效的教学手段，设计丰富多彩的教学活动，帮助学生获得丰富的情感体验，形成积极的世界观。应该说执教本课，我在经验积累与理论升华上有一定的收获与提高，但也深刻认识到自身存在的不足。比如在交流有关奥运资料中面对学生提出的信息，很多已超出教参的范围，平时我对这些方面学习积累得也不多，以至于有时面对学生的一些古怪问题无言以对，使有些环节的教学衔接得不够流畅，出现了一些遗憾。再就是对每一个环节的教学效果缺乏预见性，自己费了很大力气整理的课堂资料，为了不影响教学进程，都没让学生充分阅读、消化，离高效的课堂有一定的差距。

五、教学评析

听了蔡老师的课，作为听课的我们也与授课教师及全体学生一起经历了一次心灵的洗涤与情感的升华。本课教学目标简明，教学氛围和谐，教学活动丰富，教学手段有效，学生在多维对话中充分感受祖国的发展和强盛。本节课值得肯定之处：一是充分挖掘教学资源，充实课程内容。课前师生的教学准备非常充分，通过各种学习渠道获取大量与本课学习相关的教学资料。尤其值得提倡的是教师通过引导学生进行网络搜索、图片收集、资料查询和整理、采访等活动，让学生突破经历和阅历上的瓶颈，逐步深化对新中国发展的认识。课堂上，通过交流、共享各种影像资料，增进课程内容的现实性与亲切感，进一步激发共鸣，帮助学生获得丰富的情感体验。二是有效落实课程理念，体现课程特点。本节课充分体现开放性、活动性、生活性。课堂教学没有苍白的讲解、空洞的教育，而是通过“走进申奥”“透过申奥看国力”“感受新旧中国的体育”“做奥运解说员”“国旗下抒发感言”等系列活动，让全体学生在全方位参与各种活动中深度感受国力盛则体育昌，充分认识到国家的自尊、自强关系每个中国人的荣辱，从而激发民族自豪感与责任感。三是师生平等对话，营造和谐课堂。本节课上，教师善于营造互信互赖的心理空间，让自由、平等、和谐的精神充盈其间，帮助学生架起多维对话的桥梁，教学的每个环节都体现了以人为本的思想，学生积极主动学习，乐于探究，思维有深度，知识有广度，品德教育有高度，课堂教学没有“死角”。这样的课堂成了学生健康成长的幸福殿堂。

（课例作者：蔡玉荣，长岛县第一实验学校。课例设计指导与评析：王波）

朋友之间

一、教学设计

（一）学情分析

当今社会绝大部分学生都是独生子女，在家庭中由于父母及其他长辈长期的溺爱，使相当多的学生形成自私、任性、霸道的个性，他们不懂得谦让、宽容和尊重。五年级的学生正处在情感需求迅速发展和扩大时期，已经开始从自我中心转向考虑周边生活环境中的其他人，他们产生了广交朋友的欲望，如主动与周围的同学、志趣相投的同学、令自己佩服的同学交往。但是他们习惯以自己的思维模式与他人交往，导致同学间交往尤其是交朋友中出现了种种不和谐的现象。如许多学生在交友中出现朝秦暮楚、反复不定的现象，甚至有的学生因为一件小事与自己朋友反目。我班就曾经出现两个自认为亲密无间的同学，因为没经对方同意而把书借给第三者而“分道扬镳”的事例。表面看来这是一件小事情，但真正体现出的是学生交友方面存在的大问题。他们不懂得该如何交友，不懂得什么样的朋友才是真正的朋友，更不懂得如何与朋友及他人相处。鉴于以上原因，引导学生正确认识什么是朋友，如何看待朋友之间的关系，如何交朋友，和朋友之间发生矛盾应如何处理等方面，是一个非常重要且亟待解决的问题。

（二）教材课题分析

“朋友之间”是小学五年级下册第一单元第二主题。本单元包括三个主题“男生和女生”“朋友之间”“学会和谐相处”，主要引导学生探讨与同学、与他人交往的基本原则和方法，帮助学生更好地与他人交往和沟通。这三部分内容是在探讨对同学（主要从男生、女生角度）的认识的基础上，再进一步探讨比一般同学关系更深一层的问题即交朋友的问题，最后探讨怎样与朋友及他人更好地相处和交往，三方面相互联系，由浅入深、层层递进。主题“朋友之间”主要讲述了人生中无法离开重要伙伴——朋友的有关问题。教材用对朋友的种种比喻启发学生认识交朋友的重要性及对朋友之间关系的正确认识；又用“胖子”和“瘦子”交友的案例说明并非所有的朋友都是真正的朋友，启发学生思考应怎样选择朋友、交什么样的朋友。本课进一步诠释了《课程标准》中“体会真诚相待，相互理解的可贵”的理念，即通过学习让学生懂得真正的朋友非常重要，懂得朋友之间要建立真正健康的友谊，要做有益朋友而不做损害朋友的事。为下一课学会与朋友及朋友之外的其他人和谐相处做好了铺垫。

（三）教学目标

1．情感态度与价值观。通过体验朋友给彼此带来的快乐和帮助，感受友谊的重要性，使学生乐于交朋友。

2．能力。通过辨别真友与损友的行为，提高学生交朋友的能力。

3．知识。知道友情的重要性；初步了解真正的友谊是建立在互助、信任、尊重、理解基础之上的。

（四）教学要点

1．重点。让学生认识到朋友之间友谊的重要性，懂得真正的朋友应该互相帮助、互相信任。

2. 难点。让学生明白只有在尊重、理解、宽容他人的基础上才能交到更多的朋友。

（五）教学准备

1. 教师准备。歌曲《朋友》《友谊地久天长》；制作友谊常青树；准备动画《丁丁介绍自己的好朋友》；儿歌《朋友》；与朋友相处的事例的课件。

2. 学生准备。收集友情的事例和名言。

（六）教学过程主要环节设计

1. 导入部分。

师生一起听歌曲《朋友》，揭示课题“朋友之间”。

2. 互动学习部分。

[活动一：欣赏友情]

（1）学生交流课前收集的一些关于朋友的诗歌、格言、故事。

（2）举办朋友推介会，介绍自己和朋友之间的故事。

[活动二：体验友情]

（1）播放课件，听听丁丁同学介绍他的好朋友。

（2）学生介绍自己的好朋友。

（3）读儿歌《朋友》，播放课件。

（4）说一说自己对朋友的比喻。

[活动三：识别真友]

（1）说一说自己怎样处理和朋友之间发生的不愉快的事。

（2）举例说明是不是所有的朋友都是真正的朋友。

[活动四：学会交朋友]

（1）辨析行为，栽种友谊树。

学生分析事例，把有利于交朋友的行为制成树叶张贴在友谊树上，明白朋友之间要信任、尊重、理解、宽容……

（2）教师小结。

3. 总结升华部分。

（1）同唱《友谊地久天长》

（2）课堂延伸。

课后，想一想自己心中的朋友像什么，写在自制的友谊卡上送给朋友与朋友分享。

板书设计：

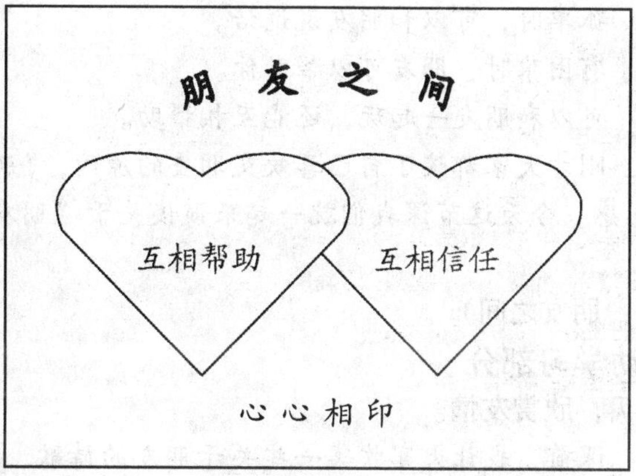

二、教学实施

（一）导入部分：创设情境，导入课题

［教师］　同学们，上课之前我们来听一首歌曲好吗？

［学生］　好

（播放周华健的《朋友》，学生欣赏）

［教师］　歌曲放完了，你听出是什么歌曲吗？

［学生］　《朋友》。

［教师］　对，这是周华健的《朋友》。你们喜欢这首歌吗？

［学生］　喜欢。

［教师］　谁能说说你喜欢的理由是什么？

［学生 1］　听这首歌会让我想到我的好朋友。

［学生 2］　我觉得周华健唱得特别动情。

［学生 3］　歌词中说朋友之间应该一生相助，我也认为应该这样。

……

［教师］　同学们说得非常好。这也是老师特别喜欢的一首歌，特别是每次听到“朋友一生一起走”时我都特别的感动。老师想问大家个问题，你有朋友吗？你平时喜欢交朋友吗？

［学生］　有，喜欢。

［教师］　你们为什么喜欢交朋友？

［学生1］　有了朋友，可以和他谈心，分享快乐和忧愁。

［学生2］　孤单时，可以和朋友说说话。

［学生3］　有困难时，朋友可以帮助你。

［学生4］　可以和朋友一起玩，还能互相帮助。

［教师］　刚才大家都谈了自己喜欢交朋友的原因，“朋友”对我们很重要，我也有同感。今天这节课我们就一起来谈谈关于“朋友之间”的事情好吗？

（板书课题：朋友之间）

（二）互动学习部分

1. 史海拾贝，欣赏友情。

［教师］　课前，我让大家收集一些关于朋友的诗歌、格言或是故事，你准备好了吗？

［学生］　我收集了一首古诗《赠汪伦》，我从古人的诗句中感受到了李白和汪伦的友谊不一般，他们的感情非常深厚。

［教师］　你能把这首诗背给大家听听吗？

［学生］　李白乘舟将欲行，忽闻岸上踏歌声。桃花潭水深千尺，不及汪伦送我情。

［教师］　这首诗表达了什么？

［学生1］　李白与好朋友汪伦之间的深厚友谊。

［学生2］　我阅读了一篇文章，题目是《伟大的友谊》，写的是马克思和恩格斯在长达40年的交往中建立了深厚而伟大的友谊。

［学生3］　我从课外读物中收集了一些格言：

①朋友的情深，刀子砍不断。

②衣服新的好，朋友老的好。

③没有朋友，世界就不可爱。

④一个人没有朋友，就像生活里没有阳光。

……

［教师］　听了大家刚才的交流，我发现同学们了解得还真不少呢！老师在查阅资料中也发现古往今来的名人们都有很多朋友，并且和自己的朋友都建立了深厚的友谊。我想今天我们也来举办个好朋友推介会，把你的朋

友，还有你和朋友之间的故事讲给大家听，好吗？

［学生］　好。

2. **介绍朋友，体验友情。**

［教师］　咱们先听听丁丁同学是怎样介绍他的好朋友的，然后你再来介绍你的好朋友。

（出示动画课件，并听解说）

我和王兵、杜楠是好朋友。我们都喜欢踢足球，也很谈得来。王兵的球踢得特别好，我很佩服他，也从他那儿学会了很多踢球的技巧。杜楠很真诚、实在，我很喜欢他。

有一天，大家都做完作业回家了，我被几道数学题难住了。正在发愁时，孙蕾走过来，耐心地给我讲解，一直陪我做完作业，才和我一起回家。从此，我们也成了好朋友。

［教师］　现在谁愿意把自己的好朋友介绍给大家？

［学生1］　我的好朋友是学生甲。她特别温柔，从来不和人发火。学习上我们互相帮助，一次她在我家写作业，我遇到一道题不会做，她耐心地给我讲解，我很感谢她。

［学生2］　我和学生乙从上一年级起就是同班同学。我们经常一起玩，就成了好朋友。有时我们吵架了，总是她先说对不起，我很感动。学习上，我经常帮助她，看到她成绩提高了，我真为她高兴。

［学生3］　我的好朋友是学生丙。我们经常一起轮滑，他滑得比我好。我摔倒了，他会及时把我扶起来，在他的帮助下，我的轮滑水平大有长进。我们俩过生日时，总是互相送生日礼物。我手里的这支钢笔就是今年我生日他送给我的，他希望我把钢笔字好好练练。在他的鼓励下，我的钢笔字漂亮多了。

［学生4］　我和学生丁是好朋友，我俩一起坐车上学。不知怎的，我一写作文就头疼，学生丁经常给我讲一些作文方面的知识，还推荐一些好书给我看。在她的帮助下，我的作文水平提高很快。

……

［教师］　真是一个别开生面的推介会啊！听了大家的介绍，我真真切切地感受到有朋友真好，朋友间互相帮助是多么幸福的事啊！（板书：互相帮助）真正的朋友会在我们不开心的时候带来欢乐，在我们需要帮助的时候，伸出援助的双手。所以我把朋友有一比：

（课件字幕出示，师声情并茂地朗读）

［教师］　朋友是我们疲惫时依靠的一棵大树；
朋友是我们搏击海浪时的一叶扁舟；
朋友是我们登高远眺时的一架云梯；
朋友是我们卧病在床时的一声问候；
……

［教师］　在你的心目中把朋友比作什么呢？为什么？

［学生 1］　朋友是我们成长道路上一面明镜，能够照得见自己的缺点。

［学生 2］　朋友是雨天里的一把大伞，能为你挡风遮雨。

［学生 3］　朋友是一根拐杖，在你跌倒的时候给你力量。

［学生 4］　朋友是一眼甘泉，在你干渴的时候给你清凉。

……

3. 辨析导行，识别真友。

［教师］　说起“朋友”这个词很快乐很轻松，但是真正地要去体验它、维护它，却并不轻松。朋友之间相处融洽，会使我们的生活充满乐趣，可是有时朋友之间也会发生不愉快的事。在你和朋友相处的过程中，有没有发生过不愉快的事呢？你们是怎样处理的？

［学生 1］　一次我和朋友学生甲在楼下玩，我看见在草坪中有一个漂亮的弹力球，正当我要伸手去捡的时候，学生甲从身后上来一把抢走了弹力球，我有点生气。但后来，我们还是在一起玩弹力球。

［学生 2］　一次，我在学生乙家写作业，回家后，我发现笔袋里少了一支笔，我问学生乙，她说没有拿，可是我不相信。几天以后，我在我的笔筒里找到了那支笔，才知道我误会了学生乙。第二天我向学生乙道歉，从此我们又成为好朋友。

［学生 3］　我的朋友学生丙借了我的两本漫画书，不知什么原因，她到现在也没有还给我，我希望她早点还给我，虽然没还我书，可我仍然认为她还是我的朋友。

［教师］　听了同学们的话我真高兴，同学之间能相互理解、相互信任，成为真正的好朋友。（板书：互相信任）但是老师想问同学们一个问题，是不是所有的朋友之间都是真正的朋友呢？你能举例说明吗？

［学生 1］　不是所有的朋友之间都是真正的友谊，我表哥告诉过我，他们学校有个学生和同学发生矛盾，就到外面找朋友来打与他有矛盾的同

学，我认为，他们之间不是真正的朋友。

[学生2]　我看报纸上刊登过有的大同学结伙欺负小同学，还有的强迫跟小同学要钱，这些结伙的人之间也不是真正的好朋友。

[学生3]　合伙欺骗人、合伙偷东西的人，他们之间都不能算是真正的朋友。

[学生4]　我表姐是初二的学生，我看到她经常把自己的作业给她的同班好朋友抄。我觉得她们之间也不能算是真正的朋友。

[教师]　对，每个人生活中都有朋友，朋友之间应真诚相助，当朋友言行出错的时候，应该给予搀扶、点化、纠正，这样的朋友才可以说是真正的朋友，是好朋友，否则就不是好朋友。我们看下面的资料，看看胖子和瘦子之间是不是好朋友呢？

（出示课本第13页朋友资料）

[学生1]　不是好朋友，因为瘦子在胖子遇到危险时只顾自己，不能与这样的人做朋友。

[学生2]　不能与这样的人交朋友，这样的人在你有用时会与你做朋友，在你没用时，尤其是你遇到困难时，会躲得远远的。

[教师]　说得对，我们不能交这样的朋友，更不能做这样的朋友。

4. 栽植友谊树，学会交朋友。

[教师]　（张贴友谊树）现在我们知道了朋友之间要建立真正的友谊，就需要彼此付出真心，用心去浇灌，去呵护……朋友之间的友谊如同一棵友谊树，有些行为像阳光、雨露一样滋润着友谊树茁壮成长，使它枝繁叶茂，开出美丽的花朵，结出丰硕的果实；而有些行为则会像毛毛虫一样，侵蚀我们的友谊树。请你分析下列行为哪些有利于交朋友？为什么？将你的观点在小组内交流，然后派代表汇报并张贴。

（播放课件案例一：下雨时，小雨和同伴同打一把伞，把同伴送回家。案例二：朋友不小心把小明碰倒了，小明原谅了他。案例三：给朋友起外号，嘲笑同学说话不流利。案例四：小林和小平约好周日上午一起到图书馆，但是小平的爸爸周日上午要带妈妈和小平去郊游，小平没跟爸爸去，和小林一起去了图书馆）

（交流张贴）

[学生1]　小雨能和对方成为好朋友，因为他乐于助人。

（教师把“帮助”的树叶贴在黑板的友谊树上）

[学生 2]　小平和小林能成为好朋友，小平是个守信用的人。

（教师把“诚信”的树叶贴在黑板的友谊树上）

[学生 3]　小明很有宽容心，他这么做才是真正的朋友。

（教师把“宽容”的树叶贴在黑板的友谊树上）

[教师]　同学们还有补充的吗？

[学生 4]　还要有尊重、理解做基础，给朋友起外号，嘲笑同学都是不尊重别人的行为，这样的人不能成为朋友。

（教师边说边把尊重、理解的词语写在自制的树叶上，贴到友谊树上）

（三）总结升华部分

[教师]　是啊，朋友间除了帮助、信任外，还要尊重、理解、宽容，多付出，少索取，以诚相待，雪中送炭。富兰克林曾说过这样的话：“最能施惠于朋友的，往往不是金钱或一切物质上的接济，而是那些亲切的态度，欢悦的谈话，同情的流露，纯真的赞美。”朋友之交，重在诚信，贵在理解，胸怀坦荡，志同道合。没有友谊，生命之树就会在时间的涛声中枯萎，心灵之壤就会在季节的变奏里荒芜。让我们彼此用真心去浇灌它，相信我们会交更多的朋友，我们的友谊会地久天长。

（板书：心心相印）

[教师]　让我们同唱歌曲《友谊地久天长》。

（视频《友谊地久天长》）

[教师]　通过这节课的学习，你对朋友肯定有了新的认识，课后请把在你的心中朋友像什么写在自制友谊卡上，送给你的朋友，与朋友一起分享。

三、问题与困惑

朋友是生活中不可或缺的人，也是一个永恒的话题。教学中我们一直在探讨友情是美好的，交友并不复杂，从理论上看非常直观、具体，但实际生活是错综复杂的，朋友之间很多时候在很多事情上给人的感觉并非都像我们给孩子们描绘的那样完美。当现实与课本中学到的理论不一致时，学生是否会感到迷茫？我们应如何引导沉浸于美好友情向往中的孩子正确认识并处理好朋友间可能发生的不愉快？

四、教学反思

本节课旨在让学生通过学习，能联系自己实际，分清自己与朋友之间的友谊是否是真正的友谊，懂得如何与朋友之间建立真正的友谊。本节课篇幅较长，容量太大，应该在教材的使用上更灵活一些，更大胆地取舍，学生对“朋友”的理解会更深刻些。如友情重要并不难理解，所以欣赏友情、体验友情两个环节可以适当压缩时间。而识别真友、学会交友两个环节更具有现实指导意义，可以为学生解决实际问题，应适当延长教学时间。如学生在交流如何处理与同学之间不愉快的问题时，一位同学说：“我的朋友×××借了我的两本漫画书，不知什么原因，她到现在也没有还给我，我希望她早点还给我。虽然没还我书，可我仍然认为她还是我的朋友。”在这一事例中，虽然两个同学没有反目，但问题的根源并没有得到很好的解决。这样的事在学生生活中经常发生，所以应引导学生认识到友情美好但并不是完美无缺，应正确看待朋友关系，正确处理朋友之间发生的不愉快，明白朋友之间在坦诚相待的基础上，也可以有正当的要求，若一味无原则地忍让，只会加深相互间的隔阂，久而久之，友情也就不存在了。

五、教学评析

授课教师的“朋友之间”一课教学符合新课改理念，表现在：一是以生活为本，创造性地开发并使用教材。在教学中，授课教师能够围绕目标对教材进行选择调整、加工提炼，充分利用身边的资源并创造性地使用教材，不仅引导学生注重对朋友重要性的认识，还能根据学生的生活实际和接受程度加以补充和拓展，让学生明确正确地交友的基础，为学生更好地交友、交更多的朋友奠定了基础。如“栽植友谊树，学会交朋友”环节，让学生知道朋友之交，重在尊重，贵在理解，胸怀坦荡，志同道合。二是灵活多样的教学方式符合学生的思维。授课教师主要采用开放式、对话式、活动化的教学方法，无论是问题，还是活动本身，都与孩子们的日常生活紧密相连。从学生实际观察体验出发，用身边近、小、实、亲的案例说教，如“介绍朋友，体验友情”环节，学生所讲述的都是发生在身边的真实的事情，生动的事例能够让学生轻松理解朋友的含义。课堂上，授课教师还让学生发自内心地畅谈了自己对朋友的看法、对朋友的比喻及朋友间发生的点滴小事，让学生充分体验交友的快乐。这样既立足课堂，又超越了课堂，将课堂与课外有机融合，极大地丰富了活动内容。此外，授课教师极具亲和力的语言，拉近了与孩子们的距离，激发了学生学习的积极性，主动参与讨论与探究，在与同学的探讨交流中认识到朋友的重要，感悟到交朋友必须交真正的朋友。这样充分发挥了教育的智慧，提高了学生的认知能力、辨析能力，实现了从明理到导行的顺利过渡，实现了知情意行的有机统一。

（课例作者：侯海燕、邵惠莲，烟台市芝罘区毓璜顶小学、惠安小学。课例设计指导与评析：路观芝）

当灾害降临的时候

一、教学设计

（一）学情分析

五年级学生作为毕业班的孩子，有认识自然、了解自然的愿望，并且在日常生活中已经积累了一定的知识基础。特别是 2008 年 5 月 12 日的四川汶川大地震，给孩子们一个强烈的震撼，引起了重视。他们通过电视、报纸等新闻媒体已掌握了一些防震自救的相关知识，但是对洪水等其他灾害的预防自救方法却知之甚少，因此对学习本课是很有兴趣的。在平日的生活中，孩子们也曾经参与过为灾区或者贫困山区的小伙伴捐钱、捐物的活动，但我们发现在活动中孩子们并不真正理解其意义，并不是怀着真诚急切的心主动要去帮助他人，甚至有好多学生只是为了应付学校老师布置的任务才去“献爱心”的。

（二）教材课题分析

“当灾害降临的时候”是小学五年级下册第二单元第四个主题。本单元主要是引导学生认识地球——关注地球——了解生态环境——知道我国常见的自然灾害——学会面对灾害时的自救预防。本节是“当灾害降临的时候”的第二课时，重点讲“灾害中的救助”，引导学生提高防灾减灾意识，学习防灾自救常识和技能。教材主要从三个方面展开活动教学：一是三只小球的测验告诉同学们面对灾害的第一反应是逃生自救，但是一定要注意不要慌张，不要拥挤，不要害怕，而要镇定、团结协作，有序地逃离；二是通过各种图例、故事教给学生地震、洪水等灾害发生时的自救小常识；三是通过观看图片，感悟“灾害无情人有情”，了解“红十字会”相关知识，激发关心帮助灾区人民重建家园的情感。

（三）教学目标

1. 情感态度与价值观。培养学生面对灾害临危不惧的心理素质和顽强意志，体会人们在危难中团结互助，英勇抗灾的可贵精神，培养孩子们关心他人，乐于助人的美好品质。

2. 能力。通过小组合作学习，相互交流，情景模拟演练让孩子们学习、体验在自然灾害面前自我保护、自救、互救的方法，培养避险求生的能力。

3. 知识。通过查找资料，了解曾经发生在世界、我国以及家乡的重大自然灾害，认识大自然有不可抗拒的一面，学习地震、洪水等灾害的征兆、预防、自救小常识。

（四）教学要点

1. 重点。通过收集材料和课堂学习交流，初步掌握一些面对灾害，自我保护和自我救助的方法；感悟“一方有难，八方支援”的人间真情，培养关爱、帮助他人的美好品质。

2. 难点。遇到地震、洪水等自然灾害时自我保护和自我救护方法在生活中的实际应用。

（五）教学准备

1. 教师准备。课前收集地震、洪水、海啸、冰雪等灾害的相关知识，制作电子课件。

2. 学生准备。提前收集灾害预防的谚语、灾害征兆的歌谣；调查我们身边曾经发生的自然灾害和自救方法。

（六）教学过程主要设计环节

1. 震撼心灵，导入新课。

（1）播放“可怕的自然灾害”视频片段，让学生畅谈感受。

（2）联系自己身边的实际情况谈谈家乡发生过哪些自然灾害。

2. 珍爱生命，防灾自救。

[活动一：防灾自救大擂台]

（1）小组合作研讨课本第46页、第47页的内容，学习正确逃生自救的小常识。

（2）“灾害自救常识擂台”抢答赛，扩展课本上的知识，引导正确的做法。

[活动二：情景模拟演练]

（1）如果正在上课时警报响了，地震发生了，怎么行动?

（2）假如地震引发了火灾，接到离开教室的信号，该怎样行动?

（3）学生互相评一评、议一议，做法是否正确，该注意哪些问题。

[活动三：预防预报有良方]

（1）学生根据收集的资料自主交流防御自然灾害的方法。

（2）朗读预防地震的谚语歌谣。

（3）布置作业：多观察、多发现，收集、整理、编制一本《灾害自救手册》。

3. 爱心行动，灾害无情人有情。

[活动四：心系灾区，我们和你在一起]

（1）播放课件——灾后的悲惨场景，激起孩子们的同情心。

（2）说几句鼓舞激励灾区人民的话。

[活动五：感动在线，爱的奉献]

（1）联系“四川汶川地震”“南方雪灾”，讲一讲看到过的一些救助灾区的感人故事。

（2）结合课本第48页画面的内容，引导学生体会人们这样做是为了谁，从他们身上感受到了什么。

（3）播放课件《爱在天地间》，重温灾难发生时，我们的政府、社会各界、全国人民是怎样真诚帮助、无私奉献的。

（4）启发迁移，想想个人、家庭、学校可以为灾区人民、小伙伴做些什么，有什么好的建议。

4. 教师小结，升华主题。

板书设计：

当灾害降临的时候

科学自救　　重视预防

灾害无情
人有情

二、教学实施

片段一：视频导入，正视灾害

[教师]　同学们，首先让我们来看一段视频。

(播放课件：可怕的自然灾害片段。学生在观看的同时都大惊失色，惊恐万分，发出惊叹)

[教师]　刚才的画面中展现了哪些现象？

[学生1]　四川地震！

[学生2]　我看到了有地震、洪水、泥石流。

[学生3]　还有龙卷风把房屋顶都掀走了；地震中，高楼大厦变成一片废墟；好像是印尼海啸吞噬了海滩上好多游客。

[教师]　那看后有什么感受？

[学生1]　我感到太恐怖了！

[学生2]　太可怕了！大自然的灾害残酷无情。

[教师]　同学们，想想看，除了刚才看到的这些以外，我们家乡、我们身边还发生过哪些灾害呢？

[学生1]　2008年的春天，我国南方发生了50年一遇的冰雪灾害。

[学生2]　去年暑假我住在济南的姨妈家，有一天下了好几个小时的大暴雨，可是水泄不出去，把一些地下商场都给淹了，听说，还淹死了好多人。

[学生3]　我在电视上看过，2007年我们烟台好多地方发生了风暴潮，龙口港有二三十艘船被海浪击碎，莱州的一个海上养殖场也损失了上千万元。

[教师]　其实啊，地球上每年每天都在发生着各种各样的灾害，我们身边同样也可能随时发生。那么，当这形形色色的灾害降临的时候，我们又该怎样做呢？这节课我们就来研究这个内容。

(板书课题：当灾害降临的时候)

片段二：“防灾自救大挑战”抢答赛

[教师]　好了，刚才各小组学习得都很认真，下面我宣布“防灾自救大挑战”现在开始。进入第一个环节，快速抢答。请看题板——(出示课件)

(课件出示题1：洪水来临时往什么地方跑比较安全?)

[学生1]　往高处跑。

[学生2]　可以爬到大树上去，还可以爬到高楼上去。

[学生3]　我有异议，我认为洪水往往引发山体滑坡和泥石流，所以往山上跑也不一定是安全的。

[教师]　你真是个善于动脑的孩子，老师欣赏你的细心和质疑精神。对，一般情况下，我们可以往高处、山上、大树、坚固的屋顶、楼上躲避，但如果伴随着大暴雨会引起山体滑坡和泥石流，可就不能往小山上跑了。

(课件出示题2：洪水中，小亮渴了，就顺手舀了一些洪水喝，这种做法对吗？为什么?)

[学生1]　不对，因为洪水中有大量的细菌。

[学生2]　不对，洪水冲走了很多脏东西，还有好多动物被淹死，怎么能喝呢?

[教师]　是啊，洪水太脏了，还有很多的病菌，我们是不能喝的。

(课件出示题3：洪水中，在来不及逃跑、被水包围的情况下，该怎么办?)

[学生1]　可以提前准备好救生圈、充气的轮胎。

[学生2]　万一落水了要迅速抓住漂浮的木板、箱子、泡沫板等。

[教师]　看来同学们知道的还真不少。

(课件出示题4：如果住在楼上，发生地震，需要迅速做的事情有哪些?)

[学生]　钻到桌子下。躲避到洗手间、厨房等空间跨度小的地方。

[教师]　能说说理由吗?

[学生]　我们最该保护好的是头，所以我们可以钻到桌子、床铺底下躲避。而空间跨度小的地方即使地震倒塌，也会支起空间，不至于被砸死。

[教师]　对，还应该怎么做呢?

[学生]　要切断电闸、关掉煤气。

[教师]　为什么?

[学生]　因为地震中往往引发火灾，所以我们要赶紧断电，关掉煤气总闸，防止爆炸和火灾。

[教师]　感谢你让我们知道了这么多。那如果有人选择跳楼的方式

来逃生，同学们同意这种做法吗？

［学生］　不同意。那样太危险了。如果楼层低会被跌伤，楼层高则会被摔死。

［教师］　是啊！俗话说“大震逃不掉，小震不用逃”，其实地震时能让我们逃生的时间仅仅是7～12秒，非常短暂，并且往往有余震不断发生，所以与其逃不如躲。

［教师］　下面一道题不是书本上的，看看同学们是否知道。

（课件出示题5：人在被困，等待救援的时候，有哪些求救方式？）

［学生1］　我们可以呼喊、打碎玻璃、敲打砖头瓦块等方式求救。

［学生2］　还可以摇动红领巾、颜色鲜艳的布条或纸张等，引起别人注意。

［学生3］　还可以用手电筒、镜子反射等求救。

［教师］　同学们知道得可真多。看来啊，求救的方式有这么多——声响求救、光线求救、抛物或者颜色求救。其实国际上还有一个通用的SOS求救信号，知道是怎么回事儿吗？

［学生］　SOS求救信号就是以三短—三长—三短的方式发声音或者光线信号。

［教师］　真了不起，这个问题也知道！你是怎么知道这些知识的？

［学生］　我在一本书上看到的。

［教师］　看来，多读有益的书籍的确可以增长我们的知识啊。

（课件出示题6：面对灾害，除了要有逃生的技巧外，还必须具备什么品质？）

［教师］　同学们可联系课本第45页的“小球测验”思考。

［学生1］　不能拥挤，要有秩序。

［学生2］　要有毅力、要镇定冷静。

［学生3］　要谦让、团结协作。

［教师］　你说得太好了！点滴的小事却见证了你的美好品质。在灾害面前谦让、顾全大局、团结协作不是傻，反而是一种机智。拥挤、慌乱往往会使大家都逃不了，造成更为可怕的后果。

［学生4］　我认为还应该有坚强的信念。

［教师］　是啊，课本上的故事不正说明了这一点吗？年仅六岁的小姑娘却能孤身一人爬在大树上坚持了9个小时。这是多么了不起啊。不正靠

的是坚强的信念吗？

片段三：情境模拟演练

[教师] 同学们，下面进入第二个环节——情境模拟演练。注意听题：如果我们正在上课，警报响了，同学们，地震发生了，怎么办？快点行动！

（学生们迅速行动，大部分躲到了桌子底下，板凳底下，还有的学生是先把身体藏到桌子下头却在外面，而一个男孩却与众不同地抱着头，弯着腰快速地跑到了墙角，偷偷地笑）

[教师] 好，警报解除，请同学们快速回到座位坐好。下面我来采访几位同学。

（教师走到一位个子高、身体胖的学生身边）

[教师] 请问，刚才地震发生，你选择的自救方式是什么？

[学生] 因为我太胖了，而这里的课桌太低，我钻不下去，所以就蹲下用凳子先暂时保护好头吧。

[教师] 真聪明。

（老师又走到刚才躲到墙角的胖男孩身边）

[教师] 这位同学你刚才是怎么做的？为什么？

[学生] 前面我们刚讲了可以躲到空间跨度小的地方，所以我躲到了墙角。

[教师] 对呀，灵活机动，这个方法也可以。（教师举起安全出口的标志问学生）同学们，认识这是什么吗？

[学生] （异口同声地说）安全通道。

[教师] 请这两位同学搭起手，这里就是安全出口了。我想请几位同学来参与演练，谁想参加？

（学生纷纷举手，跃跃欲试。教师随机点了8名学生上台）

[教师] 地震引发了火灾，我们接到快速离开教室的信号，同学们该怎样行动？

（顿时，这8位学生迅速向安全出口跑去，有的做法正确，有的是直着身体往外跑）

[教师] 同学们，让我们来评一下，这几位同学刚才的做法怎么样？好在哪里，有什么不妥的地方呢？

[学生1] 我想给某某提点建议，因为是地震后着火了，会有很多烟

雾，而烟雾比较轻往上走，所以逃生的时候应该贴近地面跑。

[学生2]　我想给某某提点建议，刚才你没有用毛巾捂住嘴，着火的时候，最好是用湿毛巾捂住口鼻，贴近地面逃跑。

[教师]　看，同学们提的建议多好啊，大家都记住了吗?

[学生]　(异口同声地说) 记住了。

三、问题与困惑

“道德是被感染的，不是被教导的。”学生在品德课堂所学和生活中的表现常常是脱节的。就像这节课，在四川地震发生之前上的时候，学生对于“一方有难，八方支援”的理解是肤浅的，当看到洪水中解放军满脸的泥巴还偷偷地笑。他们感悟不到无私奉献的崇高，感受不到灾害的无情与可怕。当地震发生之后再上这节课的时候情况就好多了，学生的表现令我们感动。我在深思：怎样能使我们的品德课与生活更好地结合，创设一个多方位于一体的教育教学氛围，使我们的品德教学深入学生的内心，触动他们的灵魂。

我在备这节课的时候，需要收集的资料很多，涉及地震、洪水等灾害的成因等科学常识，还有预防自救方面的方法常识、历史知识、国情等多个领域。所以我们就得思考：怎样提高教师自己的学科整合能力?怎样实现学科之间的资源共享?对于农村孩子怎样培养他们收集资料的能力?

四、教学反思

其实本节课的设计是在2008年5·12大地震之前，基本没有改动。记得我在5月份的烟台品德优质课大赛上讲这节课的时候，学生虽然也很主动积极，课堂气氛不错，但是由于课堂容量大，害怕完不成教学任务，就使学生对灾害预防自救方面的知识挖掘理解不够充分，演练变得像走过场。甚至有好多听课老师也对课堂的设计存在质疑，例如，课本上没有“灾害预防”环节，而我却加上了，是不是有些多余，应该删去。但是我却始终坚持自己设计此课的初衷，这节课不是为了完成书本上的内容而教，我们要利用课本又超越课本，让品德最终回归生活，导向人生。所以我要尽可能多地增加学生灾害自救的知识方法，同时还要让他们善于观察生活，留意一些变化，总结规律，了解灾害到来前的征兆，争取将灾害的损失降到最低点。当灾害发生之后我们才感悟到确实是预防比救助更重要，我们应该和学生一起懂得居安思危，课堂上的这些内容不是儿戏，也不能演戏，而应该扎扎实实加以落实，让学生在活动中收获知识与技能，在体验感悟中激发爱心，升华情感。

五、教学评析

本节课的授课教师备课充分，深入挖掘教材，合理使用教材，增删有度，课堂容量大。注重了创设面向全体，民主和谐的课堂氛围，设计环环相扣，自然衔接，通过师生对话、生生对话，激发学生的发散性思维和创新思维。以现实生活为切入点引发共鸣；以抢答赛、情景模拟演练等活动调动其主动学习的热情和积极性，加深印象；以小组合作探究的学习形式培养其互相交流、团结协作的能力。

导入环节首先用简短真实的视频资料给学生以强烈的视觉冲击和心灵震撼，从而感受自然灾害的不可抗拒，残酷无情。然后又引导学生联系身边的实际情况，使之明白我们身边也随时可能发生各种灾害，所以我们应该予以重视和正视。执教教师没有将书本上的“灾害自救小常识”环节进行逐个的讲述，而是放手给了学生，让他们在小组内看书讨论、合作学习，时间长达 4 分钟，这在优质课大赛中是极为罕见的，但是我们却看到了学生在各自的小组内都在认真地学习，激烈地争论，思维得到发展，较好地落实了生生之间的思维对话。在合作中，拓展了知识面，增强了学习的愉悦感和成就感。这才是真正的小组合作学习，不是走过场，真实有效。情境模拟演练，将所学书面知识进行整合运用，动一动，练一练，学生在快乐轻松中学会并掌握防灾自救小常识和逃生准确做法。对于课堂中出现的生成性问题，教师没有视而不见、不予理睬，而是用敏锐的洞察力，捕捉到这一细节，没有生硬地要求学生就按照教师事先备好的答案去说，通过与学生的思维对话，加以正确引导，使所有学生懂得面对不同灾害情况要理智冷静地采取不同的处理方法。最后的灾害无情人有情环节通过歌曲画面的烘托，唤起孩子们心灵深处的回忆和情感，激发爱心，升华情感，将我们的品德教育落实到学生的心坎上，实现了从说教到情感的内化，让我们看到民族的希望，看到“一方有难，八方支援”的薪火传递。

（课例作者：刘竹贵、杨晓华，莱州市土山镇寨徐小学。课例设计指导与评析：王俊舫）

放飞和平鸽

一、教学设计

（一）学情分析

现在的五年级学生大都是11岁左右的花季少年，是生在新中国，长在新世纪的幸福一代，受年龄和认知程度的影响，学生对本课的学习内容比较生疏。虽然，我国曾是“二战”中的主战场，而学生对战争给我国带来的创伤不甚了解，这是因为现在的学生都生活在和平的环境中，不知道战争的苦难。这就需要教师适时引导，让学生知道我国及世界爱好和平的人们，为了全世界的和平在进行着不懈的努力和奋斗，对于这些人，要由衷地敬佩。

（二）教材课题分析

“放飞和平鸽”是小学五年级下册第三单元第二个主题，在整个单元的教学中起着承上启下的过渡作用。通过对第一个主题的学习，学生了解了战争给人类带来的苦难，也正因为人们深谙战争的残酷，所以才对和平充满了渴望，“和平和发展”才成为当今世界的两大主题。本节课主要通过收集、整理、分析和运用社会信息，了解人类维护世界和平的努力和作为，感受人们对和平的渴望，为下个主题“我们手拉手”做好铺垫。

（三）教学目标

1．情感态度与价值观。让学生知道为了实现和维护世界和平，人们进行了不懈努力，体验人们对和平的渴望；让学生做到珍惜和平环境，热爱和平，愿意为和平作贡献。

2．能力。会收集、整理、分析、运用资料，在实践中体验到合作学习的乐趣；能够清楚地表达自己的感受和见解，能够倾听他人的意见，能够与他人平等地交流与合作。

3．知识。了解和平鸽的由来，懂得鸽子是和平的象征，知道和平是全世界人民最美好的心愿；了解联合国等国际组织在维护和平方面发挥的作用，知道中国人民解放军是保护祖国、维护和平的重要力量。

（四）教学重难点

1. 重点。了解伟大中国在“和平共处五项原则”的指导下为世界和平做出的贡献，增强民族自豪感。

2. 难点。收集、整理信息，参与讨论世界和平的话题，激发热爱和平的情感。

（五）教学准备

1. 教师准备。2008 年北京奥运会放飞和平鸽手语表演视频录像、多媒体课件。

2. 学生准备。收集有关和平鸽和联合国的资料。

（六）教学过程主要环节设计

1. 联系旧知，导入新课。

联系上节课的内容及时事——北京奥运会放飞和平鸽，引入课题。

2. 利用活动，学习新知。

[活动一：联合国知识知多少]

模仿“联合对抗”，各组之间分别向对方提问，在问答之中，让学生了解联合国的相关知识。

[活动二：寻找“中国人为和平不懈努力”的足迹]

旧闻重读，用新闻播报的形式使学生了解中国对世界和平做出的贡献。

[活动三：我们爱和平]

3. 同做手语，激情结课。

课堂小结，师生同做放飞和平鸽的手语操

4. 畅谈收获，课外延伸。

板书设计：

放飞和平鸽

联合国　维护和平

中　国　热爱和平

我　们　渴望和平

二、教学实施

（一）联系旧知，导入新课

[教师]　同学们，通过上节课的学习，我们知道战争给人类带来了无尽的苦难，那位在战争中失去妈妈的小男孩那泣泪绝望的眼神深深地震撼了我们。2008 年北京奥运会的开幕式上有一个令全世界难忘的情景：全场的近十万观众在台上舞蹈演员的带领下，一起做着放飞鸽子的手语操，（课件展示开幕式上那只人工合成的巨大鸽子图片）你知道为什么要放飞鸽子？放飞鸽子表达了一种什么样的意愿？（教师板书放飞并粘贴衔着橄榄枝的鸽子图片，“放飞”和“鸽子”中间留有空当）让我们一起听故事，找答案。(播放课本第 58 页《和平鸽的故事》配乐朗诵)

[教师]　一个多么让人悲愤的故事，谁有话要说?

[学生 1]　德国法西斯真是太残忍了，连一个孩子和一个小生灵都不放过。

[学生 2]　我想告诉同学们关于鸽子衔橄榄枝的原因。我在书上看到，上古洪水之后，诺亚从方舟上放出一只鸽子，让它去探明洪水是否退尽，上帝让鸽子衔回橄榄枝，表明洪水退尽，人间尚存希望。所以人们就觉得鸽子能给人们带来福音。

[教师]　能结合自己收集的资料来谈，很好！听了《和平鸽的故事》，结合同学的回答，你能告诉大家为什么重大的典礼中要放飞鸽子吗?

[学生]　鸽子既然是和平的象征，放飞鸽子就表达了人们对和平生活环境的企盼。

[教师]　鸽子是一种美丽的鸟类，它因为美丽和温顺，更因为它象征着和平而受到人们的喜爱。放飞鸽子表明了世界人民向往和平、友谊、团结的美好愿望。(在“放飞”和“鸽子”图片间用彩笔添加“和平”二字)

（二）利用活动，学习新知

[活动一：联合国知识知多少]

[教师]　人们企盼和平可世界并不太平，世界各国希望有一种国际性的组织能够管管世界各地区的纷繁战事，于是联合国应运而生。（板书：联合国）请同学们以小组为单位阅读课本第 54 页“为了和平”板块，结合自己收集的资料，将联合国的相关知识设计成问题，待会儿，我们举行个

“联合国知识知多少”超级对抗赛。为了确保同学们合作学习有效，老师在这里提醒大家提前分好工，如可以请一人读文中内容，一人负责汇总组内成员的问题。

（指导学生将联合国的相关知识设计成问题。包括：联合国是什么时候成立的？为什么要成立联合国？联合国会徽有什么象征意义，表达什么愿望？安理会常任理事国有几个，分别是哪些国家？圆桌会议形式表明联合国在处理国际事务上的什么态度？联合国前任和现任秘书长是谁？……组织学生以对抗赛的方式互相提出问题并解答）

［教师］　集体智慧，联合对抗，下面请各小组选派代表挑战对方小组，我们看哪个小组出的题有分量。

［学生1］　圆桌会议形式表明联合国在处理国际事务上的什么态度？我们想请二组组长发言。

［学生2］　这个问题难不倒我们组，我们刚学过圆，圆心距离圆上任何一点都是相等的，开圆桌会议就意味着参加会议的各国不分上下，可以避免席次的争执，含有与会者“一律平等”和“协商”的意思。

［教师］　能联系数学学科知识来解决问题，这就叫学科整合，融会贯通，太了不起了！

［学生3］　联合国的会徽有什么象征意义？这个问题我想挑战五组我的好友学生甲。

（学生用投影仪展示联合国会徽，并解答）

［学生4］　这个问题，我们小组刚才讨论过，我们是在网上查到了它的答案：联合国的会徽是一个从北极看去的世界地图，周围由一个橄榄枝圆环围绕着的图案。经纬线由8条直线和5个同心圆组成！橄榄枝象征世界和平和安全！环绕着地球象征联合国的宗旨和维护团结。

……

［教师］　通过同学们的交流，我们认识到联合国是维护世界和平的重要国际组织。（板书：维护和平）

［活动二：寻找“中国人为和平不懈努力”的足迹］

1. 旧闻新读，体会中国为和平作出的努力。

［教师］　我国是爱好和平的国家，主张用和平方式解决各国或地区间的冲突，为制止战争，维护世界和平，做出了不懈的努力。让我们一起来走进信息之窗，旧闻新读，感受中国为世界和平做出的贡献。（课件播报信

息和相应的图片，学生轮流播报旧闻）

[学生1] 1955年，周恩来总理在万隆会议上提出处理各国事物的和平共处五项基本原则，即“互相尊重主权和领土完整、互不侵犯、互不干涉内政、平等互利、和平共处”，几十年来，我国一直奉行着这个原则，并赢得世界一致赞誉。这五项原则已被世界上绝大多数国家接受。（播放周总理在万隆会议上的图片）

[学生2] 1985年，中国政府赠送给日本长崎和平公园的大型汉白玉雕像《和平少女》，在长崎乃至整个日本被誉为“最漂亮的和平女神”和“永驻日本的和平大使”。（播放和平少女纪念像）

[学生3] 五十多年来，我国不断加强国防建设，目前已拥有一支装备先进、技术精良的现代化海陆空部队，成为维护世界和平的重要力量。（播放1999年建国五十周年大阅兵图片）

[学生4] 我国积极参加联合国维和行动，到2004年，先后参加了11项维和行动，参加人员超过2000人。我国的维和战士与其他国家维和人员一道，出色地完成了任务。2003年4月，中国175名官兵走进万里之遥的非洲，成为中国第一支走出亚洲参加联合国维和行动的部队。

[学生5] 2008年5月6日至10日，应日本国政府邀请，国家主席胡锦涛对日本进行了国事访问，通过这次为期五天的“暖春之旅”，全面推进中日战略互惠关系。这是中国国家元首时隔10年后再次访日。（播放胡锦涛主席访日的图片）

[学生6] 为了朝核问题的和平解决，中国政府积极进行多方斡旋，促成首轮六方会谈于2003年8月在北京举行，并确立了通过谈判和平解决朝核问题的原则。

[教师] 谁能结合自己感兴趣的信息谈一下自己的感想？

[学生1] 老师，胡锦涛主席对日本的国事访问这则新闻我看了，我问过爸爸才知道这次访问之所以名曰“暖春之旅”，是因为希望中日友好春暖常在，我爸爸还说尽管日本曾侵略过我们中国，历史不能更改，却不要牢记仇恨。

[学生2] 中国提出的和平共处五项基本原则符合一个大国的外交风范——强大却不称霸。

[学生3] 我在电视里看到过中国人民解放军三军阅兵式，真不愧是威武之师，胜利之师，他们是我们国家发展的强大保障。

［学生4］　日本长崎曾经受到过原子弹的轰炸，我想中国之所以把赠送给长崎公园的汉白玉雕像取名为“和平少女”，而日本人民又称她为“最漂亮的和平女神”，就是警示人们战争是可怕的，和平人人向往。

［教师］　中国就是这样一个国家，她拥有军队却只是为了防御，她谋求发展却永不称霸，中国是一个热爱和平的国家，（板书：中国　热爱和平）难怪柬埔寨西哈努克亲王亲自为他们永远的朋友——中国作了一首歌《怀念中国》，歌中唱道：你是一个大国，毫不自私傲慢，待人谦逊有礼，不论大小，平等相待，你捍卫各国人民的自由、独立、平等……另外，老师还要告诉同学们，西哈努克亲王对中国人民的感情很大一部分原因是因为我们敬爱的周总理和和平共处五项基本原则！

2. 师生朗诵《维和工兵之歌》，感受维和战士的自豪之情和奉献精神。

［活动三：我们爱和平］

1. 教师出示自学提纲。

［教师］　热爱和平，反对战争，是全世界人民的共同心声，人们用不同的方式表达他们对和平的热爱。请同学们阅读课本第58～59页图文资料，根据老师出示的自学提纲自学，思考。

（呈现自学提纲：①老兵既然爱好和平，为什么还要参战？人们为什么至今尊重他们？②宋庆龄等爱国人士既然反对战争，为什么还支援抗战？③人们用哪些方法表达对和平的热爱？）

2. 学生自学，教师根据自学提纲检查学习效果。

（三）同做手语，激情结课

［教师］　同学们，这节课中老师和同学们一起了解了联合国的维和行动和中国人民为世界和平作出的贡献，当今世界，战争的硝烟弥漫在世界的上空。让我们这些和平使者在《让世界充满爱》的旋律中，一起跟着北京奥运会开幕式上那些天使般的手语演员，（播放视频）放飞心中的和平鸽，我们相信，和平不仅是一种渴望，（板书：我们渴望和平）更是一种力量，它将永远铭刻在世界人民的心中！

（四）畅谈收获，课外延伸

［教师］　同学们，通过本节课的学习，你有什么收获？

［学生］　我了解了联合国的许多知识。

［学生］　我知道了，我国为维护世界和平所作的贡献。

……

[教师]　请你们带着对世界和平的美好祝愿，用自己的语言写下和平寄语。

三、问题与困惑

正如人生不会是完美无缺的一样，在授课的过程中同样有困惑，有遗憾，主要表现在：

1. 活动形式有些单一。《课程标准》中要求：教学的主要形态是儿童直接参与丰富多彩的主题活动、游戏活动及其他实践活动。活动不能只是单纯的行为活动，十分重要的是：在活动中要有体验，在活动中要有思辨，在活动中要有感悟。本课中虽然安排了学生的三次活动，但活动的形式还比较单一，由于时间关系，不敢拓展，也有点流于形式，如何在活动中有效引导学生学习新知，需要在以后的教学中进行探讨。

2. 评价方式不够多元。在这节课中只采用了教师对学生适时的评价，但缺少学生的自评和生生间的互评。在这种自上而下的单向评价中，学生没有评价的权利，学生只是被评价者，只能被动、消极地接受教师的评判。这样不能全面、综合地反映学生的发展程度，不利于学生自我评价能力的发展，也不利于学生主体性的培养和发展，在今后的教学中要采取多元化的评价方法。

3. 教师讲解得还是过多。“和谐高效思维对话”型课堂倡导把课堂的时间还给学生，教师讲授、启发、点拨和用于组织教学的时间原则上控制在20分钟以内，学生在课堂上自主学习、活动的时间不少于25分钟。由于总是对学生缺少应有的信任，我在课堂上的角色转换还是不到位，我还没有完全脱离“教书”的窠臼。

四、教学反思

“放飞和平鸽”这节课授完后，静下心来，反思如下：

1. 注重学生合作学习。合作学习是新课程大力倡导的一种学习方式，它是以学生小组为单位，在老师的指导下进行互助性的学习，它强调通过生生合作而达到共同的教学目标。在本节课中，在学生合作学习联合国有关知识前，我应该让学生提前分好工。恰当的分工，加上彼此的交流学习，使学生能看到那些与自己不同的理解，感觉到与自己不同的体验，更加全面和深刻地理解人、事、物，学会与人的交往和沟通等，培养学生的合作精神和团队精神。

2. 注意课程资源的开发。《课程标准》明确指出："儿童的品德和社会性源于他们对生活的认识、体验和感悟，让他们从自己的世界出发，用自己的眼睛观察社会，用自己的心灵感受社会，用自己的方式研究社会。教师不要局限于教科书上的种种事物，还要通过多种提示，引导儿童回到自己的现实生活中去。"为此，本节课中，我要把与本课有关的社会热点问题巧妙地穿插在课中，利用信息之窗，模仿新闻播报的形式将时政要闻加以展示，使学生能在短时间里通过视听的新感受了解现在和过去我国对世界和平作出的贡献。在小结中我还可以将柬埔寨西哈努克亲王为中国创作的歌曲这一信息引入，让学生感受自己的祖国是热爱和平的礼仪之邦，激发自豪感，也让学生对周恩来总理为新中国的外交做出的贡献由衷地敬佩。由于师生的知识储备不同，课前收集的资料不同，平日关注的社会热点也不同，不同的见解互相交融，如八面来风吹进课堂，增强了学生对自己国家和军队的自豪感。这极大地丰富了课的内涵，使学生在了解社会中受到思想的熏陶。

3. 注意评价方式的多元化。教学活动不仅仅是老师与学生之间知识与技能的传递，而是两个生命体之间情感的对话。所以我认为教师首先应该是一个情感丰富的"人"。在这节课中，我始终都要以饱满的热情去感染学生，去评价学生，来激发学生的学习热情。

五、教学评析

本节课中，教师能巧妙地将课程资源进行重组，使"用教材教"而不是"教教材"成为可能。本课最大的亮点是教师驾驭教材的能力。开课之初，教师能联系旧知及学生熟悉的身边事——北京奥运会放飞和平鸽引入课题，并将安排在教材后面的《和平鸽的故事》提前感知，有效调动起学生探究的欲望。之后，伴随着多媒体课件中声情并茂的讲述，《和平鸽的故事》如巨大的磁石攫住了学生，课题"放飞和平鸽"的非同步出现及"和平"二字的突出显现，使开课如重锤敲在学生的心坎上。《和平鸽的故事》的提前引入和"和平寄语"的滞后感受，既有效调动了学生的学习积极性，又是学生情感表达的需要。由于新课程课堂更加关注学生的生活体验，强调让学生在活动中学习，在活动中成长，参与活动是品德与社会课程教学的基本方式，教师应让学生在活动的过程中进行知识的建构，能力的开发和道德的陶冶。为此，课中教师引导学生模仿中央电视台“联合对抗”栏目，小组与小组之间进行真诚互动，有效调动学生的参与积极性。在不同小组的提问和回答中，学生了解了联合国。在结课时，在《让世界充满爱》的歌曲中，师生一起做放飞和平鸽的手语操为世界和平祈祷，课本情、师生情融为一体，这样的结语也很好地照应了课堂的导语。文中的“和平寄语”就是从著名歌手郭峰的《让世界充满爱》这首歌节选下来的，学生听歌曲，做放飞和平鸽的手语操，悟人们对和平的渴望，一举多得，有效节省了宝贵的课堂时间，使高效课堂成为可能。新课程改革后教学不仅仅局限于课堂内的教与学，而是体现在课前任务、课堂的活动、课后的延续和知识的连续这样一个完整过程，本节课中教师较好地落实了这三个过程。再之，这节课中，教师始终用自己的真挚情感感染学生，把自己对战争的仇恨和对和平的向往传达给学生，课一直在师生平等对话中进行，教与学的和谐可见一斑。

（课例作者：王玮、邹晓娜，烟台市福山实验小学、门楼佑民中心小学。课例设计指导与评析：郭燕）

主要参考文献

[1] 赵昕. 义务教育课程标准实验教科书：品德与生活教师教学用书[M]. 济南：山东教育出版社，2007.

[2] 赵昕. 义务教育课程标准实验教科书：品德与社会教师教学用书[M]. 济南：山东教育出版社，2007.

[3] 鲁洁，王逢贤. 德育新论 [M]. 南京：江苏教育出版社，2005.

[4] 梁良良. 创新思维训练 [M]. 北京：中央编译出版社，2000.

[5] 宋乃庆，徐仲林，靳玉乐. 中国基础教育新课程的理念与创新[M]. 北京：中国人事出版社，2002.

[6] 邓水荣. 小学学科活动化教学理论与实践 [M]. 南京：江苏教育出版社，2002.

[7] 朱慕菊. 走进新课程：与课程实施者对话 [M]. 北京：北京师范大学出版社，2002.

[8] 檀传宝. 学校道德教育原理 [M]. 北京：教育科学出版社，2001.

[9] 曹日昌. 普通心理学 [M]. 北京：人民教育出版社，1980.

[10] 肖川. 教育的视界 [M]. 长沙：岳麓书社，2003.

[11] 韩进之. 教育心理学纲要 [M]. 北京：人民教育出版社，2001.

[12] 钱志亮. 儿童问题咨询与教育对策 [M]. 北京：北京师范大学出版社，2002.

[13] 张茂聪.《品德与生活》《品德与社会》课程 · 教材 · 教学 [M]. 济南：山东人民出版社，2003.

[14] 刘仁增. 体验的生成与体验型阅读教学的构建 [J]. 中小学教师培训，2004 (4).

[15] 张志强. 我国中小学德育工作的历史现状与发展趋势 [J]. 当代教育科学，1998 (3).

摆渡者教师书架（现已出版部分）

丛书名称	主编或作者	书　名	定价（元）
大师背影书系	张圣华	《陶行知教育名篇》	24.90
		《陶行知名篇精选》（教师版）	16.80
		《朱自清语文教学经验》	15.80
		《夏丏尊教育名篇》	16.00
		《作文入门》	11.80
		《文章作法》	11.80
		《蔡元培教育名篇》	19.80
		《叶圣陶教育名篇》	17.80
教育寻根丛书	张圣华	《中国人的教育智慧·经典家训版》	49.80
		《过去的教师》	32.80
		《追寻近代教育大师》	29.80
		《中国大教育家》	22.80
杜威教育丛书	单中惠	《杜威教育名篇》	19.80
		《杜威学校》	25.80
		《杜威在华教育讲演》	29.80
班主任工作创新丛书	杨九俊	《班集体问题诊断与建设方略》	19.80
		《班主任教育艺术》	22.80
		《班级活动设计与组织实施》	23.80
新课程教学问题与解决丛书	杨九俊	《新课程教学组织策略与技术》	16.80
		《新课程教学现场与教学细节》	15.00
		《新课程备课新思维》	16.80
		《新课程教学评价方法与设计》	16.80
		《新课程说课、听课与评课》	16.80
新课程课堂诊断丛书	杨九俊	《小学语文课堂诊断》（修订版）	18.60
		《小学数学课堂诊断》（修订版）	18.60
		《小学综合实践活动课堂诊断》	23.60
		《小学品德与生活（品德与社会）课堂诊断》	22.80
名师经验丛书	肖　川	《名师备课经验》（语文卷）	25.80
		《名师备课经验》（数学卷）	25.60
		《名师作业设计经验》（语文卷）	25.00
		《名师作业设计经验》（数学卷）	25.00
个性化经验丛书	华应龙	《个性化作业设计经验》（数学卷）	19.80
		《个性化备课经验》（数学卷）	23.80
	于永正	《个性化作业设计经验》（语文卷）	20.60
		《个性化备课经验》（语文卷）	23.00

续表

丛书名称	主编或作者	书名	定价(元)
深度课堂丛书	《人民教育》编辑部	《小学语文模块备课》	18.00
		《小学数学创新性备课》	18.60
课堂新技巧丛书	郑金洲	《课堂掌控艺术》	17.80
课改新发现丛书	郑金洲	《课改新课型》	19.80
		《学习中的创造》	19.80
		《多彩的学生评价》	26.00
教师成长锦囊丛书	郑金洲	《教师反思的方法》	15.80
校本教研亮点丛书	胡庆芳	《捕捉教师智慧——教师成长档案袋》	19.80
		《校本教研实践创新》	16.80
		《校本教研制度创新》	19.80
		《精彩课堂的预设与生成》	18.00
美国教育新干线丛书	胡庆芳	《美国学生课外作业集锦》	35.80
美国中小学读写教学指导译丛	胡庆芳	《教会学生记忆》	22.50
		《教会学生写作》	22.50
		《教会学生阅读:方法篇》	25.00
		《教会学生阅读:策略篇》	24.80
提升教师专业实践力译丛	胡庆芳　程可拉	《创造有活力的学校》	22.50
		《有效的课堂管理手册》	24.00
		《有效的课堂教学手册》	32.80
		《有效的课堂指导手册》	24.80
		《有效的教师领导手册》	25.80
		《提升专业实践力:教学的框架》	30.80
		《优化测试,优化教学》	22.50
		《有效的课堂评价手册》	26.80
教育心理	俞国良　宋振韶	《现代教师心理健康教育》	25.80
教师在研训中成长丛书	胡庆芳　林相标	《校本培训创新:青年教师的视角》	21.80
		《教师专业发展:专长的视野》	21.60
		《听诊英语课堂:教学改进的范例》	31.60
其他单行本	胡庆芳	《美国教育360度》	15.80
	徐建敏　管锡基	《教师科研有问必答》	19.80
	杨桂青	《英美精彩课堂》	17.80
	陶继新	《教育先锋者档案》(教师版)	16.80
	单中惠	《西方教育思想史》	59.80
	孙汉洲	《孔子教做人》	27.90
	丰子恺	《教师日记》	24.80
	陶　林	《家有小豆豆》	27.00
	徐　洁	《教师的心灵温度》	26.50

“新课程教学问题与解决丛书”荣获第七届全国高校出版社优秀畅销书一等奖!

《陶行知教育名篇》荣获第八届全国高校出版社优秀畅销书一等奖!

“大师背影书系”荣获第八届全国高校出版社优秀畅销书二等奖!

《名师作业设计经验》(语文卷)、《名师作业设计经验》(数学卷)、《名师备课经验》(语文卷)荣获第17届上海市中小学幼儿园优秀图书三等奖!

《西方教育思想史》荣获全国第二届教育科学优秀成果二等奖(1999)!

在2006年全国教师教育优秀课程资源评审中,“新课程教学问题与解决丛书”中的《新课程教学组织策略与技术》《新课程教学现场与教学细节》《新课程备课新思维》和《新课程说课、听课与评课》被认定为新课程通识课推荐使用课程资源,《陶行知教育名篇》被认定为新课程公共教育学推荐使用课程资源,《课改新课型》被认定为新课程通识课优秀课程资源,《小学语文课堂诊断》被认定为新课程语文课优秀课程资源,《小学数学课堂诊断》被认定为新课程数学课推荐使用课程资源!